JN057016

生涯探究社会の創出シリーズ ［監修／佐藤真久・田村 学］

# 探究モード

### 高度化・自律化をめざすSDGs時代の人づくり

# への挑戦

田村　学

佐藤真久

— 編著 —

合田哲雄

浅野大介

田渕六郎

白井　俊

人言洞

# まえがき

## ■「生涯探究社会の創出」に向けて

　平和で，公正で，持続可能な社会の構築に向けて，2030 年を想定して掲げた持続可能な開発目標（SDGs）では，持続可能（Sustainability）な開発／発展（Development）がうたわれているが，これは従前のさまざまな開発アプローチ（経済開発，社会開発，人間開発，持続可能な開発など）を連動させたうえで，誰一人取り残さない参加の場づくりと，世界のすべての人々が行動し，協働することを示唆している。

　編者は，これまで各分野で取り組まれてきた実践と研究，政策を捉えつつ，より複雑化する SDGs 時代の社会を鳥瞰し，各分野での成果と課題をもち寄ってめざすべき方向を見いだして協働する「生涯探究社会の創出」を提言している。本書は，そのシリーズ第 1 巻として，『探究モードへの挑戦―高度化・自律化をめざす SDGs 時代の人づくり』を上梓するものである。

## ■「探究モード」への転換と挑戦

　平和で，公正で，持続可能な未来を構築するには，学びと協働の変容が求められている。そこでは，これまでの知識の習得を中心とした受動的な学びは大きく転換しなければならない。自ら課題を設定し，自ら考え判断し，自ら行動していく「探究」こそが求められ，きわめて能動的な学びの実現が期待されている。

　この「探究モード」へと学びが転換することが喫緊の課題であり，そのことは学校を中心とした教育の現場だけではなく，地域や企業など広く社会全般の協働の場においても必要とされている。つまり，誰もが人生において探究しつづけ，自らの生き方やあり方を問いつづける「生涯探究社会」が訪れていることを意味する。

## ■本書の構成

　本書は，探究活動を"学習"と"協働"の側面から掘り下げ，さらに，変動性，不確実性，複雑性，曖昧性の高い社会（VUCA 社会）において，学習と協働を有機的に連関させることにより［探究の高度化・自律化］に向けた考察を深めるものである。とりわけ，本書は，多様な分野・領域において［探究の高度化・自律化］に深くかかわる政策担当者，研究者との連携により，以下に記す6つの章から構成されている。

　序章［佐藤真久：編者］では，本書の出版背景と趣旨について紹介がなされている。ここでは，「SDGs 時代」の意味合いについて掘り下げるとともに，SDGs 時代をふまえた先行研究における「探究」に関する論点を提示している。その後，［探究の高度化・自律化］について，多様なセクターの側面からそのニーズを述べる。

　第1章［田村学：編者］「複雑な問題に向き合い，自律と協働を連動させる探究へ」では，これからの社会で求められる学びは「探究」である点を，社会の変化や期待される資質・能力育成の視点から論述している。

　第2章［合田哲雄］「教育改革と探究モードへの挑戦」では，学習指導要領の改訂とその歴史や変遷などを通して，これまでの学習指導要領がめざしてきたもの，未来の学習指導要領の姿をイメージするものであり，これらの考察を通して「探究」の意味や価値を掘り下げていく。

　第3章［浅野大介］「社会変容と探究モードへの挑戦」では，社会の変化と未来の予想を通して教育が変わることの重要性やその方向性を考察している。さらに，社会経済の持続的発展に結びつく教育の姿，求められる人材像，新しい社会の姿を提言している。これらの考察を通して「探究」の意味や価値を掘り下げていく。

　第4章［田淵六郎］「地域協働と探究モードへの挑戦」では，地域や社会が持続可能な状態で発展していく際に求められる学びの姿について，日本各地の具体的な協働の取り組みの紹介を踏まえつつ，「探究」の意味や価値を掘り下げていく。

第5章［白井俊］「OECDにおける『探究』の考え方」では，筆者のOECDへのかかわりを通して得られた知見に基づき，OECDがめざしている人材や資質・能力について，各国の取り組みや国際的な視点で考察し，さらに「探究」の意味や価値を掘り下げていく。

　第6章［佐藤］「UNESCOと人づくり」では，筆者のUNESCOへのかかわりを通して得られた知見に基づき，UNESCOがめざしている人材や資質・能力について，人間開発アプローチとしての「国連・識字の10年」「万人のための教育（EFA）」や，国際環境教育計画（IEEP），「国連・ESDの10年」の知見やその後の取り組みに基づいて考察し，さらに「探究」の意味や価値を掘り下げていく。

　終章［佐藤］では，第1～6章の内容を鳥瞰的に捉え，各論を縦軸としてその主意と位置づけを整理するとともに，「探究」を横軸とした各章の連関を明示して複眼的な視点から捉えている。終章まで読み進めたあとに改めて各章を読み直すと，縦横軸からみた全体構造のなかの各論を再考することができ，各論考の背景にある時代認識・状況認識，多様な「探究」の意味合い，「探究」に求められている資質・能力・知性，「探究」を機能させるための諸条件，「探究」の多義性に関する理解を深めることができるものと思う。


　本書は，「探究モード」という言葉を使い，学校教育にとどまらず，社会教育や企業においても欠かすことのできないものであることを強調している稀有な書籍である。これまでの学校種や，地域での社会教育，企業での能力開発などといった文脈や領域を超え，多くの方々に手に取ってお読みいただきたい。

　読者のなかから，平和で，公正で，持続可能な未来に向けて，生涯にわたり，学習と協働を有機的に連関させた［探究の高度化・自律化］に挑む人々が大勢現れることを期待したい。


　2022年7月

**編　者**

# 目　次

# 序　章

## SDGs 時代の教育改革, 人事改革, 地域における人づくり

### 1　本書の「探究」の位置づけ

　「探究」は，学校教育だけにおいて実施されるべきものではない。本書では，「探究」を，平和で，公正で，持続可能な未来の構築に向けて，“複雑な問題”に向き合い，さまざまな領域，分野，主体による学習と協働の連動性を高めるアプローチとして捉えるものである。

　変動性，不確実性，複雑性，曖昧性の高い社会（VUCA 社会）では，学びと協働の作戦変更が求められている。習得した知識やスキルを現場で使いこなし，社会とのかかわりのなかで学びほぐし他者とのさまざまな取り組みを通して，視点を得て，視座を高め，試行錯誤をしながら失敗を通して自分のものとする，自身の内省からの答えの追究が求められている。

　学校教育では学習指導要領の改訂に伴い，探究学習の重要性が指摘されている。2019 年高等学校学習指導要領では，とりわけ「総合的な探究の時間」について，「探究の見方・考え方を働かせ，横断的・総合的な学習を行うことを通して，自己の在り方・生き方を考えながら，よりよく課題を発見し，解決していくための資質・能力を育成」することを目的とし，探究の高度化と探究の自律化の重要性を指摘している。本書は，SDGs 時代の［探究の高度化・自律化］を主軸として論考する書籍として，平和で，公正で，持続可能な未来の構築に向け，実践，政策，理論などの知見をいかしながら，校種，分野・領域，主体や世代を超えた「探究」の拡充を企図するものである。

　これまでの「探究」といえば，学校の教科教育における「教科探究」（図 0-1 の第 3 象限）が主であった。本書は，SDGs 時代としての特徴（複雑な問題への対応，社会包容的世界観，地球惑星的世界観，変容の世界観；後述）や VUCA 社会（変

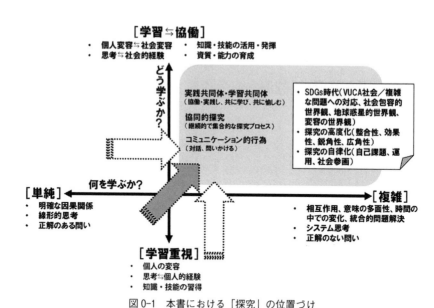

図 0-1　本書における「探究」の位置づけ

出所：筆者作成

動性，不確実性，複雑性，曖昧性の高い社会；後述）を前提とし，社会の"複雑な問題"に向き合い，生涯にわたり学習と協働を連動させる「探究」の営み，いうなれば，「探究モードへの挑戦」である（図0-1の第1象限）。

　取り扱う対象も校種を超え，高等教育や企業における人材育成，生涯学習，地域協働，国際的な活動なども射程に入れている。企業においても，社会の大きな変動にあわせて，組織としての知験の蓄積（知的資本，人的資本，社会関係資本含む）や，多様性と包摂性（D&I）を活かした企業経営が重要視され，変化に対応し，課題解決と価値共創に資する人材育成と，組織としての人的資本・社会関係資本の蓄積の重要性が指摘されている。

　序章では，まず，本書の主軸となっている「SDGs時代」の意味合いについて，①戦後の開発アプローチの流れと社会背景，②2000年に提示された「地球憲章」，③2015年9月に国連総会において採択された持続可能な開発目標（SDGs）の時代背景と世界観，特徴，④21世紀に克服すべき8つの緊張・文化的対立，⑤変動性，不確実性，複雑性，曖昧性といった今日の社会状況が反映

された言葉としての VUCA 社会の意味合いとその社会への対応から考察を試みる[1]。そのあと，先行研究にみる SDGs と「探究」の捉え方をふまえつつ，本書のもう 1 つの主軸となっている［探究の高度化・自律化］について，学校教育，大学，企業，政府・自治体，地域社会の側面からそのニーズを述べることとしたい。

## 2 「SDGs 時代」の意味合い

### (1) 開発アプローチの流れと社会背景

　本書では，「SDGs 時代」という用語を使用しているが，その意味合いについてまず，考察をすることとしたい。2015 年 9 月に 150 を超える加盟国首脳の参加のもと「国連持続可能な開発サミット」が開催され，その成果文書として，「我々の世界を変革する：持続可能な開発のための 2030 アジェンダ」（通称，持続可能な開発目標：SDGs；2016-2030）が採択された。SDGs は，2030 年に向けて地球規模の優先課題（17 の目標，169 のターゲット）を提示しているだけでなく，世界のあるべき姿を明らかにし，途上国・先進国を超えた全世界的な行動・協働を要請している。SDGs が国連において採択されて以来，途上国・先進国における多くの分野・領域において，SDGs の達成に向けた取り組みが行われている。

　佐藤（2020）は，SDGs 策定に至る歴史的背景には，「貧困・社会的排除問題」の解決に向けた，戦後の経済開発，社会開発，人間開発の流れと，1972 年の国連人間環境会議から始まる「地球環境問題」の解決に向けた持続可能な開発の流れがあり，1992 年の国連環境開発会議（UNCED）において，それらが合流したものであることを指摘している（図 0-2）。さらに，佐藤（2021）は，日本にとって唐突感のある SDGs は，ミレニアム開発目標（MDGs；2001-2015）の達成をめざし，世界的問題の解決を途上国に矛先を向け（他者化・外部化），国際協力のもとで資金・技術協力をしてきた結果であり，1980 年度後半からの経済のグローバル化において浸透してきた，世界の市場化，貨幣化，グローバルなサプラ

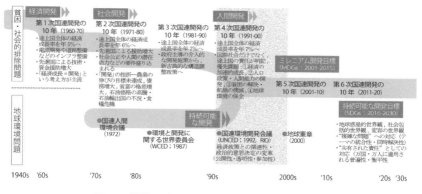

図 0-2　開発アプローチの歴史的俯瞰（佐藤，2020）

イチェーン，バリューチェーンに対する認識の欠如である点を指摘している。


## (2) 平和と公正，持続可能性の倫理的規範——「地球憲章」

　平和と公正，持続可能性に関する倫理的規範としてふまえるべき議論には，1990 年代を通して議論され，発表がなされた「地球憲章」（Earth Charter）がある。「持続可能な開発」という用語は，1975 年の国連環境計画（UNEP）管理理事会により使用されたのが開始であるものの，国連の「環境と開発に関する世界委員会（WCED；通称，ブルンラント委員会）」が発表した 1987 年の報告書「我ら共有の未来（Our Common Future）」（通称，ブルントラント・レポート）を通した発信により社会に広がった。ブルントラント・レポートにおいて，「地球憲章」の必要性が述べられたものの，正式に発表がなされたのは，2000 年になってからのことであった。

　「地球憲章」は，表 0-1 のとおり，大きく 4 つの内容から成り立っており，全体を通して，16 項目にわたる持続可能な未来のための価値や原則が盛り込まれている。「地球憲章」の特徴は，その内容のみならず，その策定プロセスに特徴がみられる。加藤（2000）は，その策定プロセスにおいて，「モーリス・ストロング氏（※1992 年の国連環境開発会議の事務局長）は，…主権国家や南北間の利害下でつくるのではなく，地球市民としてつくる『地球憲章』，つまり持続可能

表 0-1　地球憲章（Earth Charter）の目次構成

Ⅰ．生命共同体への敬意と配慮
1.地球と多様性に富んだすべての生命を尊重しよう。
2.理解と思いやり，愛情の念をもって，生命共同体を大切にしよう。
3.公正で，直接参加ができ，かつ持続可能で平和な民主社会を築こう。
4.地球の豊かさと美しさを，現在と未来の世代のために確保しよう。
Ⅱ．生態系の保全
5.生物の多様性と，生命を持続させる自然のプロセスに対して，特別な配慮を払いつつ，地球生態系全体を保護し回復させよう。
6.生態系保護の最善策として，環境への害を未然に防ぎ，充分な知識がない場合には慎重な方法をとろう。
7.生産，消費，再生産については，地球の再生能力を傷つけず，人権や公共の福祉を保護するような方法を採用しよう。
8.生態系の持続可能性に関する研究を進め，既存の知識を自由に交換し，幅広く応用しよう。
Ⅲ．公正な社会と経済
9.倫理的，社会的，環境的要請として，貧困の根絶に取り組もう。
10.経済活動やその制度は，あらゆるレベルで公平かつ持続可能な形で人類の発展を促進するものとしよう。
11.男女間の平等と公平は，持続可能な開発にとって必須なものであることを確認し，教育，健康管理，経済的機会を誰もが享受できるようにしよう。
12.すべての人が自らの尊厳，健康，幸福を支えてくれる自然環境や社会環境をもつ権利を差別無く認め，特に先住民や少数民族の権利に配慮しよう。
Ⅳ．民主主義，非暴力と平和
13.民主的な制度と手続きをあらゆるレベルにおいて強化し，統治における透明性と説明責任，意思決定へのすべての人の参加を確保し，裁判を利用できるようにしよう。
14.すべての人が享受できる公教育や生涯学習の中に，持続可能な開発に必要な知識，価値観，技術をとり入れよう。
15.すべての生き物を大切にし，思いやりを持って接しよう。
16.寛容，非暴力，平和の文化を促進しよう。

出所：地球憲章日本委員会 http://earthcharter.jp/about/explain/

な生活のため，すべての個人，団体，企業，政府，国際機関の行動を導き，判断する倫理的基盤となり世界共同体が共有すべき価値観づくりに意欲を燃やし

ていた」と述べており，世界のさまざまな地域，分野の有識者が集まって草案
が検討された点に「地球憲章」の特徴がみられる。

### (3) SDGs の特徴と世界観

　SDGs の時代背景と世界観，特徴については，佐藤（2019a）が次のように述べ
ている。SDGs の時代背景については，① MDGs（2001-2015）の時代と比較し
て，世界が直面する問題・課題が大きく変化（貧困から貧富格差へ，気候変動，自
然災害，肥満，生物多様性喪失，エネルギー問題，ガバナンス，社会的公正，高齢化
など）していること，② VUCA（変動性，不確実性，複雑性，曖昧性）社会への状
況的対応が求められていることを指摘している。また，SDGs の有する世界観
については，①“地球の限界（planetary boundaries）”に配慮をしなければならな
いという「地球惑星的世界観」，②“誰一人取り残さない”という人権と参加原理
に基づく「社会包容的世界観」，③“変容”という異なる未来社会を求める「変容
の世界観」があると指摘している。さらに，SDGs の有する特徴については，①
“複雑な問題”への対応（テーマの統合性・同時解決性），②“共有された責任”とし
ての対応（万国・万人に適用される普遍性・衡平性）をあげている。

### (4) 21 世紀に克服すべき 8 つの緊張・文化的対立

　「SDGs 時代」を捉える際に，21 世紀を広く捉えるものとして，「グローバル
な緊張・文化的対立」がある。15 カ国の政府関係者・教育専門家から成る
UNESCO 21 世紀教育国際委員会による報告書（通称，ドロール報告書）[2]が
1996 年に発表され，図0-3 に示す 7 つ緊張・文化的対立が提示された。21 世紀
をグローバルな環境で個々の緊張・文化的対立をどう捉え，どうつなげていく
かが大きな課題であるといわれている。筆者は，ドロール報告書（1996）の指摘
に加えて，「人工知能（AI）と人間知性との緊張・文化的対立」を提示し，8 つ
の緊張・文化的対立の克服に向けた取り組みが重要であると考えている（図
0-3）。北村・佐藤（2019）は，AI 時代の仕事・知性について言及し，産業構造の
変容の影響を受けて，職業において求められるスキルとして，新しい情報を取

```
①世界的なものと地域的なものとの緊張    →[①世界と地域]
②普遍的なものと個人的なものとの緊張    →[②普遍と個別]
③伝統と現代性との緊張              →[③伝統と現代]
④長期的なものと短期的なものとの緊張    →[④短期と長期]
⑤競争原理と機会均等の配慮との緊張      →[⑤競争と公正]
⑥知識の無限の発展と人間の同化能力との緊張→[⑥知識と同化能力]
⑦精神的なものと物質的なものとの緊張    →[⑦精神と物質]
```

```
⑧人工知能と人間知性との緊張        →[⑧AIと人間知性]
```

図 0-3　21 世紀に克服すべき 8 つの緊張・文化的対立

出所：『学習：秘められた宝』（UNESCO21 世紀教育国際委員会，ドロール報告書 1996）に基づき筆者
　　加筆

り入れながら仕事をするスキルや，決まった答えがあるわけではない問題を解決するスキルを獲得することの重要性を指摘している。「SDGs 時代」を捉えるにあたり，このようなグローバルな視座に基づく緊張・文化的対立の克服が求められているといえよう。

### (5) VUCA 社会への対応

　VUCA 社会とは，前述のとおり，変動性（Volatility），不確実性（Uncertainty），複雑性（Complexity），曖昧性（Ambiguity）の高い社会を意味する。2020 年に世界を覆った新型コロナウイルス感染症（COVID-19）は，グローバル感染症の脅威に加え，その大きな「変動性」のなかで状況的対応が求められているだけでなく，予測をつけることがむずかしい「不確実性」を実感し，気候変動や人間居住の変化，森林伐採などが遠因といわれているなかでの「複雑性」の認識が高まったといえる。さらに，さまざまな要因が組み合わさるなかで，明確な対応策を提示することがむずかしい「曖昧性」も有したものとなっている。1980年末葉以降，経済のグローバル化が一気に進み，国を超えた人の往来が増えたことで，このようなグローバル感染症も広がりやすくなっている。このような状況のなかで，人の命と健康を守るための主張（人類の生存），社会における人

と人との分断をなくすための主張（社会の存続），環境活動を重視するための主張（環境の保全），経済を活性化し維持するための主張（経済の成長）など，自身の認知バイアス（正常性バイアス）による「正しさの衝突」がみられる。今後，自身の有する「正しさ」という論理だけに頼るのではなく，自身の感情や，直面している事象にあるさまざまな社会背景，さまざまな問題の背景にある相互関係性，自身と他者が捉える解釈の多様性についての理解を深め，自身の捉え方，あり方を整えることが求められている。

　さらには，このような VUCA 社会では，これまで「MDGs 時代」に対応・実施してきたようにさまざまな深刻な問題は途上国にあるという認識を超えて，先進国においてもさまざまな深刻な問題があるという認識を高めることが求められている。さらには，"複雑な問題"は，経済・社会・文化・環境などの多くの問題が相互作用しながら深刻化しているだけでなく，途上国・先進国の問題間の相互作用が強まっている点，類似の問題が共通の構造から生まれてきている点への認識を高めることが求められている。

　たとえば，1980 年代から紛争や難民問題の解決に向けて取り組まれてきた「人間の安全保障」も，VUCA 社会においては，日本においても取り組むべき課題となっている[3]。VUCA 社会のなかで，「人間の安全保障」で強調されている，①人間一人ひとりに着目し（people centered），②包括的で（comprehensive），③状況や地域に応じて（context specific），④問題予防の観点から（prevention oriented），⑤深刻な脅威から人々を守り（protection），⑥人に力を与える（empowerment）といった指摘も，日本の状況（子どもの貧困格差や，社会的排除問題など）を捉え，対処していく際に重要な指針となる。VUCA 社会において「探究」の意味するところは，"複雑な問題"に向き合い，問いをかかえながら状況を見つづけ，ほかの人たちとのコミュニケーションと協働をしつづけ，自身の考えを検証しつづけ，時々の最適解を更新しつづけることが求められる。本書で取り扱う「探究」の姿は，正解ありきの「探究」ではなく，"複雑な問題"に向き合い，学びと協働を連動させる「探究」であり，「SDGs 時代」や「VUCA 社会」の特徴が色濃く反映されているものだといえるだろう。

## ❸    先行研究における SDGs と「探究」の捉え方

　本書を構想するうえで，今日の「SDGs 時代」到来の前後に各専門分野・領域の観点からなされた基本的な研究成果における，SDGs と「探究」の捉え方と本書との関連性をみておきたい。以下にあげるものは，筆者が構想および執筆に深くかかわって刊行された書籍である。

### (1) SDGs と開発教育・環境教育—「テーマの統合性・文脈性・批判性・変容性」

　鈴木・佐藤（2012）[4]は，平和と公正，持続可能性な社会を掘り下げる際のテーマに基づく教育的取り組み考える際，グローバルな基本問題として貧困・社会的排除問題と地球環境問題を「双子の問題」としている。この 2 つの基本問題を教育的視点から捉えた書籍として，『SDGs と開発教育—持続可能な開発目標とその学び』（田中・三宅・湯本編著，2016），『SDGs と環境教育—地球資源制約の視座と持続可能な開発目標のための学び』（佐藤・田代・蟹江編著，2017）があげられる。『SDGs と開発教育』は，1948 年の世界人権宣言，1989 年の子どもの権利条約（CRC）に端を発する一連の開発論・教育論をふまえたものとなっており，『SDGs と環境教育』は，1972 年の国連人間環境会議（通称，ストックホルム会議）とその宣言（国連人間環境宣言），その後の国際環境教育計画（IEEP）に端を発する一連の開発論・教育論をふまえたものになっている。いずれにも，1992 年の国連環境開発会議（通称，リオサミット）における持続可能性と教育に関する国際的議論をふまえ（図 0-2），その後につづく，「国連・持続可能な開発のための教育の 10 年」（国連・ESD の 10 年；2005-2014）の流れを取り扱っており，人づくり（人権に基づくアプローチ，人間開発アプローチ）と持続可能な開発（持続可能な開発アプローチ）を関連づけた論考として整理がなされている。

　両書ともに，持続可能な開発目標（SDGs）のさまざまな目標と関連づけて，開発論・教育論が語られており，グローバルな基本問題（貧困・社会的排除問題と地球環境問題）に横断的にかかわるアプローチとして，考察されている点に特

徴がみられる。

これら両書においても，「探究」の重要性が指摘されている。『SDGsと開発教育』では，開発教育の重視しているアプローチとして，教師の一方的な教え込みではなく，学習者自身による問題の発見，課題の設定，問題の影響や広がり，背景の探究，解決への行動を連動させた「参加型学習行動法」（Participatory Learning and Action：PLA）の重要性が指摘されており，学びの文脈づくりと構造化の重要性が指摘されている。さらには，開発教育の目標として「グローバル・シチズンシップ」の育成が提示されており，グローカルで，多様な要素を関連づけた統合的，文脈的，批判的，変容的学びの重要性が指摘されている。また『SDGsと環境教育』では，これまでの環境教育では自然体験などを通して環境を感受する能力を獲得したり，環境に興味・関心をもち，自らかかわろうとする態度を高めることなどのように，地域や自然とのかかわりを重視（文脈性）した取り組みが多く実践されてきた。今後はこれまでの実践をふまえつつ環境問題を問題として捉えるのではなく，問題群として捉えること（統合性）や，社会課題を批判的に捉え改善していく能力（批判性）や，これまでの環境問題を教えるという環境問題教育を越え，より「未来を自分たちの手でよりよくできる」といった未来志向性，社会変容に向けた主体形成の重要性（変容性）が指摘されている。開発教育と環境教育は，その背景，主義，視点は異なるものの，世界の基本問題である「貧困・社会的排除問題」と「地球環境問題」を取り扱っており，その相互補完性を高めるものとして，互いに影響をもたらしている[5]。

両書の論考から，「探究」に求められるものとして，取り組みにおける「テーマの統合性・文脈性・批判性・変容性」の重要性を読み取ることができる。

## (2) SDGs時代のまちづくり・地域づくり―「場」の重要性

平和と公正，持続可能な社会に向けた地域社会における実践的取り組みとして刊行された『SDGsとまちづくり―持続可能な地域と学びづくり』（田中・枝廣・久保田編著，2019）は，SDGsの目標11「住み続けられるまちづくりを」に

向き合い，人が学び，協働する"場の機能"に焦点があてられた。当該書では，まちづくりにおいて一般的にイメージしがちなハードなインフラ（鉄道・道路・港湾・ダム・橋梁・上下水道・通信施設などの産業基盤となる社会資本や，学校・病院・社会教育施設・社会福祉施設などの生活基盤となる社会資本）が主ではなく，ソフトなインフラ（人的能力，組織能力，地域能力—ビジョン構築や，学び・協働の場づくり，ケアシステム，社会サービスを含む）に焦点があてられている。これは，当該書の副題「—持続可能な地域と学びづくり」からも読み取ることができよう。

　当該書では，「持続可能性」を実現するために，まちづくりにおける「ひとづくり」に注目し，環境，福祉，地場産業，農業・食料，文化などのテーマを扱うとともに，海外とのつながりや世界の課題を意識したまちづくりについて注目（多文化共生，責任ある生産・消費，国際交流）している点に特徴がみられる。さらに，「持続可能性」を実現するためには，住民の楽しみや居場所に配慮したまちづくりに着目している点にも当該書の特徴がうかがえる。これまで，まちづくりの主流であったハードなインフラの構築を超えて，人の営み，人と人との関係性に軸をおき，ソフトなインフラを重視している点は，これからの日本の社会における持続可能性の構築と社会的レジリエンスの強化に貢献するといえよう。

　当該書においても，「探究」の重要性が指摘され，その論考から「探究」に求められるものとして，取り組みにおける「場」の重要性を読み取ることができる。

### (3) SDGs 時代の教育—取り組みの「プロセス」の重要性

　平和と公正，持続可能な社会に向けた教育的取り組みとして刊行された『SDGs 時代の教育—すべての人に質の高い学びの機会を』（北村・佐藤・佐藤編著, 2019）は，教育を「人類の成長の基盤としての教育」と「持続可能な社会を創る教育」の2つの視座から考察をしており，SDGs の目標4「質の高い教育をみんなに」のターゲットと深く関連づけながら，教育の多義性と教育で取り扱う領域の幅の広さを提示している。とりわけ，ターゲット4.7において指摘さ

れている．「持続可能な開発のための教育（ESD）」と，「地球市民性教育（GCED）」についても政策論的，教育論的な考察を深めている点に特徴がみられる．

　当該書においても，「探究」の重要性が指摘され，目標4のターゲット，今日の学習指導要領の基本方針，「国連・ESD の 10 年」，キー・コンピテンシー（OECD）や持続可能性キー・コンピテンシー（UNESCO）などをふまえ，学習と協働の関係性を強めることを通して，個人変容と社会変容の連動性を高めることの重要性を指摘している．さらには，資質・能力を支える「社会・情動的知性（SEI）」についても言及されており，これらをどのように，学習と協働のプロセスのなかで関連づけ，強化させていくかが指摘されている．当該書の論考から，「探究」に求められるものとして，取り組みにおける「プロセス」の重要性を読み取ることができる．

## (4) SDGs 時代のパートナーシップ—「仕組みづくり」の重要性

　平和と公正，持続可能な社会に向けた協働的取り組みとして刊行された『SDGs 時代のパートナーシップ—成熟したシェア社会における力を持ちよる協働へ』（佐藤・関・川北編著, 2020）は，パートナーシップを SDGs の目標 17「パートナーシップで目標を達成しよう：手段としてのパートナーシップ」として位置づけるだけでなく，目標 16「平和と公正をすべての人に；権利としてのパートナーシップ」，目標 4「質の高い教育をみんなに；目的としてのパートナーシップ—社会的学習」，目標 11「住み続けられるまちづくりを；目的としてのパートナーシップ—学習する地域，協働ガバナンス」としても位置づけている点に特徴がみられる．

　当該書においても，「探究」の重要性が指摘され，「人類の生存」「人類の成長」「社会の成長」「社会の存続」といった持続可能な社会の構築に向けて，"複雑な問題"への統合的アプローチが希求されている．多様な主体が，力をもちよる協働と学びを通して，社会全体の生態系を構築するなかで，課題解決と価値共創が可能になる点が強調されている．さらに，協働における運営基盤の整備，

順応的ガバナンスの構築や，問題解決の推進力を強化する場づくりなど，多様な主体が力をもちより，その力を発揮するための「仕組みづくり」の重要性が指摘されている。当該書の論考から，「探究」に求められるものとして，取り組みにおける「仕組みづくり」の重要性を読み取ることができる。

## 4　多様な分野・領域で求められる［探究の高度化・自律化］

　上述のとおり，平和で，公正で，持続可能な未来の構築に向けて，多様な分野・領域において，学習と協働を連動させる「探究」の重要性が指摘されている。さらには，「探究」に求められるものとして，「テーマの統合性，文脈性，批判性，変容性」「場」「プロセス」「仕組みづくり」があることも読み取ることができる。本節では，学校教育，大学，企業，政府・自治体，地域社会における今日的状況を提示しつつ，「探究」の意味合いを掘り下げることとする。なお，"複雑な問題"に向き合い，学習と協働を連動させる「探究」の意味合いについては，第1章において詳述されているので参照されたい。

### (1) 学校教育

　学校教育の現場においても，主体性，対話性，学びの深さが重視されていくなかで，大きな教育改革が行われている。文部科学省 (2018) は，探究活動について，「探究の見方・考え方を働かせ，横断的・総合的な学習を行うことを通して，自己の在り方・生き方を考えながら，よりよく課題を発見し，解決していくための資質・能力を育成」することを目的に，①探究の過程において課題の発見と解決に必要な知識および技能を身につけ，課題にかかわる概念を形成し，探究の意義や価値を理解するようにする，②現実の世界と自己とのかかわりのなかから問いを見いだし，自分で課題を立て，情報を集め，整理・分析して，まとめ・表現することができるようにする，③探究に主体的・協働的に取り組むとともに，互いのよさを生かしながら，新たな価値を創造し，よりよい社会を実現しようとする態度を養うための教育課程の充実が，小中高といった校種

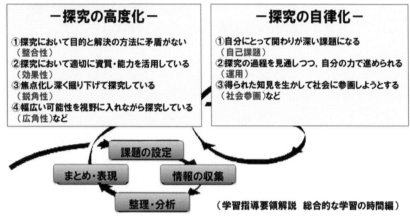

探究の見方・考え方を働かせ、横断的・総合的な学習を行うことを通して、自己の在り方・生き方を考えながら、よりよく課題を発見し、解決していくための資質・能力を育成

－探究の高度化－
①探究において目的と解決の方法に矛盾がない（整合性）
②探究において適切に資質・能力を活用している（効果性）
③焦点化し深く掘り下げて探究している（鋭角性）
④幅広い可能性を視野に入れながら探究している（広角性）など

－探究の自律化－
①自分にとって関わりが深い課題になる（自己課題）
②探究の過程を見通しつつ、自分の力で進められる（運用）
③得られた知見を生かして社会に参画しようとする（社会参画）など

課題の設定
まとめ・表現
情報の収集
整理・分析

（学習指導要領解説　総合的な学習の時間編）

図0-4　探究の高度化・自律化

出所：文部科学省（2018）

を超えて期待されている。

　SDGs 時代の探究活動は、"複雑な問題"に向き合い、持続可能な社会の構築に向けて、視点を得て、視座を高めるといった探究スパイラルの構築に向けた取り組みが必要である。探究スパイラルの向上には、「探究の高度化」と「探究の自律化」が求められており（図0-4）、その内容は、校種を超え、社会人にとっても重要な内容が含まれている。これからの時代は、生涯を通して、学習と協働を連動させる「探究」が必要になるだろう。なお、教育改革の文脈における探究モードへの挑戦については、第2章において詳述されているので参照されたい。

### (2) 大学

　日本経済団体連合会（2022）は、『提言「新しい時代に対応した大学教育改革の推進—主体的な学修を通じた多様な人材の育成に向けて」』を発表した。本

提言は，「採用と大学教育の未来に関する産学協議会」を通して，Society 5.0 で求められる能力と資質について議論し，①リテラシー（数理的推論・データ分析力，論理的文章表現力，外国語コミュニケーション力など），②論理的思考力と規範的判断力，③課題発見・解決能力，④未来社会を構想・設計する力，⑤高度専門職に必要な知識・能力が求められることについて合意している点を述べている。そして，これらの能力は高等教育機関のみで育成できるものではなく，初等中等教育段階から育成する必要がある点を強調している。さらに，今後，重視すべき教育内容の１つとして，「課題解決型教育」を提示しており，人文科学，社会科学，自然科学を横断する幅広い知識・技能をもとに，実社会や地域のなかから，自分で問いを立て，ソリューションを見つけ出して，新たな価値を創造していく能力が汎用的に求められている点を指摘している。「採用と大学改革への期待に関するアンケート結果」（図 0-5）においても，優先的に実施すべき教育プログラムの改革として，「課題解決型の教育プログラム」をあげる企業が最も多く，本書で取り扱っている「探究」の重要性をうかがうことができる。

　近年，多くの大学において，「課題解決型教育」の取り組みがみられる。実際のカリキュラム編成や授業実践だけでなく，「課題解決型教育」に関するさまざまな事例研究や理解を深める FD（ファカルティ・デベロップメント）の取り組みも多くみられる。専門分野・領域における掘り下げ型・深化型の探究プログラムだけでなく，"複雑な問題"に向き合い，多様なテーマを関連づける広角型の探究プログラムもみられ，大学の探究プログラムの多様化も進展を続けている。さらには，初等中等教育段階の学校教育と，高等教育としての大学との連動性も近年みられており，本書で指摘している学校種を超えた，探究プログラムの連動性が期待できるといえよう。


## (3) 企業

　1980 年代末葉の経済のグローバル化に伴い，もはや企業の取り組みは，国内と国外を分けて考えることはできず，環境や社会の問題に経済活動が大きな影響を与えている。20 世紀には自然資源や産業・生活廃棄物，調達先の人権問題

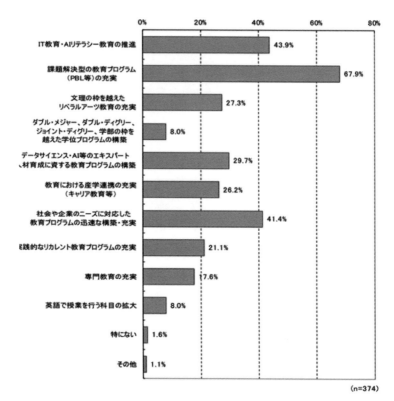

図 0-5　採用と大学改革への期待に関するアンケート結果

出所：日本経済団体連合会（2022）

などを企業活動や日常生活から「外部化」し，自らの責任範囲外のものとして
きた領域のことも，自社としての責任が問われ，「内部化」していかなければな
らない時代に入ってきている。このような状況下では，自社内だけで社会的責
任を果たすのではなく，生産・調達や消費も加えた企業のバリューチェーン全
体として持続的な経営に取り組む必要性が高まっているといえる。このような
「外部のない」グローバリゼーションの時代において，企業は，多様なステーク
ホルダーとの関係性を重視し，"複雑な問題"に取り組む必要性が高まっている。
　その流れが不可逆な流れとして国際的に認識されたのは，2015 年に合意さ

れたパリ協定と SDGs であるといえる。1999 年に提示された国連グローバル
コンパクト（人権の保護，不当な労働の排除，環境への対応，そして腐敗の防止に関
する 10 の原則）により，このような取り組みの重要性は高まってきたものの，
当時は，経済活動以外のものとして捉えられ，社会貢献の意味合い（企業におけ
る CSR 活動）が強かったといえる。

　近年では，WBCSD（持続可能な開発のための世界経済人会議）が描いた長期ビ
ジョン（Vision2050）や，ESG（環境・社会責任，企業統治）投資，統合報告に向
けた取り組み（財務資本，製造資本，知的資本，人的資本，社会関係資本，自然資本
の統合と好循環）などによって，企業は経済的利益だけでなく，多角的・長期的
に企業活動が評価されるようになってきている。2020 年代前半において，世界
経済フォーラム（通称，ダボス会議）において，社会的弱者を支え，環境を保全
し，新技術に対応したマクロ経済，ミクロ経済，個人のリセットの重要性が指
摘され，「ステークホルダー資本主義」が提示されたほか，技術革新，地域開発
の見直し，グローバル協調の再生，社会契約・リスキル・仕事の再設計，自然
環境の回復，持続可能なビジネスモデルの構築などを軸にした「グレートリセ
ット」が強調されている点も，企業活動の大きな転換を提示しているといえる
だろう[6]。

　2015 年をふまえ今日では，経済・社会・文化・環境といったさまざまな側面
に配慮し，分野・領域を超えた連携・協働なしには達成できない課題に取り組
むことがビジネスの前提条件となり，企業活動そのものが問い直される状況に
なってきている。2017 年には日本経済団体連合会により，「企業行動憲章」の
改定版（日本経済団体連合会，2017）が発表され，持続可能な社会の実現が企業の
発展の基盤であることの認識や，広く社会に有用で新たな付加価値および雇用
の創造，ESG に配慮した経営の推進による社会的責任への取り組みを進める点
が強調されている。

　このように，2 つの基本問題とされる「貧困・社会的排除問題」と「地球環境
問題」の同時的解決に積極的に関与することが求められるグローバル化時代に，
多様な主体との協働により，社会課題に取り組み，価値を共創していく機会は，

ますます拡大していくことが予想される。これまでの，発注－受託の関係ではない協働が求められているとともに，VUCA 社会おける学びのあり方や，組織における人的資源を超えた人的資本としての知見の蓄積が求められている。

　なお，社会変容（経済活動含む）の文脈における探究モードへの挑戦については，第 3 章において詳述されているので参照されたい。


### (4) 政府・自治体

　これまで官民連携としての「協働」が実施されてきたが，官民連携は，民間の経営手法を公的部門に応用し，公的部門の運営の合理化を図る新公共管理（New Public Management：NPM）を目的として実施されることが主であったといえよう。新公共管理は，民営化や市場化テスト，アウトソーシングの促進，官民連携推進などにより，行政組織の効果的・効率的な運営を目指すものである。問題が明確で対応策も確立しているものであれば，アウトソーシングの発想で民間への委託が可能であるが，今日では，従来よりも“複雑な問題”に向きあう必要性が高まっているといえる。今後，“複雑な問題”に向き合い，新しい価値を共創するうえでも，自治体の複数部署，多様な専門家，課題の現場にいる地域住民など，さまざまな経験のある人たちが知恵をもちより，表面化した課題の背景にある構造や人々の考え方にまで視野を広げて，解決方法のアイデアを出しあい，“真の課題と解決のあり方を模索していく探究プロセス”がますます大切になるといえよう。

　日本社会における人口減少に伴い，これから財政状況がますます厳しくなるなかで，施策に使える予算も，地域の課題解決に向けて NPO などに外部委託をしてきた資金も脆弱になってきている。このような状況下では，従来の政策オプション（法律・条例，計画策定，規制，補助金などの経済的支援，情報発信，社会教育・講座実施など）にとどまらず，政府・自治体の職員が積極的に地域の現場に出ていき，多様な主体との協働による地域の課題解決と価値共創（政策オプションとしての協働）に参画する必要性が高まっている。これまでの協働は，行政の枠組みを市民が補完するための「市民参加」の視点が強かったが，これ

からの時代は，協働と学習を連動させる「探究」のプロセスを通して，行政が社会・地域の現場に参加し，何が地域の課題であるかを捉え，変化する社会状況と多様な主体の考えや行動から学び，行政自体のあり方も柔軟に変化させていく「行政参加」の場面が増えていくことが期待されている。

### （5）地域社会

急速な少子高齢化，地域コミュニティの希薄化，環境問題など，多くの地域課題が生じており，地域住民の生活スタイルやニーズもますます多様化していくなかで，地域社会においても“複雑な問題”に向き合う「探究」の必要性は高まっている。2018 年には，特定非営利活動促進法（NPO 法）の制定／施行の 20 周年を迎え，個々の専門・テーマをもつ NPO/NGO の存在は社会に定着し，かかわる人も増えてきているものの，待機児童問題，貧困問題，教育問題，地域の環境問題などの地域課題へのアプローチは，分野やテーマの縦割りになっていることも多くみられる。“複雑な問題”に向き合い，地域課題を統合的に解決していくには，分野・領域において個別に取り組む「分断された解決アプローチ」に限界がみえてきている。今後，多様な主体の連携・協働によって地域の社会システム全体を変えることで，問題の本質的な解決に挑むことが必要だという認識が広がっていくことだろう。

これまでは，テーマ別の専門性が強みの NPO/NGO と，地域を包括的に扱う町内会・自治会などの地縁組織は，同じ地域でも異種の存在として認識され，連携・協働をすることがむずかしいとされてきたが，両者の強みや機会をもちよる連携・協働は，ますます重要になることが予想される。それに加え，グローバル感染症や気候変動，大規模な自然災害などの影響で，地域の工場の突然の閉鎖など，地域社会にもグローバルな経済社会の状況が大きな影響を与える時代になっている。VUCA 社会の到来により，地域でも変動が高く，予想外の，不確実かつ予測不可能な状況が増えることが予想される。状況的に刻々と変化する地域課題に対して，従来の考え方や組織だけでは対応できず，外部の人や組織とともに協働をしながら，地域の伝統・文化と新しい発想・手法を学びあ

っていく探究のプロセスは，これまで以上に大切になる[7]。これからの時代は，地域における学習と協働を連動させる「探究」のプロセスを通して，"複雑な問題"を地域全体で共有し，その解決を多く主体の参画によって取り組むことができれば，地域に新しいつながりが生まれ，より創造的なアプローチができ，地域の価値創造にもつながることが予想される。なお，社会変容（地域社会における協働を含む）の文脈における探究モードへの挑戦については，第4章において詳述されているので参照されたい。

[佐藤 真久]

### [注]

1) 序章は，佐藤真久・広石拓司（2018）『ソーシャル・プロジェクトを成功に導く12ステップ―コレクティブな協働なら解決できる！SDGs時代の複雑な社会問題』みくに出版／北村友人・佐藤真久（2019）「SDGs時代における教育のあり方」北村友人・佐藤真久・佐藤学編著（2019）『SDGs時代の教育―すべての人に質の高い学びの機会を』学文社，2-25頁／佐藤真久（2020）「SDGs時代のパートナーシップ」佐藤真久・関正雄・川北秀人編著『SDGs時代のパートナーシップ―成熟したシェア社会における力を持ちよる協働へ』学文社，264-273頁／佐藤真久（2021）「SDGsと都市計画・まちづくり―ハード・インフラとソフト・インフラの有機的連関にむけて」『都市計画』日本都市計画学会，71（1）-351，16-19頁を統合し，大幅な加筆修正に基づいて作成されている。

2) International Commission on Education for the Twenty-first Century (1996) *Learning: the treasure within*, UNESCO Publishing, p.249.

3) 国際協力機構（JICA）は，従来から人間の安全保障が重視してきた「恐怖からの自由」「欠乏からの自由」に加えて，「尊厳をもって生きる権利」も注視することを打ち出し，国を超えて取り組むべき「新時代の人間の安全保障（人間の安全保障2.0）」を提示している（https://www.jica.go.jp/jica-ri/ja/news/topics/20210608_01.html）。

4) 詳細については，鈴木敏正・佐藤真久（2012）「『外部のない時代』における環境教育と開発教育の実践的統一にむけた理論的考察―『持続可能で包容的な地域づくり教育（ESIC）』の提起」『環境教育』日本環境教育学会，21（2），3-14頁を参照されたい。

5) 詳細については，佐藤真久（2014）「グローカルな実践論理としての環境教育と開発教育―環境教育と開発教育の実践的統一にむけた展望」鈴木敏正・佐藤真久・田中治彦 編著『環境教育と開発教育―実践的統一への展望：ポスト

2015 の ESD へ』筑波書房，221-234 頁を参照されたい。

6）サステナビリティ経営の歴史的変遷については，佐藤真久（2022）「パートナーシップで取り組むサステナビリティ経営」『SDGs の経営，事業政略への導入と研究開発テーマの発掘，進め方』技術情報協会，34-44 頁に詳しい。

7）地域社会における参加と協働の仕組みづくり，探究と社会的学習については，佐藤真久（2019）「SDGs 時代の日本社会―求められる“SDGs の自分ごと化”と“社会参加のしくみ”」『ECPR』えひめ地域政策研究センター，44（2），43-49 頁／佐藤真久（2020）「“SDGs の本質”に対応した地域課題解決と価値創造―求められる発想とアプローチのシフト」『NETT』ほくとう総研，108，46-49 頁に詳しい。

## [引用・参考文献]

加藤三郎（2000）「ご存じですか，地球憲章」認定 NPO 法人環境文明 21，http://www.kanbun.org/kaze/0007.html

北村友人・佐藤真久（2019）「SDGs 時代における教育のあり方」北村友人・佐藤真久・佐藤学編著『SDGs 時代の教育―すべての人に質の高い学びの機会を』学文社，2-25 頁

北村友人・佐藤真久・佐藤学編著（2019）『SDGs 時代の教育―すべての人に質の高い学びの機会を』学文社

佐藤真久（2019a）「SDGs 時代のまちづくりとパートナーシップ」田中治彦・枝廣淳子・久保田崇編著『SDGs とまちづくり―持続可能な地域と学びづくり』学文社，263-278 頁

――（2019b）「SDGs 時代における教育のあり方」北村友人・佐藤真久・佐藤学編著『SDGs 時代の教育―すべての人に質の高い学びの機会を』学文社，2-25 頁

――（2020）「SDGs はどこから来て，どこへ向かうのか―サステナビリティの成り立ちから SDGs の本質を捉える」佐藤真久・広石拓司『SDGs 人材からソーシャル・プロジェクトの担い手へ―持続可能な世界に向けて好循環を生み出す人のあり方，学び方，働き方』みくに出版，41-62 頁

――（2021）「SDGs と都市計画・まちづくり―ハード・インフラとソフト・インフラの有機的連関にむけて」『都市計画』日本都市計画学会，71（1）-351，16-19 頁

佐藤真久・関正雄・川北秀人編著（2020）『SDGs 時代のパートナーシップ―成熟したシェア社会における力を持ちよる協働へ』学文社

佐藤真久・田代直幸・蟹江憲史編著（2017）『SDGs と環境教育―地球資源制約の視座と持続可能な開発目標のための学び』学文社

田中治彦・三宅隆史・湯本浩之編著（2016）『SDGs と開発教育―持続可能な開発

　目標とその学び』学文社

田中治彦・枝廣淳子・久保田崇編著（2019）『SDGs とまちづくり―持続可能な地
　域と学びづくり』学文社

日本経済団体連合会（2017）『企業行動憲章』

　――（2022）『提言「新しい時代に対応した大学教育改革の推進―主体的な学修
　を通じた多様な人材の育成に向けて』

文部科学省（2018）『高等学校学習指導要領解説－総合的な学習の時間編』

# 第1章

## 複雑な問題に向き合い，自律と協働を連動させる探究へ

　生涯にわたって探究しつづける社会がやってきた。学校教育はもちろん，社会教育においても，企業や会社における人材育成の場においても，自ら課題を見いだし，その課題の解決に向けて学び続けることにこそ価値がある。

　限定的な，唯一の解を手に入れたとしても，しかも，それが他者から与えられたところで，一人ひとりの人生や私たちの社会に大きく寄与するものではないことも明らかになってきた。多様な価値が存在し，常に流動的に変わりつづける現実の社会においては，目標に向かって，最適な解を探り出そうと取り組みつづけることが重要で，そのことこそが豊かな人生と社会の発展を創造する。

　そのためにも，SDGs（Sustainable Development Goals：持続可能な開発目標）に象徴される現代社会の諸課題を探究することが欠かせない。そこには，異なる多様な他者との協働が生まれ，それぞれが自律的な存在になっていくことが期待できる。

　学びのモードは大きく変わろうとしている。「探究モード」への変革こそが求められている。そこには，未来社会を創造する主体として自覚が生まれるとともに，自らの生き方を問いつづける本来の学びの姿が実現できるのであろう。

### 1　新しい時代に求められる人材と「探究」

#### (1) トレンドワードとして注目される「探究」

　2017・2018（平成29・30）年の学習指導要領の改訂を一言でいえば，「探究」と語る教育関係者もいる。メディアの報道や教育雑誌の特集においても「探究」の二文字は常に紙面を賑わわせている。それくらい重要なキーワードとなった「探究」。そもそもこの「探究」が教育課程の基準である学習指導要領に位

置づけられたのは，前回改訂に遡る。2008（平成20）年の学習指導要領の改訂の際，「各教科における習得や活用と総合的な学習の時間における探究」と答申に示されたことを受け，総合的な学習の時間の目標に「探究」の文言が挿入された。そのうえで，総合的な学習の時間の解説において，「問題解決が発展的に繰り返されること」「物事の本質を探って見極めること」と探究的な学習について説明がなされた。加えて，「探究」のイメージを明確にするために「①課題の設定，②情報の収集，③整理・分析，④まとめ・表現」の探究のプロセスが明示され，全国の多くの実践の指針となった。ちなみにこの探究のプロセスは，OECDのPISA（生徒の学習到達度調査）が示してきた読解のプロセスを参考にしており，育成をめざす資質・能力を確かにしていくとともに，国際標準の学力にも対応したものであることはきわめて重要である。

　この「探究」については，総合的な学習の時間が始まる前にもそうした取り組みが行われてきた。大正自由主義教育の時代においては子どもを中心とした，活動性を重視した，教科を横断する学びが一部の学校で行われていた。戦後の初期社会科においては，社会機能法によって導出された内容を，子どもが自ら学び取ろうとする教科の学びをイメージしていた。1989（平成元）年の学習指導要領において誕生し，現在も低学年教育の中核を担っている生活科では，子どもが思いや願いを実現する学習活動を行うことを中心とし，活動や体験を通して学ぶこと，子どもの気づきを大切にすることが重視されている。

　また，「探究」については，文部科学省（以下，文科省）のみならず，経済産業省（以下，経産省）の「未来の学校」プロジェクトのなかでも注目されている。それは，「学びの探究化，STEAM化」として，これからの学校教育のみならず，経済界が期待する人材育成，それをとりまく社会システムの変革，官民一体となった社会リソースの提供と社会全体の学びのありようなどへと話題が広がり議論されている（第3章参照）。加えていえば，一人ひとりの子どもが自ら課題を見つけ，自ら学び，自ら考え，主体的に判断し行動しながら，身の回りの問題状況の解決に向けて学び続ける「探究」では，持続可能な社会の構築とも深くかかわることとなり，自治体や企業が大きく関心を寄せるものともなってい

る。議論のステージが，中央教育審議会（以下，中教審）を飛び越して，産業構造審議会や内閣府で展開されていることにも注目すべきであろう。

　こうした社会状況のなか，私たちがすべきことは何か。教育に関する営々と積み上げてきた実践と知見をもつ私たちにできることは何か。それはおそらく「探究」を中核とした教育課程や学習指導の「真の姿」を明らかにすることではないだろうか。「真の姿」は子どもの姿や子どもの事実を抜きにして語ることはできないだろう。そして，子どもの学ぶ姿や語る言葉を深く洞察することなくして創造することもできないはずだ。また，学校教育のみならず，社会教育や企業における人材育成にまで意を配る必要がある。今，私たちは改めて「探究」の意味を問い直し，子どもの姿や社会の変化と照らし合わせながら，未来の教育課程や新しい学習指導，社会システムを明らかにしていかなければならない。

　その際，忘れてはならないことがある。子どもの姿を中心に「探究」を見つめ直すことは，決して昔に戻ったり，過去を礼賛したりすることを意味するものではない。むしろ最新の知見やテクノロジーを駆使したものである必要があるし，国内外の知見を参考にすべきでもある。もちろん，旧来の枠組みや価値観を崩すことも必要となる。広い視野で，異なる視点の下，新しい教育や教育課程を創造することが期待されている。そのなかでこそ，新しい教育の姿が生まれ，そこに期待する豊かな学びが展開されるのであろう。そして，その先に未来の社会が確実に生成されるものと考えることができる。その点から考えるならば，今，世界的に注目される SDGs との関係を明らかにすることはきわめて重要な視点といえよう。

## (2) 社会の変化と求められる人材や能力

　ニューヨークタイムス紙に掲載された以下の記事については，多くの読者がご存知のことであろう。

> 2011 年度にアメリカの小学校に入学した子どもたちの 65% は，大学卒業時に

　デューク大学教授のキャシー・デビッドソンによる未来予測の研究成果である。もちろん，日本社会の未来が，さまざまな未来予測のとおりになるかどうかは定かではない。しかし，確かにいえることは，これからの社会の変化は，今まで以上に劇的で激しいということではないだろうか。そして，そのことを私たちはコロナ禍において実感している。

　社会の変化については，グローバル化，情報化，少子高齢化，知識基盤社会化などとさまざまに表現されている。日頃，何気なく使っている当たり前の言葉の裏側に，じつは驚くべき予測が隠されていることを確認しておきたい。

　こうした未来社会の変化は，身近な出来事を見つめ直すだけで実感的に捉えることができる。たとえば，お掃除ロボット「ルンバ」や音声認識ソフト「siri」が私たちの暮らしを変え，そのことは結果として私たちが働く職業を変えることにつながっている。自動車の自動運転やオンライン診療などさまざまな変化が身近なところで起き始めている。

　ここで，図 1-1 をみていただこう。OECD が社会の職業の推移を経年変化で示したデータである。いずれの職業も 1960 年を 50 としたときに，その後どのような変化がみられるかを数値化している。

　この図から明らかなのは，未来社会では反復系の手作業は減り，反復系の認識を伴う仕事までもが減少していくということである。そのことは，先に例示した「ルンバ」や「siri」をイメージすれば想像に難くはない。単純な労働に関して機械が私たち人間に取って代わるだけではなく，認識を伴うような仕事も機械が行うようになることを示している。スマートフォンはもちろん病院の電話受付などが機械化されていることを思えば，こうした変化はすでに私たちの日常のなかに大きく広がりつつある。

　では，逆に増えていく職業はどのような職業なのだろうか。ここでもう一度，図 1-1 をみてみよう。右肩上がりに変化していく職業のタイプは，非反復系で分析を伴う職業，非反復系で双方向性を必要とする職業であることがわかる。

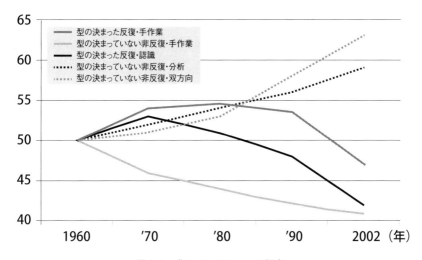

図 1-1　求められるスキルの傾向

出所：Autor, Leryard Murname, *The skill content of recent technological change*

つまり，じっくり考える仕事，どれが適切かを判断し決断する仕事など思考を
伴う仕事は私たち人間に求められる能力であり，そうした職業は今後増えてい
く。また，他者と話し合ったり情報交換したりして新しいアイデアを生み出し
創造すること，異なる立場で話し合い一致点を探ることなども機械ではむずか
しいことがわかる。

　そうであるならば，自ずと未来社会に生きる子どもに必要な学力が明らかに
なってくる。単に知識を暗記していればよいのではなく，実社会で活用できる
能力が求められているのである。


### (3) 諸外国における実社会で活用できる能力育成の議論

　変化の激しい 21 世紀の社会では，知識の習得ばかりではなく，実社会で活用
できる能力の育成こそが求められている。それは，国際的にも国内的にも同様
であり，以下のような提言がさまざまに為されてきた。

① OECD のキー・コンピテンシー

OECD 加盟国が PISA 調査として着手した取り組みは，義務教育修了段階の

子どもが，社会に参加するために十分な能力を，どの程度獲得しているのかを診断しようとして始まったものである。現代社会という複雑で多面的な状況のなかでは，一人ひとりの個人が人生の豊かさと成功をおさめるとともに，一人ひとりの個人が社会のよりよい発展に貢献することが期待されている。OECDのDeSeCoプロジェクトは，そのような一人の個人として成長するためには，どのような能力が求められるかを検討してきた。そして，求められる能力をキー・コンピテンシーとして整理し，その調査を進めてきた。

　キー・コンピテンシーについては，以下の3つの枠組みを規定し，分類している。

> ア：個人が周囲の環境と効果的に相互作用するには，広い意味での道具を活用する能力が必要である。ここでいう道具とは，情報テクノロジーのような物理的なものや言語のような文化的なものの両方を含めて考えている。それぞれの個人は，こうした道具を目的に応じて適切に活用していく能力が必要である。
> イ：これからの社会においては一層の協調関係が求められ，個人は他者と適切な関係がもてるようにする必要がある。異なる考え方をもつ人や集団も含めた他者と交流する能力が求められている。
> ウ：個人は，自分自身の生活や人生について，責任をもって管理，運営することが求められる。そのためにも，自分の生活を社会的背景に位置付けながら，自律的に行動する能力が必要となる。

　これからは，複雑で，変化の激しい社会状況が一層進展するだろう。そこには，多様な価値観が存在し，グローバル化するとともに，異質な集団との交流が避けては通れないものとなることも想像に難くない。そうしたなか，人生の成功や生活の充実，社会の豊かさや発展をめざすためには，先に記した3つのキー・コンピテンシーが必要であると考えたのである。OECDの学力に関する議論はさらに発展してきている。それらについては，国際的な動向も含めて第5章の白井俊の論考にまとめられているので参考にしていただきたい。

　また，こうした考えは，21世紀型スキル（The Assessment and Teaching of 21st-Century Skills）として，思考の方法（創造性とイノベーション・批判的思考，問題解決，意思決定・学習能力，メタ認知)，仕事の方法（コミュニケーション・コ

ラボレーション（チームワーク）），仕事の道具（情報リテラシー・情報コミュニケーション技術（ICT）リテラシー），生活の方法（地域や国際社会の市民性・人生とキャリア設計・個人と社会における責任）とした提言とも重なる。つまり，これからの社会では，実際の社会で活用できる能力が求めら，その育成が国際的に検討されてきたのである。

## （4）国内における実社会で活用できる能力育成の議論

こうした国際的な動向に対して，私たちの国ではどのような動きがあったのだろうか。まず，内閣府が進めてきた人間力戦略研究会の提言，つぎに経産省がまとめてきた社会人基礎力を取り上げ，国際標準の学力との接点を探っていく。そのうえで，「全国学力・学習学習状況調査の教科に関する調査」の問題を取り上げることで学習指導要領のめざす学力との関係を考えてみたい。

### ①内閣府の人間力戦略研究会報告書

2003（平成15）年4月10日，内閣府が設けた人間力戦略研究会が約半年間にわたる議論の結果をまとめ，報告した。ここでは，それまですれ違い気味だった産業界と教育界とが議論の方向性を揃えようと努力したところに特色がある。実際，教育の現場を考えたときに，実社会や実生活とのかかわりを大切にし，そこでの自己の生き方やあり方を考えることは，教育のめざすべき道でもあった。その意味からも産業界と教育界の要請には重なることが多く，この研究会が求められる背景があった。

結果的に，この研究会では，人間力を「社会を構成し運営するとともに，自立した一人の人間として強く生きていく力」と定義した。そのうえで，人間力の構成要素を以下の3つとした。

---

ア：「基礎学力（主に学校教育を通じで修得される基礎的な知的能力）」「専門的な知識・ノウハウ」を持ち，自らそれを継続的に高めていく力。また，それらの上に応用力として構築される「論理的思考力」「創造力」などの知的能力的要素

イ：「コミュニケーションスキル」「リーダーシップ」「公共心」「規範意識」や「他者を尊重し切磋琢磨しながらお互いに高めあう力」などの社会・対人関係的要素

---

> ウ：これらの要素を十分に発揮するための「意欲」「忍耐力」や「自分らしい生き方や成功を追求する力」などの自己制御的要素

　さらに，これらの構成要素を育成する場としては，職業生活面，市民生活面，文化生活面に分類されるとし，それぞれの場において，学校，家庭，地域および産業などの四者間の連携・協力が不可欠としている。こうした経緯のなかに，現在の内閣府における議論を位置づけることができよう。文科省の学習指導要領の改訂と併せて，その中心にいる第2章の合田哲雄の論考を大いに参考にしていただきたい。

　ここまで記してきた人間戦略研究会の定義とPISA調査がめざす国際標準の学力は，どちらも個人と社会の両者に視点を当てているとともに，きわめて似通った3つの枠組みを提案しており，共通性の高いものであることがわかる。

### ②経産省の社会人基礎力

　経産省では，わが国の経済を担う産業人材の確保・育成の観点から，産業界，教育界，学界などからの参加を得て，社会人基礎力に関する研究会を開催し，「社会人基礎力」の養成，企業における人材確保・育成，企業や若者の双方に納得感のある就職プロセスのあり方などについて検討した。その中間まとめが2006（平成18）年2月に報告された。

　この研究会では，社会人基礎力を「組織や地域社会の中で多様な人々とともに仕事を行っていく上で必要な基礎的な能力」と定義したうえで，いくらか限定的になることを覚悟し，わかりやすさを指向して次の社会人基礎力を規定した。

> ア：「前に踏み出す力」（アクション）」〜一歩前に踏み出し，失敗しても粘り強く取り組む力〜（主体性・働きかけ力・実行力）

　実社会の仕事において，答えは1つに決まっておらず，試行錯誤しながら，失敗を恐れず，自ら，一歩前に踏み出す行動が求められる。失敗しても，他者と協力しながら，粘り強く取り組むことが求められる。

> イ：「考え抜く力」（シンキング）」〜疑問を持ち，考え抜く力〜（課題発見力・計

> 画力・創造力）

物事を改善していくためには，常に問題意識をもち課題を発見することが求められる。そのうえで，その課題を解決するための方法やプロセスについて十分に納得いくまで考え抜くことが必要である。

> ウ:「チームで働く力」（チームワーク）〜多様な人とともに，目標に向けて協力する力〜（発信力・傾聴力・柔軟性・状況把握力・規律性・ストレスコントロール力）

職場や地域社会等では，仕事の専門化や細分化が進展しており，個人として，また組織としての付加価値を創り出すためには，多様な人との協働が求められる。自分の意見を的確に伝え，意見や立場の異なるメンバーも尊重したうえで，目標に向けともに協力することが必要である。

ここまで記してきた社会人基礎力に関する研究会の定義は，PISA 調査の学力や人間力戦略研究会が育成をめざす人間力の一部を具体的に示したものと考えることもできよう。こうした流れの先に経産省の「未来の学校プロジェクト」があり，現在，産業構造審議会でも活発に意見交換が行われている。浅野大介はその議論の中心的な人物であり，第3章の論考から多くを学べる。

人間力にせよ，社会人基礎力にせよ，PISA 調査が示している国際標準の学力は，すでに国内において幅広い分野から検討が進められ議論されていたことがわかる。

### ③文科省の全国学力学習状況調査

2007（平成19）年4月，全国学力・学習状況調査が行われるようになった。この調査では，小学校6年生および中学校3年生を対象に実施すること，調査する学年の前学年までに含まれる指導事項を出題範囲とすること，「習得」と「活用」の2種類の問題を出題することなどが，当初は規定されていた。

> ア:主として「習得」（国語 A，算数・数学 A）:身につけておかなければ後の学年等の学習内容に影響を及ぼす内容や，実生活において不可欠であり常に活用できるようになっていることが望ましい知識・技能などを中心とした出題
> イ:主として「活用」（国語 B，算数・数学 B）:知識・技能等を実生活の様々な

場面に活用する力や，様々な課題解決のための構想を立て実践し評価・改善す
　　る力などにかかわる内容を中心とした出題

　とくに，「活用」に関するB問題は，PISA調査を参考にしていることは，そ
の出題問題をはじめ，先に示した定義からも明らかであろう。どちらも，知
識・技能の習得だけを測定しようとするのではなく，実際の生活現実の場面に
おいて，知識や技能を活用し，課題を解決することができる能力を測定しよう
としてきた。いわゆる思考力などの高次な能力がどの程度育成されているかを
明らかにしようとしたものであると考えることができる。子どもが授業で獲得
し，身につけた知識や技能を，生活のなかの新しい状況においても，適切に使
いこなせる汎用的能力が育成されているかどうかを明らかにするための取り組
みと考えることができよう。

　先に示したどの提言においても実社会で活用できる能力が示されている。こ
れからの社会に求められる学力としては，何よりもまず実社会で活用できる能
力を育成することが重要であり，そのことは国内外を問わず，喫緊の課題とな
っていたことがわかる。


## (5) 実社会で活用できる資質・能力を育成する「探究」

　では，実社会で活用できる資質・能力を育成するためには，どのような学習
活動を行うことが求められるのであろうか。それを端的なキーワードで示すな
らば，「探究」ということができよう。

　これまでに行われていた知識を習得するための学習活動は，授業の最後だけ
を取り上げて「覚えておきなさい」としたエンドゾーンを重視する授業でもよ
かった。最後の最後に「ここだけは覚えておきなさい」などといわれた昔の授
業を記憶している人もいるのではないだろうか。そこには教師中心の，一斉的
で，画一的な，受け身の授業が存在することとなった。これではかろうじて知
識を伝授することができても，実社会で活用できる資質・能力は育成されない。
むしろ，受け身で，後ろ向きな実社会で役に立たない資質・能力を育成する心
配も生じる。もちろん，こうして獲得された知識さえもきわめて危うい。

これからは，実社会で活用できる資質・能力を育成するために「探究」が求められる。資質・能力の育成は，その学習活動において，子どもが本気になって，真剣に，自らの思いや願いの実現や課題の解決に向けて取り組むことが欠かせない。なぜなら，資質・能力は当事者が全力で真剣に取り組み，本気になって学びに向かうことと，その繰り返しによってこそ育成されるからである。

　したがって，資質・能力の育成はプロセスの充実によって実現される。一人ひとりの子どもが，悩み，迷い，解決せずにはいられない課題を設定し，その課題の解決に向かってさまざまに取り組むことで，問題解決の力は育成される。また，なんとしても相手にわかりやすく伝えたいと願い，発表の仕方を工夫し，繰り返し話したり，実際に伝えたりしていくことでプレゼンテーションの能力は格段に進歩していく。こうして子どもの資質・能力は発揮され，開発されていくのである。このことと，「探究」を中心的に担う総合的な学習の時間における探究のプロセスを重ね合わせていけば，その重要性を誰もが実感できるのではないだろうか。

　総合的な学習の時間の探究をイメージする際には，図1-2の探究のプロセスを参考にしたい。総合的な学習の時間では，問題解決的な活動が発展的に繰り返される一連の学習活動となることが欠かせない。そして，この探究の過程に体験活動と言語活動を適切に位置づけることが大切になる。

　たとえば，実際に川に出かけて，川の上流や下流の汚れを比較する。子どもは，「どうしてこの川はこんなに汚れてしまったのだろう」「この川をきれいにするにはどうすればよいのだろう」と問題状況の把握が，子どもの課題設定につながっていく（①課題の設定）。

　川の汚れの原因を探るためには，川の水質や生物を調べたり，昔の川の様子をインタビューで明らかにしたりすることが考えられる。パックテストで調べたり，指標生物を探したりして調査結果として情報を集めることなどができる。また，地域に住む高齢者を訪ねて，昔の川の様子を聞き取り調査することもできる（②情報の収集）。

　こうして集めたたくさんの情報を表やグラフに整理してまとめたり，その結

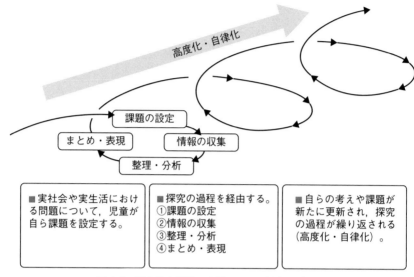

図1-2　総合的な学習の時間における探究のプロセス

果から川の汚れの原因を考える話合いをしたりする（③整理・分析）。

　そして，自分の考えをチラシやポスター，プレゼンテーションにして河川浄化の呼びかけをしたり，実際にゴミ拾いや河川浄化の活動に参加したりしていくことが考えられる（④まとめ・表現）。

　このような探究のプロセスを意識した学習活動を行うことで，子どもは各教科の知識や技能を活用し，それを確かなものにしていくとともに，身近な問題を解決するために真剣になって問題解決的な活動を実行していくことになる。

　なお，こうした「探究」を質的に高めるためにも協働的な学習であることが欠かせない。つまり，たった一人で「探究」を実現しようとしても，そこには困難が生じ，多くの仲間や友だち，地域の人などの協働的に学ぶ相手がいることによって，探究的な学習は充実していく。それは，次のような理由による。

　1つは，ともに学ぶ仲間がいることで多くの情報が集まることにある。たとえば，森林のフィールドワークをするにしても，多くの探究する仲間がいたほうが集まる情報は増える。情報量の多さは，その後の学習活動の質を大きく決

定づけるものであることはいうまでもない。

　2つは，ともに学ぶ仲間がいることでさまざまな視点から分析できることになる。たとえば，エネルギーの未来を考える場合でも，それぞれのおかれている立場や状況によって考え方は異なる。そうした違う考え方を出し合い，多面的に分析したり検討したりすることが，より質の高い「探究」を具現する。

　3つは，学校を越えて，地域や社会とかかわることにある。総合的な学習の時間での学習活動は地域に出かけたり，社会にかかわったりして展開する。子どもの学習の成果が地域を変えたり，社会に影響を与えることもある。こうして「探究」は，学習のフィールドを広げることで一層豊かで確かなものになっていく。

　4つは，ともに協力することで学習活動の可能性が広がることにある。役割分担をしたり，助け合ったりしていくことで，よりダイナミックな活動，より長期的な活動なども可能になる。

　21世紀型に求められる学力として実社会で活用できる汎用的能力を育成するためには，探究のプロセスに協働を適切に位置づけた学習活動が欠かせないのである。

## ② 学習指導要領の改訂と探究する総合的な学習の時間

　ここからは，先に示した社会の変化や，求められる学力と人材の変化をふまえた学習指導要領改訂，とりわけ探究を中心的に担う総合的な学習の時間について記していく。

### (1) 教育課程において育成をめざす資質・能力
　現在の日本の子どもの学力を分析すれば，およそ大きな成果が上がってきていると考えることができる。たとえば，PISA調査の結果においては，好ましい状況を示し，世界的にみても高水準を保ってきた。また，全国学力・学習状況調査の結果については，各都道府県の格差が縮まり，テストなどによって測

定できる学力については，一定の成果が出ていると考えることができる。いっぽう，TIMSS の調査結果からは，「授業が楽しくない」「授業が役立つとは思わない」などの意見をもつ子どもの割合が諸外国より高く，近隣諸国の子どもより自己肯定感が低いことなども明らかになっている。学力が上がっているにもかかわらず，である。さらには，自分で考え，判断して，行動する力などにも不十分さを示している。社会の変化を見据えることのみならず，子どもの実態を見つめることからも，今期学習指導要領の改訂がめざしている「何ができるようになるか」のために，「どのように学ぶか」を一層重視する必要があることが理解できる。

　社会の変化や先に示した子どもの実態から，「何ができるようになるか」として，育成をめざす資質・能力を以下の3つの柱として，学習指導要領改訂の議論が進められてきた。

①「何を理解しているか，何ができるか（生きて働く「知識及び技能」の習得）」
　各教科等において習得する知識や技能であるが，個別の事実的な知識のみを指すものではなく，それらが相互に関連付けられ，さらに社会の中で生きて働く知識となるものも含む。
②「理解していること・できることをどう使うか（未知の状況にも対応できる「思考力，判断力，表現力等」の育成）
　将来の予測が困難な社会の中でも，未来を切り拓いていくために必要な思考力・判断力・表現力等である。
③「どのように社会・世界と関わり，よりよい人生を送るか（学びを人生や社会に生かそうとする「学びに向かう力，人間性等」の涵養）
　①及び②の資質・能力を，どのような方向性で働かせて行くかを決定付ける重要な要素。

　育成をめざす資質・能力の3つの柱，すなわち「知識及び技能」「思考力，判断力，表現力等」「学びに向かう力・人間性等」については，次のように考えることができる。

　「知識及び技能」については，各教科等で習得する「知識及び技能」が相互に関連づけられ，社会のなかで生きて働くものとして形成されるようにすることが大切である。具体的な事実に関する知識，個別的な手順の実行に関する技能

に加えて，複数の事実に関する知識や手順に関する技能が相互に関連づけられ，統合されることによって生成される概念的知識などが大切である。

　「思考力，判断力，表現力等」は，「知識及び技能」が未知の状況において駆動できるものと捉えることができる。具体的には，身につけた「知識及び技能」のなかから，当面する課題の解決に必要なものを選択し，状況に応じて適用したり，複数の「知識及び技能」を組み合わせたりして，適切に活用できるようになっていくことを「思考力，判断力，表現力等」と考えることができる。教科等横断的な情報活用能力や問題発見・解決能力を構成している個別の「知識及び技能」も課題や状況に応じて選択したり，適用したり，組み合わせたりして活用できるようになっていくことが，それらの教科等横断的で汎用的な力の具体と考えることができる。

　つまり，「思考力，判断力，表現力等」は，「知識及び技能」とは別に存在しているものではない。習得したときと異なる場面や状況においても，「知識及び技能」が駆動するようになることが大切であり，身につけた「知識及び技能」が，さまざまな課題の解決において「活用・発揮」され，異なる状況において自由自在に使いこなせるようになることこそが，個別の「知識及び技能」の習得という状態を超えた，「思考力，判断力，表現力等」の育成という状態と考えることができる。

　「学びに向かう力，人間性等」についても，よりよい生活や社会の創造に向けて，自他を尊重すること，自ら取り組んだり異なる他者と力を合わせたりすること，社会に寄与し貢献することなどの適正かつ好ましい態度として「知識及び技能」が存分に発揮されることと考えることができる。「知識及び技能」が構造化されたり，身体化されたりして高度化し，適正な態度や汎用的な能力となって駆動する状態となり，身についていくことが重要なのである。

　重要なのは，そうした状態になるためには「知識及び技能」が学習過程において「活用・発揮」されることにある。そのためにも探究すること，探究のプロセスを重視することが欠かせない。今回の改訂においては，各教科等においても探究のプロセスをモデルとして学習のプロセスを明らかにしてきた。それ

は，探究することによって「知識及び技能」が「活用・発揮」され期待する「資質・能力」の育成をめざしているからなのである。

　先に示した「知識及び技能」が関連づいて駆動する状態となり，自在に活用・発揮できることこそが，OECD がめざしている国際標準の学力と考えることができよう。OECD 教育・スキル局長のアンドレアス・シュライヒャーは，次のように語っている。

> 　かつて日本の生徒たちは記憶中心の勉強をしていたが，すっかり脱却し，自分で優先度や目標を決め，計画的に学ぶようになった。だが，様々な知識や情報を自分で関連付けて学ぶ生徒は少なく，そのことに関して日本は世界で下位グループだ。関連付けて学ぶとは，数学の勉強をしているときに，理科や社会の知識と結び付けて理解したり，日常生活での使い方を考えたりすることである。数学では簡単な問題なら記憶中心でよく，やや難しい問題までなら計画的学習で対応できるが，最高難度の問題だと，他の知識と関連付けることが欠かせない。
>
> 　過去 15 年の日本の学力向上は，総合学習の成果だと考えると説明が付く。そして，シンガポールや上海では，総合学習のような探究的学習を日本以上に優先してやっている。
>
>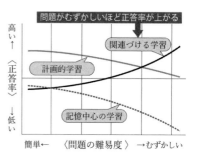
>
> | 記憶中心の学習<br>（記憶戦略） | 演習やドリルなど繰り返しが中心。質よりも回数や問題数を重視する |
> |---|---|
> | 計画的学習<br>（自己制御戦略） | 自分で目標を決め，優先順位を自分で考えて計画を立て，振り返り見通して進捗状況を管理しながら効率的に学ぶ |
> | 関連づける学習<br>（精緻化戦略） | 図形の勉強で図画工作を思い出すなど，新しい知識を既知の知識や他分野の知識・情報，体験などに結びつける。理解を強化し，記憶の定着も促す |
>
> ■**勉強の仕方（学習戦略）**　数学では「計画」と「関連づけ」の両方ができると最も効果がある
>
> ■**生徒が使う学習戦略と数学の成績**
> OECD 報告（2016）；PISA2012 のデータより作成
>
> 　　　　　　（『読売新聞』2017 年 8 月 11 日付より抜粋・一部改変）

　ここで記している記憶中心の学習（記憶戦略）とは，これまで頻繁に行われてきた繰り返し反復の学習をイメージするとよい。計画的学習（自己制御戦略）は，自分で目標を定め，計画を立てて，振り返りながら，自らの学びをコントロールする状態をイメージしたい。関連づける学習（精緻化戦略）は，新しい知識を

既存の知識や情報，他分野の知識や情報，体験と結びつけ，深く理解し，定着も図ろうとすることとイメージしたい。

　こうして考えてくると，国際社会で求められている人材，そうした人材に備わっていることが期待される学力において，「探究」がきわめて重要であることは明らかであり，しかも，その方向性をすでに日本の教育でも実現してきていることがわかる。このことは，高等学校おける SSH や SGH の「探究」に向けた取り組み，地域活性化に向けて高校生が地域課題を探究する姿，国際バカロレア校などの知を探究する学びの姿などにおいて顕著に表れていると考えることができよう。

　育成をめざす３つの資質・能力が，一人ひとりの子どもに確かに身につくようにするためには，とりわけ「どのように学ぶか」が今まで以上に重要となる。これまでのような一方的に知識を教え込む「チョーク・アンド・トーク」の授業，一人ひとりの子どもが受身の授業を大きく改善していかなければならない。そうした受動的で指導者中心の学びでは，実際の社会で活用できる資質・能力が育成するとは到底考えることができない。学習者中心で，能動的な学びこそが求められているのである。ここに総合的な学習の時間における「探究」の価値が存在している。

　教育の変革に対するさまざまな動向は，まさにそうした学力としての資質・能力の育成を期待するものであり，その学力の測定と診断，制度変更をも含みもって推進していこうとする取り組みなのである。加えるならば，実社会においても同様の人材や学力が期待されていることは事実であり，大きな社会変革を期待していると考えても間違えとはいえないのではないだろうか。

　コロナ禍という世界を覆う厄災を経験するなかで，私たちはそのことを強く実感している。現状の社会システムを持続可能なものとして変えていかなければならない。そのためにも，学校教育のみならず，社会全体において資質・能力の育成をめざす方向にシフトチェンジしていかなければならないのではないだろうか。

## (2) 探究する総合的な学習の時間を中核とした教育課程の編成

### ①総則における教育課程の編成

　今回の学習指導要領の改訂において，育成をめざす資質・能力の３つの柱に基づいて各教科等の目標や内容を整理したことは，各教科等において育成をめざす資質・能力を明確にした。加えて，教科等横断的な学習を実現することにも寄与している。子どもにとって各教科等の学びはどのようにつながり，連動するのか。そして，それが子どもにとってどのような意味をもつものなのかが問われている。このような教科等を横断する際，カリキュラムの中核になるのは，探究する総合的な学習の時間であり，このことについては，今回の改訂で明確に示された。

　そのことは，総則第２「教育課程の編成」の１「各学校の教育目標と教育課程の編成」において，次のように記述されている（下線は筆者）。

> 　教育課程の編成に当たっては，学校教育全体や各教科等における指導を通して育成を目指す資質・能力を踏まえつつ，各学校の教育目標を明確にするとともに，教育課程の編成についての基本的な方針が家庭や地域とも共有されるよう努めるものとする。その際，第５章総合的な学習の時間の第２の１に基づき定められる目標との関連を図るものとする。

　また，１に続く２「教科等横断的な視点に立った資質・能力の育成」において，基盤となる資質・能力や現代社会の課題の解決に求められる資質・能力を教科等横断的な視点で育成していくことが示されている。

> (1) 各学校においては，児童の発達の段階を考慮し，言語能力，情報活用能力（情報モラルを含む。），問題発見・解決能力等の学習の基盤となる資質・能力を育成していくことができるよう，各教科等の特質を生かし，教科等横断的な視点から教育課程の編成を図るものとする。
> (2) 各学校においては，児童や学校，地域の実態及び児童の発達の段階を考慮し，豊かな人生の実現や災害等を乗り越えて次代の社会を形成することに向けた現代的な諸課題に対応して求められる資質・能力を，教科等横断的な視点で育成していくことができるよう，各学校の特色を生かした教育課程の編成を図るものとする。

このたびの学習指導要領の改訂において，総合的な学習の時間は，各学校がカリキュラムをデザインするうえでの，中核となる存在として学習指導要領に明確に位置づけられた。探究する総合的な学習の時間は，学校教育目標との直接的な関係をもつ唯一の時間として教育課程に位置づけられ，学校独自のカリキュラムをデザインする際の「教育課程の起点」となることがはっきりとしたと考えることができる。

②総合的な学習の時間の目標と内容

　探究する学びの場として教育課程の中核を担う総合的な学習の時間は，学習指導要領において，どのように規定されているかを明らかにしておく。まずは，総合的な学習の時間の目標である。

---

第1　目標
　探究的な見方・考え方を働かせ，横断的・総合的な学習を行うことを通して，よりよく課題を解決し，自己の生き方を考えていくための資質・能力を次のとおり育成することを目指す。
(1) 探究的な学習の過程において，課題の解決に必要な知識及び技能を身に付け，課題に関わる概念を形成し，探究的な学習のよさを理解するようにする。
(2) 実社会や実生活の中から問いを見いだし，自分で課題を立て，情報を集め，整理・分析して，まとめ・表現することができるようにする。
(3) 探究的な学習に主体的・協働的に取り組むとともに，互いのよさを生かしながら，積極的に社会に参画しようとする態度を養う。

---

　今回の改訂では，序文と，(1)(2)(3)として表した資質・能力で構成している。序文は，総合的な学習の時間に固有な見方・考え方，総合的な学習の時間の特質，総合的な学習の時間における期待する子どもの姿を示している。序文に続く(1)(2)(3)は，資質・能力の3つの柱に沿って示している。つまり，(1)では総合的な学習の時間において育成をめざす資質・能力として「知識及び技能」を，(2)では「思考力，判断力，表現力等」を，(3)では「学びに向かう力，人間性等」を示している。

　総合的な学習の時間の内容については，学習指導要領には以下のように示されている。

> 2 内容
>   各学校においては，第1の目標を踏まえ，各学校の総合的な学習の時間の内容
> を定める。

　総合的な学習の時間では，各教科等のように，どの学年で何を指導するのか
という内容を学習指導要領に明示していない。これは，各学校が，地域や学校，
子どもの実態に応じて，創意工夫を生かした内容を定めることが期待されてい
るからである。

　今回の改訂では，内容の設定については，「目標を実現するにふさわしい探究
課題」「探究課題の解決を通して育成を目指す具体的な資質・能力」の2つを定
めることが明示されている（図1-3）。

　「目標を実現するにふさわしい探究課題」とは，目標の実現に向けて，学校と

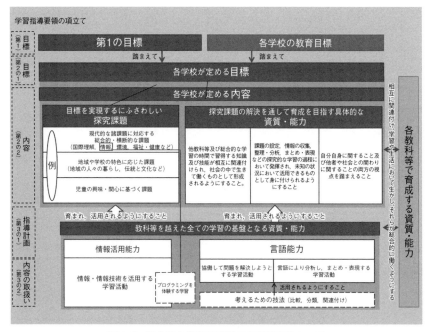

**図1-3　総合的な学習の時間の内容設定について**
出所：文科省（2017）「学習指導要領解説総合的な学習の時間編」

42　第1章　複雑な問題に向き合い，自律と協働を連動させる探究へ

して設定したものであり，子どもが探究していく学習対象のことである。つまり，探究課題とは，探究的にかかわりを深める人・もの・ことを示したものであり，たとえば「身近な自然環境とそこで起きている環境問題」「地域の伝統や文化とその継承に力を注ぐ人々」「実社会で働く人々の姿と自己の将来」などが考えられる。

　いっぽう，「探究課題の解決を通して育成を目指す具体的な資質・能力」とは，各学校において定める目標に記された資質・能力を探究課題に即して分析したものであり，子どもが探究課題の解決に取り組むなかで具現することが期待される資質・能力のことである。

　このように，総合的な学習の時間の内容は，探究課題と具体的な資質・能力の2つによって構成される。目標の実現に向けて，「どのような対象と関わるか」を表したものが探究課題であり，「どのような学びを実現するか」を明らかにしたものが具体的な資質・能力という関係になる。

　総合的な学習の時間を中心に，これまで以上に現代社会の課題に関する各教科等を横断した学びが求められる。たとえば，SDGs，STEAM，地域活性化などは，総合的な学習の時間を中心に据えるなかでこそ豊かに実践することが可能と考えるべきであり，新たな社会課題，教育課題を総合的な学習の時間で積極的に扱うことが期待されている。とりわけ，SDGs は社会的にも大きな関心が寄せられているおり，探究することと深いつながりがあるものとして意識することが欠かせない。


### (3) 総合的な学習の時間と授業改善，カリキュラム・マネジメント

　第1節(2)でも示してきたように目の前の子どもたちが活躍するであろう2030 年の近未来においては，人工知能の革新的進化などに象徴される，想像以上の大きな変化が現実味を帯びている。そうした変化の激しい社会，日常の暮らしのなかに人工知能などが普及する社会においては，ただ単に一方的に知識を教えるだけの教育を行っていても期待される人材を育成することはできない。知識の習得はもちろん重要ではあるものの，これからの社会においては，身の

回りに生じるさまざまな問題に自ら立ち向かい，その解決に向けて異なる多様な他者と協働して力を合わせながら，それぞれの状況に応じて最適な解決方法を探り出していく力をもった人材こそが求められている。また，さまざまな知識や情報を活用・発揮しながら自分の考えを形成したり，新しいアイデアを創造したりする力をもった人材が求められている。そのためにもアクティブ・ラーニングの視点による授業改善とカリキュラム・マネジメントの充実が求められ，学習指導要領の改訂が行われてきた。

①資質・能力を育成するアクティブ・ラーニングの視点による授業改善

育成をめざす資質・能力の3つの柱として，「知識及び技能」「思考力，判断力，表現力等」「学びに向かう力，人間性等」を，一人ひとりの子どもへ確かに育成していくことが期待されている。そのためにも，学びの過程において，実社会や実生活とかかわりのあるリアリティのある真正の学びに主体的に取り組んだり，異なる多様な他者との対話を通じて考えを広めたり深めたりする学びを実現することが大切になる。また，単に知識を記憶することだけにとどまらず，身につけた資質・能力がさまざまな課題の対応に生かせることを実感できるような，学びの深まりも大切になる。

こうした学びは，総合的な学習の時間においてこそ実現できるものでもあり，その結果として「探究」の重要性に光が当たり，その役割が明確なものとなってきていると考えることができよう。

---

①学ぶことに興味や関心をもち，自己のキャリア形成の方向と関連づけながら，見通しをもって粘り強く取り組み，自己の学習活動を振り返って次につなげる「主体的な学び」が実現できているか。

②子ども同士の協働，教職員や地域の人との対話，先哲の考え方を手がかりに考えることなどを通じ，自己の考えを広げ深める「対話的な学び」が実現できているか。

③習得・活用・探究という学びの過程のなかで，各教科等の特質に応じた「見方・考え方」を働かせながら，知識を相互に関連づけてより深く理解したり，情報を精査して考えを形成したり，問題を見いだして解決策を考えたり，思いや考えを基に想像したりすることに向かう「深い学び」が実現できているか。

---

こうしたアクティブ・ラーニングの視点による授業改善を実現するためには，学習過程を質的に高めることが必要であり，先の学びが示されてきた。

②資質・能力を育成するカリキュラム・マネジメントの充実

　資質・能力を育成するためには，授業改善とともにカリキュラム・マネジメントの充実が重要である。なぜなら，期待する学びを単位時間において実現するには，その1時間がどのような単元に位置づいているかという単元構成を抜きにして考えることはできない。また，その単元は，どのような年間の位置づけになっているかという年間指導計画を知らずして考えることもむずかしい。さらには，そうした1時間の授業や単元構成，年間指導計画が，すべての教科等においてどのように配列され構成されているかを俯瞰することなく語ることもできない。もちろん，そうしたカリキュラムが，どのような教育目標を受けているかを考えることは当然であり。いかにカリキュラムをデザインしマネジメントしていくかが問われており，そのことが資質・能力の育成に向かうものと意識しなければならない。

　その点から考えるならば，中教審で議論を繰り返してきた以下の「カリキュラム・マネジメント」の3つの側面のなかでも，とくに，一番目の記述に注目することが大切になる。

①各教科等の教育内容を相互の関係で捉え，学校教育目標をふまえた教科等横断的な視点で，その目標の達成に必要な教育の内容を組織的に配列していくこと。
②教育内容の質の向上に向けて，子どもたちの姿や地域の現状などに関する調査や各種データなどに基づき，教育課程を編成し，実施し，評価して改善を図るPDCAサイクルを確立すること。
③教育内容と，教育活動に必要な人的・物的資源を，地域などの外部の資源も含めて活用しながら効果的に組み合わせること。

　もちろん，②のPDCAサイクル，③の内外のリソースの活用も重要ではあるものの，取り組みのきっかけを，①カリキュラムのデザインと考えるべきではないだろうか。

　実際の社会で活用できる資質・能力の育成のためにはカリキュラム・デザインが欠かせない。こうした教科等横断的な視点で行う教育課程の編成は，探究

する総合的な学習の時間を中核とすることでこそ実現できるものであり，その存在価値が明確なものとなってきている。

## ❸ 持続可能な社会の創り手に求められる「探究・協働」と「横断・学際」

### (1)「探究」の質的向上—どのように学ぶか

　これからの社会で求められる資質・能力の育成には「探究」が欠かせないこと，「探究」に協働が位置づくことで資質・能力が確かに育成されること，そのことを教育課程の中核とすることなどについて，具体的にイメージしてきた。この「探究」を実現するためには「到達点の明確化」「通過点の具体化」がポイントになる。総合的な学習の時間では，図1-2のような探究のプロセスを「探究」のイメージとして示している。そこでの到達点と通過点を鮮明にすることが大切であり，この探究のプロセスを参考に取り組むことが「探究」に向かう近道である。今，その一層の充実が期待されていると考えるべきであろう。探究のプロセスでは，問題解決的な活動が発展的，連続的に繰り返されるひとまとまりの学習活動となる。そして，この探究のプロセスのなかで体験活動や言語活動が繰り返し行われ，資質・能力が幾度となく発揮され，「学び」の質が高まっていく。

　この「探究」については，総合的な学習の時間だけが行うわけではなく教科等においても必要となってくる。その違いは，子どもの本気度や真剣度，主体性などの「探究」自体の質に違いがある。教科における「探究」は，各教科固有の学びを確かに歩みながら進めることが欠かせない。それに対して，総合的な学習の時間は，すべての教科の学びを生かし，活用して，子どもが自由自在に闊達に学んでいくこととなろう。また，教科の学びは扱う対象も一定程度制限される。総合的な学習の時間は，現実社会の事象を，自らの関心に基づいた自分事として扱うことになる。ここに学際的な広がりも生まれる。

　なお，この探究のプロセスの質的向上については，目的と方法が一貫していること（整合），資質・能力を活用していること（適合），深く掘り下げているこ

と（鋭角），広い視野で取り組んでいること（広角）などの高度化が大切になろう。また，探究が一層自律的になるよう，自分事の課題を，自分の力で運用し，その成果を自らのものにするなどのイメージをもつことが必要になろう。

　重要なことは，そのプロセスがめざす方向性，ベクトルを明らかにしていくことにある。子ども一人ひとりの学びの向かう先はどこなのか。このことを明らかにしておかないとプロセスが這い回り，単なる活動を行っただけで終わる心配がある。探究のプロセスを経由することで学びの質的な高まりを生み出すことが重要なポイントとなる。

　したがって「探究」では，一人ひとりはどのような資質・能力を身につけるのか。何を学び，どのように認識し，どんな概念形成が期待できるのか。その到達点を明らかにしておく必要があろう。

　もう一方で，「探究」でどのように学び，どのような課題を発見し解決する資質・能力を身につけることが期待できるのか。そのために通過点では何を行うべきかも明らかにしておく必要がある。

　たとえば，総合的な学習の時間では「考えるための技法」を重視し，学習指導要領にも明確に位置づけている。ここでいう「考えるための技法」とは，いわゆる思考スキルのことであり，たとえば，比較する，分類する，関連づけるなどの考える際に行われる知識や情報を処理する方法に関する手続き的知識のことである。これらは，各教科等においても示され，たとえば，国語科においては「情報の扱い方」で，算数科では「データの活用」で，理科では「比較・関係づけ」などとして明示されている。こうした「考えるための技法」が「探究」の通過点において，確実に「活用・発揮」され，身についていくことも重要になろう。

　この思考スキルについては，先に示したように「知識及び技能」としての思考スキルが，場面や状況とつながり自在に活用できる状態，すなわち駆動する「知識及び技能」としての「思考力，判断力，表現力等」として身につくことが期待されている。そのためにも，「探究」による「活用・発揮」が欠かせないこととなる。このように考えると「活用・発揮」の大切さが再確認され，「探究」

の価値を明らかにすることもできる。

　また，「探究」については，何を学ぶかという学習対象を明らかにすることも欠かせない。ちなみに総合的な学習の時間では，たとえば，①国際理解，情報，環境，福祉・健康などの現代的な諸課題に対応する横断的・総合的な課題，②地域の人々の暮らし，伝統と文化など地域や学校の特色に応じた課題，③子どもの興味・関心に基づく課題，④職業や自己の進路に関する課題などのことであり，横断的な学習としての性格をもち，探究することがふさわしく，そこでの学習や気づきが自己の生き方を考えることに結びついていくような，教育的に価値のある諸課題のことである。

　探究する総合的な学習の時間においては，探究課題としてどのような学習対象とかかわり，その探究課題の解決を通して，どのような資質・能力を育成するのかを明らかにすることが重要になってくる。両者は互いに関係していると同時に，両者がそろって初めて，「探究」が確かな形になって実現する。

　なお，こうした教科等横断的な課題については，総合的な学習の時間で扱うだけでなく，各教科等における学びとも関連づけ，全体としてどのような資質・能力を育成していくかという教育課程全体におけるカリキュラム・デザインの視点が重要である。

　ここからは，何を学ぶかという探究課題について，総合的な学習の時間の学習指導要領の解説を参考にして考えていくこととする。


## (2)「探究」の充実に向けて―何を学ぶか

　子どもが「探究」に取り組む際には，探究課題が必要であり，このことを「何を学ぶか」とする学習対象と考えることができる。探究課題については，学校の実態に応じて，たとえば以下のものがあげられる。

○国際理解，情報，環境，福祉・健康などの現代的な諸課題に対応する横断的・
　総合的な課題
○地域の人々の暮らし，伝統と文化など地域や学校の特色に応じた課題
○子どもの興味・関心に基づく課題

○職業や自己の進路に関する課題

　どれもが横断的・総合的な学習としての性格をもち，探究することがふさわしく，それらの解決を通して育成される資質・能力が，よりよく課題を解決し，自己の生き方を考えていくことに結びついていくような，教育的に価値のある諸課題であることが求められる。

　しかし，それぞれの課題はあくまでも例示であり，各学校が探究課題を設定する際の参考として示したものである。これらの例示を参考にしながら，地域や学校，児童の実態に応じて，探究課題を設定することが求められる。

　例示した探究課題については，次のような解説が行われている。

①現代的な諸課題に対応する横断的・総合的な課題

　国際理解，情報，環境，福祉・健康などの現代的な諸課題に対応する横断的・総合的な課題とは，社会の変化に伴って切実に意識されるようになってきた現代社会の諸課題のことである。そのいずれもが，持続可能な社会の実現にかかわる課題であり，現代社会に生きるすべての人が，これらの課題を自分のこととして考え，よりよい解決に向けて行動することが望まれている。また，これらの課題については正解や答えが1つに定まっているものではなく，従来の各教科等の枠組みでは必ずしも適切に扱うことができない。したがって，こうした課題を総合的な学習の時間の探究課題として取り上げ，その解決を通して具体的な資質・能力を育成していくことには大きな価値がある。

　これらを参考に探究課題を設定する場合，たとえば，以下のようなことが考えられる。

・国際理解：地域に暮らす外国人とその人達が大切にしている文化や価値観
・情報：情報化の進展とそれに伴う日常生活や社会の変化
・環境：身近な自然環境とそこに起きている環境問題
・福祉：身の回りの高齢者とその暮らしを支援する仕組みや人々
・健康：毎日の健康な生活とストレスのある社会

　また，例示以外の課題についての学習活動を行うことも考えられる。たとえ

ば，以下に示すように，資源エネルギー，食，科学技術などにかかわる課題も
想定できる。

---

・資源エネルギー：自分たちの消費生活と資源やエネルギーの問題
・食：食をめぐる問題とそれに関わる地域の農業や生産者
・科学技術：科学技術の進歩と自分たちの暮らしの変化

---

### ②地域や学校の特色に応じた課題

　地域の人々の暮らし，伝統と文化など地域や学校の特色に応じた課題とは，
町づくり，伝統文化，地域経済，防災，都市計画など，各地域や各学校に固有
な諸課題のことである。すべての地域社会には，その地域ならではのよさがあ
り特色がある。古くからの伝統や慣習が現在まで残されている地域，地域の気
候や風土を生かした特産物や工芸品を製造している地域など，さまざまに存在
している。これらの特色に応じた課題は，よりよい郷土の創造にかかわって生
じる地域ならではの課題であり，地域における自己の生き方とのかかわりで考
え，よりよい解決に向けて地域社会で行動していくことが望まれている。また，
これらの課題についても正解や答えが１つに定まっているものではなく，従来
の各教科等の枠組みでは必ずしも適切に扱うことができない。したがって，こ
うした課題を総合的な学習の時間の探究課題として取り上げ，その解決を通し
て具体的な資質・能力を育成していくことには大きな価値がある。

　これらを参考に探究課題を設定する場合，たとえば，以下のようなことが考
えられる。

---

・町づくり：町づくりや地域活性化のために取り組んでいる人々や組織
・伝統文化：地域の伝統や文化とその継承に力を注ぐ人々
・地域経済：商店街の再生に向けて努力する人々と地域社会
・防災：防災のための安全な町づくりとその取り組み

---

### ③子どもの興味・関心に基づく課題

　興味・関心に基づく課題とは，子どもがそれぞれの発達段階に応じて興味・
関心を抱く課題のことである。日常生活はもちろん，各教科の学習に応じて興

味や関心を抱く課題である。たとえば，将来への夢やあこがれをもち挑戦しようとすること，ものづくりなどを行い楽しく豊かな生活を送ろうとすること，生命の神秘や不思議さを明らかにしたいと思うことなどさまざまに考えられる。子どもが自ら設定した課題は，一人ひとりの生活と深くかかわっており，自己の生き方とのかかわりで考え，よりよい解決に向けて行動することが望まれている。

　総合的な学習の時間は，自ら学び，自ら考える時間であり，一人ひとりの子どもの主体的な学習態度を育成する時間である。また，自己の生き方を考えることができるようにすることをめざした時間である。その意味からも，総合的な学習の時間において，子どもの興味・関心に基づく探究課題を取り上げ，その解決を通して具体的な資質・能力を育成していくことは重要なことである。

　これらを参考に探究課題を設定する場合，たとえば，以下のようなことが考えられる。

> ・ものづくり：ものづくりのおもしろさや工夫と生活の発展
> ・生命：生命現象の神秘や不思議さと，そのすばらしさ
> ・文化の創造：文化や流行の創造や表現
> ・教育・保育：変化する社会と教育や保育の質的転換
> ・生命・医療：生命の尊厳と医療や介護の現実

④職業や自己の進路に関する課題

　職業や自己の進路に関する課題とは，自己のあり方に関する思索を自身の進路に結びつけ，自己の生き方について現実的，実際的に検討するうえで必要となる諸課題のことである。とりわけ高校生の時期においては，人間としてのあり方や将来の生き方について，理想的，理念的に深く考えることを求めているとともに，就職や進学を控え，現実的，実際的に検討することを迫られてもいる。職業や自己の進路について，この両面から思う存分，納得がいくまで探究する機会を提供し，自己のなかで統合できるまでに導くことは，人間的成熟や安定の確保，自己の将来を力強く着実に切り開いていこうとする資質・能力の育成において，きわめて重要である。

これらを参考に探究課題を設定する場合，たとえば，以下のようなことが考えられる。

---

・職業：職業の選択と社会貢献及び自己実現
・勤労：働くことの意味や価値と社会的責任

---

　なお，参考として示した4つの課題は，互いにつながり合い，かかわり合っている課題であり，それぞれの学習活動の広がりと深まりによって，しばしば関連して現れてくるものである。

　各学校において，横断的・総合的な課題，地域や学校の特色に応じた課題の趣旨をふまえて内容を設定する場合には，それぞれの地域における現実の生活とのかかわりにおいて，各課題がどのような具体的な現れ方をしているか，また各課題にかかわって人々や機関がどのように考え，あるいはどのように行動しているか，その実態を幅広く正確に把握する必要がある。その際，客観的な把握と同時に，それらが生徒にとってどのように映っているか，生徒の実感や興味・関心の観点からも捉えておく必要がある。

　また，子どもの興味・関心に応じた課題，職業や自己の進路に関する課題の趣旨をふまえて内容を設定する場合には，各課題にかかわって生徒が何を感じ，どのように考え，あるいはどのように行動しているか，その実態を幅広く正確に把握する必要がある。

　ここまで述べてきたように，探究課題とは，生徒が探究的にかかわりを深める人・もの・ことを示したものであり，例示された4つの課題をさらに具体化したものである。それと同時に，例示した探究課題の①と②を中心に，どれもがSDGsに示された17のグローバル目標と深くかかわっていることも理解できよう。

---

17のグローバル目標
　　○「貧困をなくそう」No poverty
　　○「飢餓をゼロに」Zero hunger
　　○「すべての人に健康と福祉を」Good health and well-being

---

○「質の高い教育をみんなに」Quality education
○「ジェンダー平等を実現しよう」Gender equality
○「安全な水とトイレを世界中に」Clean water and sanitation
○「エネルギーをみんなに そしてクリーンに」Affordable and clean energy
○「働きがいも経済成長も」Decent work and economic growth
○「産業と技術革新の基盤をつくろう」Industry, innovation, infrastructure
○「人や国の不平等をなくそう」Reduced inequalities
○「住み続けられるまちづくりを」Sustainable cities and communities
○「つくる責任 つかう責任」Responsible consumption, production
○「気候変動に具体的な対策を」Climate action
○「海の豊かさを守ろう」Life below water
○「陸の豊かさも守ろう」Life on land
○「平和と公正をすべての人に」Peace, justice and strong institutions
○「パートナーシップで目標を達成しよう」Partnerships for the goals

## (3) 探究課題と ESD や SDGs

　現代の社会は，大量生産と大量消費，大量廃棄による経済成長に支えられている。また，産業の発展と人口増加に伴い，さまざまな問題も発生している。たとえば，気候変動などの環境問題，資源の枯渇などのエネルギー問題，貧困の拡大などの南北問題，飢餓や食糧不足などの食糧問題などであり，それらの問題は広がりをみせる一方，収束に向かう気配はみられない。私たちの子や孫などの将来の世代においても，現在のような恵みある豊かな暮らしを行えるかどうかは，甚だ心配な状況になっている。

　将来の世代を含むすべての人々に，質の高い生活をもたらすことができるような発展をめざしていかなければならない。そのためにも，持続可能な社会の構築に向けて行動できる人材を育成すること。希望のもてる未来社会を築いていく人材を育成していくこと。自分の考えで，地球的視野で行動できる人材を育成していくこと。こうした，地球上のさまざまな問題を自分事として深く理解し，日常の暮らしにおいて，自分自身の行動を変革していくことのできる人材を育成することが求められている。そして，その鍵を握っているのが ESD（持続可能な開発のための教育）である。

日本国内においては，さまざまな主体が ESD に取り組んできた。小学校，中学校，高等学校，大学などの学校における教育はもちろん，社会教育施設，自治体，NPO や企業などの地域社会における教育でも ESD が展開されてきた。とりわけ学校においては，ユネスコスクールを推進の拠点として位置づけ，積極的な取り組みを行ってきた。

　2014（平成 26）年 6 月に閣議決定した第二期教育振興基本計画には，第一期に引き続き ESD の推進を以下のように記している。

> 　現代的，社会的な課題に対して地球的な視野で考え，自らの問題として捉え，身近なところから取り組み，持続可能な社会づくりの担い手となるよう一人一人を育成する教育（持続可能な開発のための教育：ESD）を推進する。

　また，2008（平成 20）年 1 月の中教審答申や同年 3 月に公示された小学校と中学校の学習指導要領においては，持続可能な社会の構築に向けた考えが示されている。具体的には，中学校の社会や理科，高等学校の地理歴史，公民，理科，保健体育，家庭，農業，工業，水産，理数に ESD につながる記述が盛り込まれてきた。

　とくに，小学校，中学校，高等学校に位置づけられている総合的な学習の時間は，現代社会の横断的な課題を探究する時間であり，先に示したように国際理解，情報，環境，福祉・健康などの現代社会の諸課題を扱う。これらの課題は，いずれも持続可能な社会の実現にかかわる課題であり，すべての人が，自分事としてよりよい解決に向けて行動することが期待されている課題である。さらには，さまざまな課題の解決を通して，資質や能力および態度を育成し，自己の生き方を考えることとしている。

　2017（平成 29）年告示の学習指導要領では，さらに ESD に関する記述が明確になった。象徴的なのは，学習指導要領の前文において，「これからの学校には，こうした教育の目的及び目標の達成を目指しつつ，一人一人の児童が，自分のよさや可能性を認識するとともに，あらゆる他者を価値のある存在として尊重し，多様な人々と協働しながらさまざまな社会的変化を乗り越え，豊かな人生を切り拓ひらき，持続可能な社会の創り手となることができるようにすること

が求められる」と明示されている。

今日的には ESD を経て SDGs が社会的なキーワードになりクローズアップされている。2015 年 9 月の国連総会で採択された「我々の世界を変革する：持続可能な開発のための 2030 アジェンダ」と題する成果文書で示された 2030 年に向けた具体的行動指針が顕著である。そこでは，先に示した持続可能な開発のための 17 のグローバル目標と 169 のターゲットが明示されている。この 17 のグローバル目標を中核となって支えるものが教育であり，そこに ESD が重要な役割を担うことは明らかであろう。なお，SDGs に関しては，終章で詳細に説明をしている。

このように考えてくると，総合的な学習の時間の探究課題と ESD，SDGs は深くかかわっていることが理解できよう。したがって ESD，SDGs などの世界的な取り組みや価値を視野に入れて教育課程を検討することは欠かすことのできない視点と考えることができる。グローバルな視野をもちつつ，ローカルな課題に対応できる人材の育成が，これからの社会を創造していくのである。

## **4** 持続可能な社会の創造に向けて探究する子どもの姿──総合的な学習の時間の実践事例

ここからは，戸定邸という歴史溢れる建造物を保存しつづけようとする地域の取り組みに，子どもが参画する総合的な学習の時間の実践を紹介する。そこでは，「探究」を通して，子どもの知識が教科横断的に概念化する姿を紹介していく。なお，この実践は，持続可能な社会の創造に向けた SDGs を意識した実践である。具体的な子どもの姿を通して，探究することと SDGs とのつながりや豊かな関係性を明らかにしていきたい。なお，この取り組みは松戸市立北部小学校教諭の平松正裕の実践である。

### （1）学習活動の概要

国や企業など各機関で 17 のグローバル目標と 169 のターゲットで構成されている SDGs の実現のためにさまざまな取り組みが行われているとともに，学

校教育では学習指導要領前文に
「持続可能な社会の創り手」の育
成が明記され強調されている。

　この学習活動「来て！　観て！
戸定邸」は，SDGs の 11 番目の目
標「住み続けられるまちづくり
を：Sustainable cities and com-
munities」につながる。ターゲッ
トとしては，11.4 の「世界の文化

写真 1-1　戸定邸を調査する児童の様子

遺産・自然遺産を保護・保全する取り組みを強化する」にあたる。SDGs は環境
や経済に関する目標の占める割合が多いものの，文化遺産の保護・保全につい
ても目標として掲げていることがわかる。

　本単元では 3 つの小単元を構成し，戸定邸の活用・保存について理解を深め
ていく。小単元①では，松戸市の観光地に目を向けて，地域の魅力を再発見す
る学習を行う。観光地として有名な沖縄県を例示し，松戸市の観光地に焦点化
していく。松戸市役所文化観光国際課の職員とのかかわりを通して，観光資源
について理解を深めていく。小単元②では，戸定邸での体験活動を通して，そ
の魅力を明らかにしていく。戸定邸は，徳川家最後の統治者・徳川慶喜の弟・
昭武が 1884 年 4 月に完成した歴史的な建造物である。明治時代の徳川家の住
まいがほぼ完全に残る唯一の貴重な建物でもある。小単元③では，松戸市や戸
定邸の魅力について発信する活動を行う。ポスターや PR 動画を作成して発信
する。PR 動画では，シナリオ・センターのキッズシナリオプロジェクトとの
かかわりを通して，動画の作成について学んでいく。完成したポスターは文化
観光国際課や松戸市観光協会と連携して発信していく。

### （2）学習活動における概念化された知識の形成と SDGs

　この学習活動では，社会科で獲得した知識を，総合的な学習の時間の探究で
「活用・発揮」し，横断的な学習となることを実現していく。そこでは，知識が

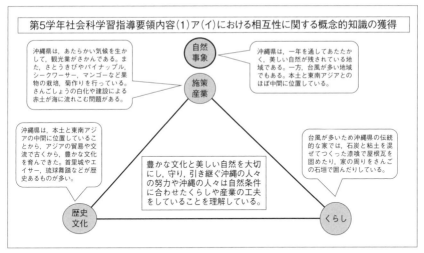

**図 1-4-❶　相互性に関する概念的知識の獲得**

つながり一層確かな概念となることをめざしている。

　社会科「あたたかい土地のくらし」では，沖縄県の産業や観光，課題について資料をもとに調べ，あたたかい気候を生かした産業や美しい自然を生かした観光が営まれていることや開発による環境の悪化の問題について学習する。学習を通して，「豊かな文化と美しい自然を大切にし，守り，引き継ぐ沖縄の人々の努力や沖縄の人々は自然条件に合わせたくらしや産業の工夫をしていることを理解している」とする概念化された知識を獲得していく。とりわけ自然事象とのかかわりで知識が概念化され構成されていく。こうした知識は，持続可能な社会に求められる資質・能力として ESD で示されている構成概念の相互性にあたる（図 1-4-❶～❸）。

　その後の総合的な学習の時間では，社会事象としての戸定邸とのかかわりが中心となる。戸定邸は国の重要文化財となっており，松戸市の大切な観光地である。松戸市では，戸定邸の保存や観光地としての価値を高めるための取り組みに力を入れており，そこでは，松戸市文化観光国際課などさまざまな人が，立場を超えて相互にかかわり合っている。探究する総合的な学習の時間のなか

で，先に示した社会科の相互性にあたる概念化された知識が，さらに確かなものとなって図1-4-❷のように形成されていく。両者の関係は図1-4-❸のとお

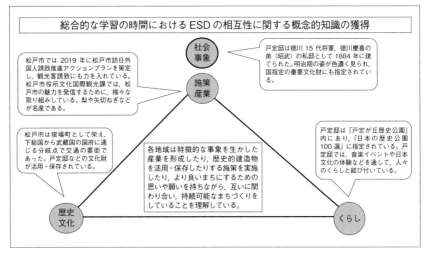

図 1-4-❷

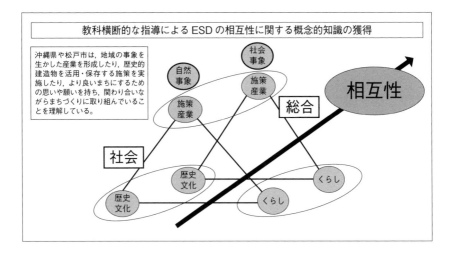

図 1-4-❸

りである。

こうした相互性にあたる概念の形成には，社会科と総合的な学習の時間を関連づけるカリキュラムのデザインが有効に機能していると考えることができる。また，授業においては，社会科で身につけた知識を総合的な学習の時間で「活用・発揮」する場面を用意したことが概念の形成という成果をもたらしたと考えることができる。

探究すること，横断することによって，互いにかかわりながらよさを生かしているとする相互性が子どもに獲得され，持続可能な社会の形成者に求められる資質・能力が確かに育成されていくことがイメージできよう。

**「来て！観て！戸定邸」**
戸定歴史館の魅力を伝えるポスターやPR動画を作りました。

本校5年生の子どもたちが，プロのデザイナーや脚本家を育成する専門家から教わったことを活かして，戸定歴史館の魅力を伝えるポスターやPR動画を作成しました。

●日時　令和4年1月28日（金）10時35分から
●場所　松戸市立北部小学校　体育館
●協力　戸定歴史館　松戸市役所文化観光国際課　松戸市役所広報広聴課シティプロモーション　グラフィックデザイナー佐藤大輔氏　シナリオセンター
●経緯　本校では，令和3年度よりSDGs（持続可能な開発目標）の研究推進校に指定されています。総合的な学習の時間を中心に，自分達が暮らす松戸市の魅力を観光地の視点で捉え，松戸市の魅力を再発見する探究的な学習を進めてきました。松戸市の観光地について，松戸市文化観光国際課から，本校の近隣には観光地として有名な戸定邸があることで観光客を誘致する取組，松戸市の良さを伝えるための思いを伺いました。児童から自分達も「松戸市の魅力を伝えたい」思いが次第に強くなっていきます。

実際に戸定歴史館を見学しました。美しい景色や歴史が溢れる戸定邸の魅力，次世代に受け継ごうとする方々の強い思いを学ぶ機会となりました。

児童と話し合い，松戸市の様々な魅力の中から，関わりが深かった戸定邸についてポスターとPR動画で魅力を発信することに決まりました。グラフィックデザイナーや脚本家を育成する専門家から，ポスターやPR動画作りのポイントを教わり，試行錯誤しながらの作成が続きました。時には，グループの友達と意見が分かれることもありましたが，一人ひとりが伝えたい相手のことを考え，真剣に取り組みました。中間発表では，作成したものをそれぞれの専門家からアドバイスをいただき，より良いものに仕上げました。

このようにして作成したポスターやPR動画は1月28日（金）の授業参観でお披露目会を行う予定です。今後は，校内だけでなく，戸定歴史館や市内公共施設，松戸市役所の公式HPに掲載予定です。これらの学びがSDGsを実現する「持続可能な社会の創り手」の育成につながると考えています。

図1-5　「来て！観て！戸定邸」の松戸市広報資料

会の形成者に求められる資質・能力が確かに育成されていくことがイメージできよう。

ここでは，先に示したようにSDGsの目標11につながることを示してきた。それと同時に目標17「パートナーシップで目標を達成しよう；Partnerships for the goals」にも向かっていることも容易に理解できよう。

ここまで本章第1〜4節を通して，これからの社会には「探究」が欠かせないことを記してきた。それは学校教育のみならず，社会全体（生涯にわたって探究する社会）に求められている。また，そうした学びが実際の社会で活用できる資質・能力の育成に向かうものであり，学習指導要領では，その方向に向かって総合的な学習の時間を中心に充実が図られている。このことは，「探究」をすることだけではなく，より横断的で学際的な学びと深くかかわっている。とりわけ持続可能な社会の実現に向けたSDGsの考えやそのためのESDとは深く

結びつき，これからの社会においては欠かすことのできないトピックであるといえよう。

　第2章以降においては，いわゆる縦割り行政の壁を越えてそれぞれの分野のトップランナーが探究の価値やSDGsの必要性を多様な視点から記していく。本書を通して，未来社会を豊かに創造していくとともに，そこで活躍する人材のイメージ，期待される新しい教育の形やそこでの子どもの学びの姿を鮮明にしていくことができればと願っている。

［田村　学］

**［参考文献］**

田村学（2017）『カリキュラム・マネジメント入門』東洋館出版社

　――（2018）『深い学び』東洋館出版社

　――（2021）『学習評価』東洋館出版社

文部科学省（2014）「初等中等教育における教育課程の基準等の在り方について（諮問）」（中央教育審議会平成26年11月20日）

　――（2015）「教育課程企画特別部会における論点整理について（報告）」（教育課程企画特別部会平成27年8月26日）

　――（2016）「幼稚園，小学校，中学校，高等学校及び特別支援学校の学習指導要領等の改善及び必要な方策等について（答申）」（中央教育審議会平成28年12月21日）

# 第2章

## 教育改革と探究モードへの挑戦

### 1　　　探究モードの「4度目の正直」

　70年前は「はいまわる経験主義」「学力低下」，50年前は「新幹線教育」「詰め込み教育」，20年前は「『ゆとり教育』批判」「PISAショック」…。いうまでもなく，学習指導要領について今様にいえば世論が「炎上」した際のフレーズである。経験主義的な戦後新教育は1〜2学年分の学力低下をまねいていると批判され，系統主義に基づく基礎学力重視に転換するが，1968年改訂の学習指導要領は逆にあまりに過密で「詰め込み教育」と批判された。1977年改訂が「ゆとりと充実」を掲げ授業時数を1割削減したことを皮切りに1989年改訂，1998年改訂とゆとり路線を進んだが，激しい「ゆとり教育」批判を惹起した。しかし，習得・活用・探究という学習の流れは言語活動をベースに一体で，習得と探究を二項対立で捉えること自体が教師からすればナンセンスだろう。

　では，なぜこれまで世論は，ゆとりだの詰め込みだのと振り子のように揺れてきたのだろうか。何といっても大きいのは，時代の空気と子どもたちの変容だ。工業化による経済成長真っ只中の50年前は，産業界が人材を選別する手段に教育がなっているなか，内容過多の1968年改訂が子どもたちを苦しめていると指摘された。「失われた10年」による自信喪失と世紀末の雰囲気に満ちた20年前は，子どもたちが勉強しなくなり，PISA調査で成績下がったのは無理な形で教育内容を削減した1998年改訂の「ゆとり教育」のせいだという社会不安が横溢した。2017年改訂が二項対立に振り回されることなく落ち着いた環境で行われたのは，子どもたちの力を引き出そうとする教師の教育実践と子どもたち自身の努力，そして改訂の方向性やその内容をメディアやSNS，永田町などを通じて顕在化される世論が積極的に受け止め，安定していたからだ。

その 2017 年改訂においては，初めて学習指導要領に前文がおかれ，これから
の学校には「一人一人の児童生徒が，自分のよさや可能性を認識するとともに，
あらゆる他者を価値ある存在として尊重し，多様な人々と協働しながら様々な
社会的変化を乗り越え，豊かな人生を切り拓き，持続可能な社会の創り手とな
ることができるようにすることが求められている」と定められるとともに，
SDGs（持続可能な開発目標）などが内容項目として明記された。この前文に規
定された学校の使命の実現のために，2017 年改訂はすべての教科等を，①知識
及び技能，②思考力，判断力，表現力等，③学びに向かう力，人間性等の 3 つ
の資質・能力の柱で整理のうえ，主体的・対話的で深い学びを重視している。
習得・活用・探究といった学習のプロセスのなかで，小・中学校においては，
総合的な学習の時間をはじめとする各教科等において探究的な学びが重視され，
高等学校においては総合的な学習の時間が「総合的な探究の時間」と改称のう
え，その質的転換がめざされている。

　他方，社会の構造的変化や学問の進展に伴い教育内容はどうしても増加する
ので，どの国もカリキュラム・オーバーロード（過積載）という課題に直面して
いる。ただ，1998 年改訂のように学年間の内容の重複などを理由に機械的に削
減すると，知識の確実な理解のためのスパイラル構造が解体されたり，各教科
の本質を深く理解するために不可欠となる主要な概念の習得のための重複が排
除されたりしてしまう。カリキュラム・オーバーロードへの対応と教科の本質
を押さえた学びの両立のうえで，教科の本質をふまえた探究的な学びはきわめ
て重要となっているゆえんである。

　しかし，前述のとおり，わが国の学校教育の歴史において，探究的な学びを
展開し充実しようという大きなうねりはこれまで 3 回生じたが，そのつど，「這
いまわる経験主義」「学力低下」と批判する世論という隘路に直面した。その意
味で，わが国の学校教育の展開において 2017 年改訂の探究モードは「4 度目の
正直」である。探究的な学びの持続的な発展のために，未来の扉を開けている
社会起業家やベンチャー企業，科学者・研究者などの知恵も活かし，あらゆる
チャネルを通じて時々刻々変化する世論と対話し，政策形成の主役である世論

をリードする知力と腕力が文科省には求められているが，本章では，わが国の学校教育において探究的な学びが持続可能で効果的に成立する可能性や条件について，これまでの学習指導要領の経緯をふまえつつ考えてみたい。

## ❷ 学習指導要領の展開と探究的な学び

### (1) ウィズコロナで問われた学校の「探究力」

島根県立隠岐島前高等学校を島留学というコンセプトで活性化した島根県教育魅力化特命官／地域・教育魅力化プラットフォーム代表理事の岩本悠は，『中央公論』2020年8月号の座談会において以下のように語っている。

> 今回のコロナによって，これからのVUCA（変動性・不確実性・複雑性・曖昧性が高い状態）の時代を幸せに生きていくために本当に必要な資質能力は何か，が問われたのだと思います。全国の学校関係者から話を聞かせてもらいましたが，「ICT（情報通信技術）が整っていないから」とか，「ルールがこうなっているからできない」とか，思考停止や行動停止に陥ってしまった学校があった一方で，いま何ができるのかと自ら考え，判断し，試行錯誤や創意工夫をしていた学校もありました。島根県隠岐諸島の海士町にある県立隠岐島前高校でもICTなどが揃っているわけではありませんが，できることにどんどん取り組んでいきました。この高校は全国から生徒を募集しているのですが，例えば，東京や大阪などに実家のある子たちが島に戻ってこられるように，宿を借り切ってオンラインで学べるようにして受け入れました。食事は地域の方が作って届けるなど，一体になって生活や学びを保証した。ICT環境があるかどうかだけではなく，普段から教員や生徒がどれだけ「探究」をしてきたかが重要で，それが培われていたところは自ら考えて動き，そうでないところは止まっていました。つまり，教育の現場に「探究の土壌」があったかどうかが浮き彫りになったと思います。

岩本の発言の「『探究』をしてきたか」とは，総合的な学習の時間に計画的に取り組んできたかという話ではなく，その学校において教育の目的が共有されていることだと考えている。未来社会はあらかじめ用意されているすでに「ある」ものではなく，目の前の子どもたちが，「創る」ものであり，教育は教師をはじめとする大人が子どもたちに働きかけることにより未来社会を創造する営

為にほかならない。未来社会がこうだから子どもたちにはこんな教育をしなければならないという受け身の発想ではなく，たとえば，創造性だけではなく，それが公正や個人の尊厳といった価値と両立する未来社会を創ってほしいという大人の意思が重要で，その思いを子どもたちに伝えるのが公教育の役割にほかならない。ウィズコロナの状況で，探究的な学びが何のためにあるのかが問われている。そのことを考えるうえでは，学習指導要領の位置づけやその展開について振り返る必要がある。

### (2) 学習指導要領の法的な位置づけと役割

定期テストや学級担任などの学校の「当たり前」を見直し，AI教材や脳科学研究の知見を活かした個別最適な学びを実践した千代田区立麹町中学校の前校長の工藤勇一は，『中央公論』2020年10月号で以下のように指摘した。

> 今は教えることが多すぎます。部活も入れると拘束時間が長いし，それぞれの教科が体系化されすぎているので，教科の知識，技能を学んでいくことが最優先にされてしまう。これからの子どもたちには，就職よりも起業できる力が求められています。それが世の中を変える力になっていくと思いますが，そのためには子どもの頃からいろいろな考えに触れて，対話をしていく。そこには対立も起こるし，いろいろな課題もありますが，解決するためにはどうしたらいいのだろうといった思考の訓練がなされなければいけない。さまざまな課題に対して目が向くようになれば，その課題を解決するためには，独りよがりではいけないし，自分の力だけで足りなければ他人の力も借りなければならないことにも気がつきます。教科を教えるだけで終わってしまう学校の構造は，変えなければいけません。

これに対して，この座談会の司会を務めていた筆者は，「『ゆとり教育』を謳った1998年改訂の学習指導要領は学力低下の元凶と批判されましたが，率直に言って，何をやめるのかという各教科の具体論で失敗したと思います。減らすためには思想が必要です。1998年の改訂では，総合学習を週3コマ確保するために教科の時数が削減された結果，数学では確率・統計，理科ではイオン，遺伝の規則性と遺伝子といった学びの意義を実感できる大切な内容が削除されました。カリキュラム・オーバーロード（過積載）への対応については，教育の

目的に基づく思想を明確にした上で，開かれた場で議論する必要があります」と応じた。

　この座談会の最後で工藤は，「本来，学習指導要領には自由度があるのに，みんなわざわざ自由度をなくす方向に進んでいるのはバカバカしいことです。ある意味で，新型コロナは，自分たちの学校では何を重視して教えようかと決められる非常に大きなチャンスとなりました。ただ，それが学校の独りよがりになってはいけません。受験があることも，それに不安を抱えている保護者がいることも否定しない。それをそのまますべて受け止め，何をしていくべきかを合意していく作業が必要になります。現在は文科省が学習指導要領を作っていますが，本当は教育の現場が作るべきだと，私は思っています」と発言した。

　また工藤は，自らの学校経営について発信した『学校の「当たり前」をやめた。』（2018）において，次のように指摘している。

> 　学習指導要領は，あくまでも，国が定める教育課程の大綱的な基準にすぎません。教科書を使って授業を行っていますが，子どもの状況に合わせて，内容を加えて教えたり，教材を工夫して教えたりすることはいくらでもできるはずです。確かに北海道から沖縄まで，全国すべての自治体において，子どもたちが学べる内容を保障することは大切です。しかし，一方で学習指導要領の存在が，学校をどこか窮屈にしているように感じます。この背景には，私も含め校長や教員が「考える」ことをやめてしまったことにあるのではないでしょうか。

　工藤が指摘するとおり，学校教育においては目的を実現するための手段が目的化し，「学校をどこか窮屈にしている」ことは少なくない。

　その学校教育の目的については，教育基本法や学校教育法といった法律に明確に規定している。民主政において，学校教育の目的とは何かといった根本問題について立ち返るべきは法律であることは論をまたない。わが国の教育関係の法律は，「目的」（その教育は何のために行われるのか）と「目標」（目的を実現するための具体的なめあては何か）の連鎖で学校制度を形づくっている。具体的には，教育基本法において，学校教育や社会教育などを含めた広い意味での教育の「目的」（第1条）と「目標」（第2条）を定め，また，義務教育の「目的」（第5条第2項）を規定している（「義務教育として行われる普通教育は，各個人の有す

る能力を伸ばしつつ社会において自立的に生きる基礎を培い，また，国家及び社会の形成者として必要とされる基本的な資質を養うことを目的として行われるものとする」）。そのうえで，学校教育法において義務教育の「目標」を定めている（第22条）。これらの規定をふまえ，学校教育法は，小学校の目的と目標を第29条と第30条で，中学校の目的と目標を第45条と第46条で，高等学校の目的と目標を第50条と第51条でそれぞれ規定するという構造になっている。

　法律は，国民の代表者で構成される国会の議決に基づいて制定されたもので，いわば国民の意思である。したがって，国民は，教育基本法第5条第2項に規定しているとおり，わが国の義務教育に対して，①「社会において自立的に生きる基礎」を培うこと，②「国家及び社会の形成者として必要とされる基本的な資質」を養うことを負託（要請）しているといえよう。

　このような国民の負託をふまえ，公教育においては，全国的に一定の教育水準を確保し，全国どこの学校においても同水準の教育を受けることができる機会を保障することが必要である。そのために，学校教育法は「小学校の教育課程に関する事項は，第29条（＝小学校の目的）および第30条（＝小学校教育の目標）の規定に従い，文部科学大臣が定める」（第33条）と規定している（中学校や高等学校，特別支援学校等も同様）。この規定により，文部科学大臣が，法規としての性格を有するものとして公示した告示であって，教科等の目標や内容などについて必要かつ合理的な事項を大綱的に示した教育課程の全国的な基準が，「学習指導要領」である。

　したがって，学校が教育課程を編成し実施する際に，学習指導要領に示している内容はすべての児童生徒に確実に指導しなければならない。他方，学習指導要領は，教育基本法や学校教育法に規定された学校教育の目的を実現するための具体的な手立てや手段を定めた大綱的基準であるため，学校や教師は，学習指導要領が示したもの以外の内容を加えて指導したり，単元のまとまりを見通して特定の内容に思い切って重点をおいて指導したり指導の順序を組み替えたりするなど児童生徒の実態に即した創意工夫が可能である。これらの創意工夫は教育課程編成権をもつ学校の裁量で行われるものであり，効果的な教育活

動にとってこれらの裁量を活用した創意工夫が重要であることはいうまでもない。さらに，文科省に申請することにより，学校や地域の特色を生かしたり，不登校の児童生徒に配慮したりした特別の教育課程を編成して実施することもできる（学校教育法施行規則第55条の2（教育課程特例校），第56条（不登校児童生徒特例校））。

　学校において，「教育の質の全国的な確保という共通性」と「地域や児童生徒に応じた創意工夫に基づく多様性」を両立させるための仕組みが，学習指導要領であるといえよう。


## (3) 大正自由教育の輝きと挫折〈戦前期〉

　100年前にわが国の教育界に大きなインパクトを与えた大正自由教育の姿には，教育を専門的に扱っているわけではない書物やドキュメンタリーなどでふれることができる。大正自由教育といえば，文部官僚でもあった沢柳政太郎が創設した成城小学校，木下竹次がリードした奈良女子高等師範学校附属小学校などとともに，西村伊平，与謝野晶子，与謝野鉄幹などによって各種学校として創設された文化学院などが有名である。

　染織家・紬織の人間国宝の志村ふくみは，1940年に長崎の私立活水女学校から文化学院女学部に編入したころを評伝（志村・古沢，2021）のなかで振り返り，次のように回顧している。

> 　文化学院では，午前中は授業を受け，午後になると先生方と美術館に出かけたり，映画館，喫茶店に行ったりしました。兄や友人たちとは，銀座で展覧会を見た帰り興奮冷めやらず街を歩き続けたことが，当時の私の日記に綴られています。佐伯祐三，長谷川利行，村山槐多…。銀座が焼け野が原になる3年余り前のことでした。御茶ノ水駅周辺は，午後3時過ぎになると文化学院の生徒や東大の学生らが集い，「駅前に花が降る」と言われたほどの華やかさでしたよ。

　太平洋戦争開戦直前のこの雰囲気は，間違いなく大正自由教育の1つの系譜であるが，志村の回顧は続く。

> 1941年12月に太平洋戦争が始まり，私が卒業した翌年の43年4月，西村先生が不敬罪の疑いで警察に連行されました。反戦主義的な言動を問題視されたためで，まもなく文化学院は閉鎖になりました。校舎は陸軍に使われ，多くの生徒が別々の学校に行ってちりぢりになったと聞いています。

　また，2019年8月12日の放映されたNHKスペシャル「かくて"自由"は死せり〜ある新聞と戦争への道〜」は，大正デモクラシー全盛期，日本のモスクワといわれた長野県伊那で大正自由教育の担い手として子どもたちの芸術性を引き出す教育に取り組んでいた音楽教師・小林八十吉が，昭和恐慌で子どもたちが身売りされる現実を前に，自由教育，芸術教育では子どもたちは救えないと急速に日本主義，国家主義に傾斜していく様子を描いている。

　2018年の高等学校学習指導要領の改訂で，高校において「歴史総合」という新しい共通必履修科目が設けられた。高校において，日本史・世界史の枠組みを取り払って近現代の歴史を学ぶことになるが，その大きな特徴は，近現代の歴史を「近代化」「大衆化」「グローバル化」という3つの転換点に着目してみていくという枠組みとなっていることである。

　今までの歴史教育は，1945年8月15日の終戦でわが国はガラッと変わったといった「八月革命説」（憲法学者の宮沢俊義東大教授が提唱したわが国における「主権」についての学説。1945年8月のポツダム宣言受諾により，主権の所在が天皇から国民に移行—この移行を法的な意味での「革命」と表現—し，日本国憲法は新たに主権者となった国民が制定したと考える）のような見方が基本だった。しかし，歴史の転換点である「大衆化」に着目した場合，筒井清忠（2018）や井上寿一（2011）が指摘しているように，大正デモクラシーから戦争への道，終戦から戦後の復興，高度経済成長という流れが全部「大衆化」という同じ文脈で見えてくるということも浮かび上がってくる。大正デモクラシーは〇，戦争への道は×だという単純な話ではなく，大正デモクラシーを称揚したのも国民だが，戦争への道を歩んだのも同じ国民で，しかも，普通選挙になったにもかかわらず（あるいはなったからこそ），軍人だけでなくて，政治家も官僚もメディアも，そして国民自身も戦争への道に歩んでいったというのはなぜだろうと昨今のポピ

ュリズムの観点から自分ごととして近現代史を学ぶということが，この歴史総合の大きなポイントである。このような学びにおいて，歴史的な事象を因果関係で捉えたり，相互作用で捉えたり，比較の視点で捉えたりして思考するという「社会的事象の歴史的な見方・考え方」は重要な道具立てであり，未知の状況に立ち至ったときに歴史から学ぶうえで生涯にわたる社会生活上の武器として大きな役割を果たすものだが，大正自由教育はまさに歴史的な見方・考え方を働かせて考察するうえで重要な社会的事象だということができるだろう。

### (4) 脱「はいまわる経験主義」と探究的な学び〈1947年試案〜1968年改訂〉

　戦後，わが国においては新教科「社会科」が創設され，「ある主題について，討議して学習を進め，人々に会って知識を得る習慣を作り，社会生活に関して，自分で調査し，資料を集め，記録・地図・写真統計等を利用し，またこれを自分で作製する能力を養う」（学習指導要領社会科編試案, 1947）といった経験主義的な内容が特徴であったが，牧野邦昭（2018）が指摘するとおり，これはアメリカの教育の影響だけではなく，戦時中の内閣附属総力戦研究所におけるシミュレーションの実践も背景になっていた。戦時下の国民学校では，地方長官の認可を受け「綜合授業」という教科・科目を越えた授業の設定が教育課程編成上可能となっていたこと（国民学校令施行規則第27条）と併せて考えると，どうしても非連続性のみに着目しがちな歴史の展開の連続性に思いを致すことができる。

　また，1947年の学習指導要領試案においては，この新教科である社会科と自由研究が小学校高学年は週7コマから10コマを占めるといった画期的ともいえるカリキュラム構造のなかで，桜田プラン，明石プラン，本郷プランなど多くの探究的な学びが開花し，桜田小学校の「郵便局ごっこ」には連合国軍総司令部の民間情報教育局（CIE）の担当者も感嘆したといわれている。中学校においては，必修科目には職業（農業・商業・水産・工業・家庭）が各学年週4コマ設けられていた一方で，生徒の希望に応じて履修させることができる選択科目において週4コマを上限に自由研究が位置づけられていた。

しかし，この経験主義的な戦後教育に対しては，「這いまわる経験主義」といった批判や1〜2学年分の学力低下が生じているとの指摘がなされた。その結果，1958年に学習指導要領が文部大臣告示として公示され，知識の確実な修得による基礎学力の充実と各教科のもつ系統性を重視するに至った。

　この小学校学習指導要領においては，自由研究は教育課程から姿を消し，社会科の授業時数は削減，低中学年を中心に国語や理科，4年生以降の算数の授業時数が増加した。中学校では，職業に関する科目は選択科目に位置づけられるとともに，選択科目としての自由研究は姿を消した。

　この学習指導要領は，公示から10年後の1968年に改訂された。高度経済成長のなかで工業化社会を担う人材（マンパワー）の育成を重視し，教育を1つの投資と捉える教育投資論が盛んで，1962年の教育白書『日本の成長と教育』は今読んでも新鮮なほど教育投資論の発想で貫かれている。この高度経済成長を背景に，1968年改訂により，わが国の教育課程は教育内容も授業時数も量的にピークを迎えた。小学校高学年の算数で当時最先端の「集合」概念を扱ったり，多くの普通科高校では文系を選択しても理科は物理・化学・生物・地学をすべて履修させたりしていたのがこの時期である。しかし，多くの子どもたちが理解できないほどの多くの内容を早いスピードで指導したため「新幹線教育」といった批判を受けた。

　なお，文部大臣稲葉修（1972年7月7日〜12月22日在任）は，半世紀前の国会において「学校教育におけるあまりにも知育偏重に傾いた従来の文部省が出しております学習指導要領のごときものはもう少し簡素化できないものか」「学習指導要領につきましては，審議会があって，審議会の議を経なければ変えられないような事務当局の解釈を私承りまして，それではなかなかまた間に合わないし，（審議会の委員を）また集めれば（指導内容は）ふえればこそ減りはしないからどうもというふうに思うものですから，次官通達とか大臣通達ということで，府県の教育委員会，市町村の教育委員会を通じて，それぞれの学校において弾力的な運用をしてもらいたい，こういう通達でも出したらどうかなということをいま考えている段階であります」と答弁した。稲葉が50年前に直面

していたのはカリキュラム・オーバーロードであった。この大臣答弁どおり，各教科の具体的な指導内容を減らすことはしなかったが，学習指導要領を一部改正して，総則において各学校における適切な弾力的運用が可能であることを明記しその旨の通知を発出した（1972年10月）。

なお，持続可能な社会に関する学びという観点からは，この1968年改訂において初めて「公害」という言葉が学習指導要領に位置づけられた。さらに，1970年11月に召集された臨時国会（いわゆる「公害国会」）の法案審議などをふまえ，すでに公示していた学習指導要領の一部を改正し，小学校社会科（第5学年）に「産業などによる各種の公害から国民の健康や生活環境を守ることがきわめてたいせつであることを具体的事例によって理解するとともに，地域開発と自然や文化財の保護に関連した問題なども取り上げ，これらの問題の計画的な解決が重要であることを考えること」が明記された。

学校を舞台にした小説が数多く存在するが，そのなかで，その時代，その時代の時代背景の1つとして学習指導要領に代表される教育界の雰囲気や思潮を垣間見ることができることも少なくない。たとえば，城山三郎の『素直な戦士たち』は，1977年から信濃毎日新聞などに連載され，1978年に初版が刊行されたが，「内閣総理大臣にでもヒッピーにでもなれる」と長男を東京大学文科一類に合格させることに全力を尽くす姿は，1968年改訂という背景に思いを致すとよりリアルに感じられる。灰谷健次郎の『兎の眼』の初版刊行は1974年。学校では一言も口をきこうとしないが，ハエについては尋常ならざる集中力をもって探究する小学校1年生の鉄三は，1968年改訂の教育課程で学んでいるという設定だと思われる。担任教諭の小谷芙美が伴走して行われた鉄三のハエの研究は，その意味でまったくの教育課程外の学びだったということになる。

## (5)「ゆとりと充実」「新学力観」「ゆとり教育」〈1977年改訂～1998年改訂〉

カリキュラム・オーバーロードへの対応を教育内容の精選を含めて行ったのが1977年改訂である。各教科の基礎的・基本的な事項を確実に身につけられるように教育内容を精選し，小・中学校の総授業時数は1968年改訂の8％減，

国語，算数・数学，社会，理科および外国語の授業時数は9％削減するなど「ゆとりと充実」をめざした。

1989年改訂および1998年改訂と社会と子どもたちの変化をふまえて改訂が重ねられた。1989年改訂は，小学校低学年における生活科の創設などが行われたが，授業時数や教育内容は基本的に1977年改訂を引き継いだ。しかし，文部省が，改訂の基本的な考え方として「新しい学力観」を掲げ，「教師は，指導者ではなく支援者である」「教え込みはいけない」などと指導したことが，とくに小学校における指導のあり方に大きな影響を与えた。

1998年改訂においては，学校週5日制への対応と総合的な学習の時間（概ね週3単位時間）の創設のために，小・中学校の総授業時数は1968年改訂に比べて14％，国語，算数・数学，社会，理科及び外国語の授業時数を実に26％減と大幅に削減した。

その際，授業時数の大幅な削減をふまえ，どのような考え方に基づいて教育内容を厳選したかについて当時の担当者（文部省初等中等教育局長）は，「これまでの教育の経験等を踏まえて，子どもたちにとって理解が困難であった内容，高度になりがちだった内容，単なる知識の伝達や暗記に陥りがちな内容，各学校段階間または各学年間，各教科間で重複する内容，学校外活動や将来の社会生活で身に付けることが適当だと考える内容などについて，削減，上学年への移行，取扱いの軽減などの様々な方法によって行われた」と説明している（辻村・中西，2020）。その結果，たとえば，理科における天体の学びは，小学校4年で「月と星」を扱ったあとは中学校3年まで4年間行われないこととなったり，中学校理科の「水溶液とイオン」「遺伝の規則性と遺伝子」といった重要な学びが削除されたりした。

この1998年改訂は「ゆとり教育」と表現され，1968年改訂に対する新幹線教育という批判とは真逆の「ゆとり教育」批判，学力低下批判を惹起する。とくに，経済協力開発機構（OECD）が2000年から実施しているPISA調査（Programme for International Student Assessment）の結果，わが国の15歳の子どもたちの学力が2003年，2006年と有意に低下したことが明らかになった

（PISAショック）。このころに社会に横溢していた雰囲気は，2007年1月に実施された内閣府の「社会意識に関する世論調査」の「現在の日本の状況について，悪い方向に向かっていると思うのは，どのような分野か」という問いに対して「教育」をあげた回答の割合が36.1％と最も多く，しかもこれは前年からじつに12.3％も急上昇した結果であったことに象徴されている。このように2004〜2007年にかけて，学力低下論争やPISAショックにより1998年改訂や公立学校，文科省に対する社会の不信が頂点に達していたといえよう。

### (6) 「脱ゆとり」と探究的な学び〈2008年改訂〉

そのため，2008年改訂は，「基礎的な知識及び技能」「これらを活用して課題を解決するために必要な思考力，判断力，表現力その他の能力」「主体的に学習に取り組む態度」という学力の3つの要素を明確に規定した学校教育法第30条第2項に基づき，「ゆとり」か「詰め込み」か，習得か探究かといった二元論を乗り越えることが強く求められた。2008年改訂では，国語，算数・数学，社会，理科および外国語の授業時数は1968年改訂時の85％程度と1977年改訂とほぼ同じ水準に回復（とくに中学校理科の授業時数は1998年改訂から33％増加）したうえで，①高校の指導内容になっていた「二次方程式の解の公式」や「遺伝の規則性と遺伝子」などを中学校に戻し，教科の内容の体系性や系統性を回復するとともに，②各教科等で「言語活動」に取り組み，発達の段階に応じて思考力などを着実に育成する具体的な手立ての確立が図られた。

前述のとおり，1998年改訂では，大幅に削減された授業時数に教育内容を収めるために，教科の本質を理解するうえでの重要性よりも子どもの理解度や各学年間等での重複などに基づいて教育内容の厳選を行ったため，知識の確実な理解のためのスパイラル構造が解体されたり，各教科の本質を深く理解するために不可欠となる主要な概念の習得のための重複が排除されたりした。そのため，2008年改訂においては，「①社会の変化や科学技術の進展等に伴い，社会的な自立等の観点から子どもたちに指導することが必要な知識・技能，②確実な習得を図る上で，学校や学年間等であえて反復（スパイラル）することが効果的

な知識・技能等に限って教育内容に加える」という中教審答申（2008年1月17日）に示された考え方に基づいて教育内容の検討が行われた。

その結果，国際教育到達度評価学会の国際数学・理科教育動向調査（TIMSS）の出題内容が各国の理数教育のカリキュラムでどの程度カバーされているかに着目した場合，小学校算数（小学校算数の TIMSS 調査の内容を小学校4年生までに履修している割合）は1998年改訂の69％から2008年改訂の83％へ，中学校数学（中学校数学の TIMSS 調査の内容を中学校2年生までに履修している割合）は80％から91％へ，小学校理科は50％から59％へ，中学校理科は73％から84％へと上昇し，わが国の教育課程の国際的通用性が高まった。

同答申は，1998年改訂について以下の課題があったことを明確にした。

> ・「教え込みはいけない」「教師は指導者ではなく支援者である」といった考え方のもと，学校における指導において，子どもの自主性を尊重する余り，教師が指導を躊躇する状況がある
> ・総合的な学習の時間を創設したが，そのための各教科の教育内容の厳選を教科の体系性や系統性を損なう無理のある形で行ったこともあり，総合的な学習の時間と各教科との適切な役割分担と連携が十分に図られていない
> ・教科において，基礎的・基本的な知識・技能の習得とともに観察・実験やレポートの作成，論述といった知識・技能を活用する学習活動を行うことが求められているにもかかわらず，教科の授業時数は十分ではない

なお，同答申が1998年改訂の構造的な課題を指摘していることは，この改訂で育まれた概ね20歳代（2022年時点）が「ゆとり世代」で力不足だということを意味しない。そのことは，2017年改訂に関する中央教育審議会答申（2016年12月21日）において以下のように指摘されていることからも明らかである。

> これまで社会や経済の量的拡大に支えられてきた我が国が，質的な豊かさに支えられる成熟社会に向かう中で，20代の若い世代の多くも，新しい時代にふさわしい価値観を持って，地域や社会を支え活躍している。現在の20代の若者たちについては，他の世代に比べ，働くことを社会貢献につなげて考える割合が高いとの調査結果がある。また，情報機器等を活用してつながりを生み出すことが得意な世代であるとの指摘もある。一部には，「ゆとり世代」などと一くくりに論じられることもあるが，これらの世代の活躍は，社会や経済の構造が急速に変化

する中で，自らの生き方在り方を考え抜いてきた若者一人一人の努力と，学習内容の削減が行われた平成 10 年改訂の実施に当たっても，身に付けるべき知識の質・量両面にわたる重要性を深く認識しながら，確かな学力のバランスのとれた育成に全力を傾注してきた多くの教育関係者や保護者などの努力の成果であると言えよう。

### (7) 各教科等の見方・考え方を働かせた「深い学び」の重視〈2017 年改訂〉

　2017 年改訂は，2008 年改訂の基本的な考え方や枠組み，教育内容を踏襲しつつ，AI の飛躍的進化，Society 5.0，第四次産業革命といった言葉が未来社会を語るキーワードとなり，「AI が進化して人間が活躍できる職業はなくなるのではないか」「今学校で教えていることは時代が変化したら通用しなくなるのではないか」といった社会的な議論のなかで行われた。

　しかし，学習指導要領改訂に関する議論のプロセスのなかで新井紀子（国立情報学研究所教授）や「ディープラーニング革命」をリードしている松尾豊（東京大学教授）からは，AI は自ら概念を軸に情報を構造的に捉え，思考できるようになったといわれるが，AI の研究自体は本質的にアルゴリズム，数式を使った証明で，数学そのものであり，学校教育で学んでいる算数・数学の学びの延長にほかならないこと，AI は問われたことに対して膨大なデータの蓄積をもとに確率の高い答えを出しているが情報の意味を理解しているわけではではなく，明確な定義とデータがある状況のもとで抜群な威力を発揮するもののデータがなく曖昧な環境下では「解なし」と答えざるを得ないことなどをふまえてこれからの教育のあり方を検討する必要性が指摘された。

　子どもたちは未来社会において AI が「解なし」と答えたときにその力を発揮しなければならないが，そこで求められるのは超人的な力ではなく，情報の意味をしっかり理解して考えて対話したり，曖昧でデータがない状況においても他者と協働して判断したりできることといった「人間としての強み」そのものである。持続可能な社会の創り手として民主政を支えるにあたっては，あらゆる問題についてこれですべて解決という特効薬はなく，複雑な課題を丁寧に

解きほぐして関係者の「納得解」を得るための力が求められている。具体的には、「教科書や新聞、新書などの内容を頭でベン図を描きながら構造的に正確に読み取る力」「歴史的事象を因果関係で捉えるとか、比較・関連づけといった科学的に探究する方法を用いて考えるといった教科固有の見方・考え方を働かせて、教科の文脈上重要な概念を軸に知識を体系的に理解し、考え表現する力」「対話や協働を通じ新しい解や「納得解」を生みだそうとする力」であり、これらは、すべてわが国の学校教育が長い間大事にしてきた資質・能力にほかならない。

　2017年改訂は、すべての教科等を①知識及び技能、②思考力、判断力、表現力等、③学びに向かう力、人間性等の3つの資質・能力の柱で整理した。そのうえで、各教科や単元においてこれらの資質・能力を育むために、「主体的・対話的で深い学び」の実現のための授業改善を重視し、「深い学び」の鍵となる各教科等の見方・考え方を示した。

　「あらゆる問題について、これですべて解決という特効薬はなく、複雑な課題を丁寧に解きほぐして関係者の『納得解』を得る」ための力は、たとえば、2022年度から学年進行で新課程に移行する高校の公民科の目標における「現在の諸課題について、事実を基に概念などを活用して多面的・多角的に考察したり、解決に向けて公正に判断したりする力、合意形成や社会参画を視野に入れながら構想したことを議論する力」そのもので、新共通必履修科目「公共」はその育成に大きな役割を果たす。しかし、「複雑な課題を丁寧に解きほぐして関係者の『納得解』を得る」ための力を育むことは、公民科の専売特許ではない。日本史・世界史の枠組みを取り払って近現代の歴史を近代化、大衆化、グローバル化という3つの転換点に着目して学ぶ新科目「歴史総合」は、前述のとおり、大正デモクラシーから戦争への道、終戦から戦後の復興、高度経済成長という流れを「大衆化」という文脈で捉えることは、世界を席捲するポピュリズムを理解し、自分ごととして向かい合ううえで不可欠な学びだ。

　「事実を基に概念などを活用して多面的・多角的に考察」するためには、数学Ⅰの二次関数やデータの分析の学びを通じて数学的論拠に基づいて思考するこ

とも求められる。たとえば，現下のウィズコロナの厳しい状況下にあって，わが国社会においては「命」か「経済」といった二者択一の議論になりがちだが，多くの社会課題の解決にはトレードオフの発想が必要であることは論をまたない。二次関数はまさにトレードオフの曲線のなかのどこで最適解を見いだすかという見方・考え方を働かせるために学んでいる。物理基礎において物質によって電気抵抗の抵抗率が異なっていることを理解したり，化学基礎で物質の構成粒子について学んだり，生物基礎で遺伝子とその働きや免疫について知ったりすることは，事実を科学的に把握し論理的に検証して，身の回りの自然現象に関する素朴概念に訴えるフェイクニュースのウソを見極めるうえできわめて重要である。

### (8) 探究的な見方・考え方

　各教科においては，「歴史的な事象を因果関係で捉えて思考できる」「生命に関する自然の事物・現象を多様性と共通性の視点で捉えることができる」といった教科固有の見方・考え方を働かせて思考することを学ぶ。この見方・考え方は複雑な事象が溢れる社会生活において事柄の本質を見極め，より質の高い意思決定を行ううえで不可欠であり，現在の学びと未来社会を架橋するものであるといえよう。

　総合的な学習の時間における「探究的な見方・考え方」とは，「各教科等における見方・考え方を総合的に活用して，広範な事象を多様な角度から俯瞰して捉え，実社会や実生活の文脈で自己の行き方と関連付けて問い続けること」である。「各教科等における見方・考え方を総合的に活用」するとは，現実の課題や対立は教科の文脈を越えた「総合問題」として目の前に現れ，その解決のためには，算数・数学における「場合分け」といった発想のように各教科等の見方・考え方を選択したり，組み合わせたりすることが求められることを意味している。総合的な学習の時間における探究的な学びの質を高めていくためにも，教科の学びにおいてこそ，さまざまな課題を教科の文脈に引きつけて，教科の文脈のなかにある見方・考え方を働かせて，判断したり合意形成したりすると

いった発想を指導することが求められる。

　探究的な学びにおいては，持続可能な社会の創り手として次代を担う子ども
たちが社会生活においてさまざまな対立と合意を経験することを見据え，どう
いう思考することが質の高い意思決定につながるのかを理解することがたいへ
ん大事である。振り子のように揺れる世論のなかで，教科等の見方・考え方を
軸に一定の原理・原則というものを見極め共通の土俵を形成し，合意形成を図
るための思考や対話，協働は，どんなに AI が進化したとしても AI にはできな
い，人間としての強みそのものである。国政レベルから身近な問題まで，さま
ざまな日々の社会生活は，意思決定の繰り返しにほかならない。探究的な学び
はそのための大事な学びだとその目的をしっかりと共有することが大切である
と考えている。

　総合的な学習の時間において，各教科等の見方・考え方を総合的・選択的に
活用して，より質の高い意思決定をしていくというプロセスはある種の知的な
「修羅場体験」であるといえよう。わが国の学校教育では，こういう修羅場体験
で形成される胆力なり判断力は，どちらかというと運動部活動などで「試合の
日は決まっているが，チームの現在の力はこのレベル。それを試合の日までに
どこまで伸ばしていくかという修羅場体験」として育まれてきた。これからは，
この修羅場体験を知的な探究的な学びのなかで行い，対立のなかでの合意形成
を総合的な学習の時間において行うことが求められている。


## ❸ 教育 DX のなかで問われる学校の存在意義

### (1) 2017 年改訂からの 5 年

　本書刊行時，2017 年の小・中学校学習指導要領改訂から 5 年が経過している。
そのかん，わが国の教育や社会はもちろん，世界が未曾有の危機を経験した。
　簡単に 2017 年改訂以降の経緯を振り返ると，2018 年 6 月には当時の文部科
学大臣林芳正のもとに設けられた Society 5.0 に向けた人材育成に係る大臣懇
談会が報告書をまとめ，これからの教育のあり方として「学校 ver.3.0（「学び

の時代）」を明確に打ち出した。資質・能力ベースの学校モデルを前提に，ICT技術の活用で教育ビックデータの収集・分析とそれに基づいた個人の認知と性向の特徴に合わせた支援が可能になることをふまえ，学校制度においては学年や教科の仕切りが相対化し，子どもたちの学びも学校だけではなく，大学やNPO，企業や放課後デイサービスなどさまざまな主体がかかわるようになることがイメージされている。学校ver.3.0における公教育の役割は子どもの学びの状況を観察し，個々人に応じた学びの実現を支援することとなり，学校においては，実体験や他者との対話・協働をはじめ多様な学習活動の機会を提供することが重視される。また，この学校を軸にしながら，大学やNPO，企業などが提供するさまざまなプログラムを選択して学び，その学習成果（作文，作品，レポート，プレゼンなど）は学びのポートフォリオとして電子化され蓄積されることより，子どもたちが能動的な学び手として自らの学びを自分の意思で進めることが可能となる。

　この学校ver.3.0を構想しその実現を図るにあたっては，このような個別最適化された学びの実現や学びのポートフォリオの電子化・蓄積などのためのICTを含めた学習環境が公正に確保されること，学校において実体験や他者との対話・協働をはじめ多様な学習活動の機会が公正に提供されることが不可欠であることは論をまたない。この大臣懇談会の報告書においては，①個別最適化された学びをいかに公正に提供するか，②読解力などの基礎的な力を確実に習得させる仕組みをどう構築するか，③高校から大学かけての文理分断の学びをどう脱却するか，が早急に解決すべき課題として位置づけられた。しかしながら，この個別最適化された学びの公正な提供や読解力などの基礎的な力を確実に習得させる仕組みの構築にとって，学校教育の大きな課題は学校におけるICT環境の整備が全国的に進んでおらず，かつ相当な地域間格差があることだった。実際に2019年3月段階でも全国平均で教育用コンピュータ一台当たりの児童生徒数は5.4人と目標の3人には及ばないうえ，最も整備が進んでいる佐賀県では1.9人であるのに対し，最も遅れている愛知県ではじつに7.5人と地域格差も大きく広がっていた。そのため，2019年末の経済対策において，す

べての小・中学生に対して国費で情報端末を整備する GIGA スクール構想が盛り込まれた。

その直後に，新型コロナウイルス感染症が猖獗を極め，人類全体が未曾有の困難に直面することになる。緊急事態宣言を受けオンラインで実施された中教審初等中等教育分科会（2020年4月27日）において，認定 NPO 法人カタリバ代表理事として被災地の子どもたちを支援しつづけている今村久美委員は「学校は，子どもたちが教科教育を受ける場という価値以上に，教育活動を通じた福祉の場だという前提に立つ必要がある」「学校は，学びの場である以上に，人と安心・安全につながることができる居場所」との意見を文書で提出した。また，岩本悠委員も，「休校になり，当たり前だった日常が失われたことで，そもそも学校は何を担い，何を守り，何を育んでいたのかが，改めて顕在化した。学校は狭い意味での『教育』に留まらない『福祉』的な価値（例えば健康的な生活リズム，子どもの安全な居場所等）も担っていることが如実に浮き彫りになってきた」と文書で表明している。

Sociery 5.0 が前提とするサイバー空間の急速な拡大による社会の構造的変化を，新型コロナウイルス感染症の感染拡大のための外出自粛によるオンライン授業やテレワークの増加という形で多くの国民が実感するようになったが，他方で今村委員や岩本委員の指摘のとおり，子どもたちの学びと生活を支える上でオンラインの限界も明らかになるなか，対面授業とオンライン授業のハイブリッドの教育に加え，リアルな世界で子どもたちの生活を支える福祉との融合による「教育福祉」という視点も重視されるに至っている。

このように 2021 年 1 月の答申にいたる中教審の審議において，新型コロナウイルス感染症の感染拡大という未曽有の国難のなか，「堀川の奇蹟」の荒瀬克己初中分科会長のもと，今村委員や岩本委員，AI 型タブレット教材の開発を先導する神野元基委員，発達障がいの困難さに直面する子どもたちを支援する LITALICO 代表の長谷川敦弥委員といった時代の歯車を回している若手委員の構想力が議論をリードしたことは大きな特徴であった。たとえば，2020 年 7 月 2 日の中教審初中分科会では，これらの若手委員が中心となってまとめられ

たペーパー（「『ポストコロナ』を見据えた新しい時代の初等中等教育の在り方について」（文科省ウェブサイトに掲載））が配布され，個別学習，知識習得，デジタル技術活用に適合的な「情報社会に開かれた教育課程」と協働学習，学びに向かう力の育成，多様な外部人材活用が効果的な「地域社会に開かれた教育課程」との往還が提起されている。

　これらの議論を経てまとめられた2021年1月の答申は，子どもたちが社会的に自立し，当事者意識をもって多様な意見や価値観のなかで合意形成に粘り強く取り組む力をもつためには，従来の社会構造のなかで行われてきた「正解主義」や「同調圧力」から脱却する必要があると指摘したうえで，一斉授業か個別学習か，履修主義か修得主義か，デジタルかアナログか，遠隔・オンラインか対面・オフラインかといった二項対立の発想を脱して，子どもたちの状況に応じてこれらを適切に組み合わせて活かすハイブリッド教育により個別最適な学びと社会とつながる協働的な学びの実現を求めている。

　このような観点から，学校や教育行政の「当たり前」はおおいに問われ，リデザインされる必要がある。子どもたちの社会的自立といった教育の目的を実現するための手段である教科や授業時数，指導案，教科書，研究指定校，教職員配置，教員免許制度や養成課程・研修，教育委員会，指導主事や教科調査官，文科省などの学校や教育の制度や枠組みは，二項対立から脱して，その「当たり前」を見直すことが不可欠である所以だが，中教審が答申においてこのような明確で強いメッセージを発したのはなぜだろうか。

## (2) DX の思考法とフィルターバブル時代の民主政

　若手委員を中心に中教審でこのような議論がなされた背景には，2019年からスタートしたGIGAスクール構想により子どもたちに1人1台整備された情報端末を活用したオンライン学習がウィズコロナの状況下で切実に求められたことのほか，以下のような社会の構造的変化があった。

　第一は，産業構造の激変である。業界や企業の縦割り構造と自前主義が基本の工業化社会にあって，大量のホワイトカラーと工場労働者を必要とした企業

が求めたのは，自らゴールを設定できる人間ではなく，自社だけに通用する知識や人間関係を駆使して，与えられたゴールまでを最短距離で行ける人材だ。たとえば大卒ホワイトカラーについて，大学でしっかり学んだ学生よりも体育会系のほうが使えるなどと公言して憚らなかったのはついこの間のことだ。

　しかし，今，わが国社会は大きな岐路に立っている。Ｄ Ｘ（デジタル・トランスフォーメーション）の時代にあっては，縦割り・自前主義の発想が成長の致命的な桎梏となっている。DX の特徴は，計算処理基盤，データ解析といったレイヤーが閾値を超えて人間の実際の課題や経験まで達していることにある。このレイヤー構造においては，具体的な事象を抽象化して論理的に思考することにより，分野や業界などの縦割りを越えた横割りのレイヤー構造のなかで，いわば他人の 褌 で相撲をとるからこそ自分たちのエッジを効かせた価値を創出できる。①課題から考える（今の手持ちの手段から解法を考えない），②抽象化して考える（異分野だから別の話と考えずに，抽象化して共通する構造で捉える），③複数の分野や専門を経験することによって得られる複数の解決のパターンを駆使する（特定のルールや分野に閉じこもらない），といった DX の思考法そのものが社会的価値を生み出している（西山，2021）。

　第二は，民主政（デモクラシー）についての危機意識の広がりである。わが国の子どもたちは，OECD（経済協力開発機構）加盟諸国間での比較においてインターネットの使い方が SNS でのチャットとゲームに偏り（PISA2018 調査），学校カーストの息苦しさのなかチャットで即答しないと仲間外れにされるといった大人には想像以上の強い同調圧力に晒されている。

　知識や経験が異なり，多様な考えや発想をもった他者と当事者意識をもって対話を重ねることは面倒で，アルゴリズムが提示する自分の考えや嗜好に合う情報のみに囲まれ，人工知能（AI）や特定のリーダーが決めたことに従っていたほうが楽かもしれない。フェイクニュースが広がるデジタル社会においては，情報やテキストを唯々諾々と鵜呑みにするのではなく，事実に当たったり論理的に検証したりして真偽を確かめることも求められているが，これも面倒なことに違いない。しかし，当事者意識を押さえこんで自分たちで社会の方向性を

決めることを放棄し，すべて AI や特定のリーダーに丸投げする社会はディストピアそのものである。そのことは，2022 年にウクライナに侵攻したロシア国内の状況からも明らかであるし，私たちにとって民主政の意味を説く先達だと思っていたアメリカの連邦議会における 2021 年の惨劇に接し，社会課題を自分ごととして考えて自分の意見をもち，見解の異なる他者と対話して「納得解」を共有のうえ，その実現を図り，その結果に責任をもつ意思をもつことが民主政にとっていかに重要かを改めて多くの国民が実感したのではないだろうか。

### (3) 変わる教室の風景と学校の構造―次期改訂までの 5 年を見据えて

2021 年 1 月の中教審答申は，教室の風景や学校の役割を大きく変わることを示唆している。

子どもたちに 1 人 1 台の情報端末が整備され教育 DX が進むなか，一人ひとりの子どもたちの認知の特性や関心に応じた個別性の高い学びと協働的な学びの両立のために，教室と学校の風景を変えることが必要になっている。これまでの一斉授業で重視していたのは，試験問題が配られたら直ちにその文字情報を理解して，自分を「空」にして標準人として迅速に反応できる能力で，それ以外は切り捨ててきたといえるだろう。工業化社会には適合的な仕組みだったが，DX の時代の今，他者と違ったり，異なったりすることに意味や価値がある時代になっていることを根底に据えて学校を変えていくことが求められている。

GIGA スクール構想により子どもたちに 1 人 1 台の情報端末を配布したのも，四則演算や漢字の書き取りといった反復学習を効率的に行うことのみのために配布したのではなく，一人ひとりの子どもの認知の特性に応じて，自分のペースで自分の学びを自分でコントロールするためのツールとして整備したものである。情報端末が整備されたことにより，これからは子どもたちの学びは時間的にも空間的にも多様化することが可能になる。図 2-1 は，政府全体を見渡してこれからの教育・人材に関する政策についての方向性をまとめた「Society 5.0 の実現に向けた教育・人材育成に関する政策パッケージ」（2022 年 6 月 2 日総合

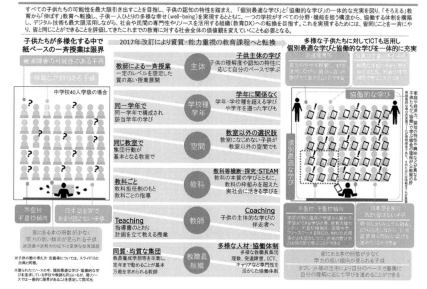

図2-1　Society5.0の実現に向けた教育・人材育成に関する政策パッケージ
出所：内閣府ウェブサイト https://www.8.cao.go.jp/cstp/tyousakai/kyouikujinzai/index.html

科学技術・イノベーション会議決定。同会議に藤井輝夫東京大学総長を座長とする中教審，産業構造審議会との合同ワーキンググループを設けて議論）の資料であり，学びの時間的・空間的な多様化を整理したものである。

　子どもたちにはさまざまな認知の特性がある。1つのクラスのなかで，発達障がいの困難さに向き合っている子，特定の分野に特異な才能をもつギフテッド，タレンティッドと呼ばれる子，両親が外国人で日本語指導が必要な子，どうしても教室に行くことができない子…。これからは，情報端末のスタディログを生かしながら，教育支援センターや不登校児童生徒特例校，校内フリースクール，大学や研究機関などさまざまな場で学びを重ねることができる教育システムが必要となっている。具体的には，学習指導要領の各教科等の1つひとつの内容事項にコードが付され，デジタル教科書やデジタル教材の内容はこのコードに紐づけられることが可能になった。また，このコードから経産省の

「STEAM ライブラリー」，大学や研究機関のウェブサイトや研究室につながる（第3章第2節参照）。そのような環境がすべての子どもたちに提供されたら，それまでの教育内容の習得が不十分だった子どもは AI 教材などを活用してその確実な習得に向かって自分の学びを調整することが可能になる。他方で，理数分野で特異な才能をもつ子どもについては教育課程の特例を設けて一足早く大学や研究機関で専門的な学びを行うことができる。

　このように自分の学びをそれぞれの子どもが自分自身で調整し，コントロールできることが個別最適な学びのポイントであり，GIGA スクール構想などの子どもたちの学ぶ環境の大きな進化はこの個別最適な学びの基盤である。個別最適な学びの実現に向けた学習環境の進化は，教育内容のあり方や学習指導要領の改訂のプロセス，そして学習指導要領のあり方自体にも影響を及ぼす。

　このように教室の風景が変わると，教師の役割や学校の構造も変わってくる。今までは，いわば「垂直分業」で，子どもに関することは教科指導から生活指導，部活動，そして福祉的な機能も全部学校のなかで完結して担ってきた。教材なども一からつくるのが教師としての修行と自前主義で貫かれていたし，学校縦割り，教科縦割り，学級縦割りという縦割り構造のなかで授業や学級経営ができて一人前の教師といわれてきた。しかし，学校がこれらの幅広い機能を全部自前で担うことは不可能となっている。社会全体の DX のなかでレイヤー構造の「水平分業」へ転換することが求められている。図 2-2 も，前述の総合科学技術・イノベーション会議の政策パッケージの一部であり，これからの学校の機能の構造的な変化をまとめたものである。

　たとえば，日々の授業の教材は全部自分でつくる必要はなく，YouTube にアップされた動画などを効果的に使ったり，算数・数学の AI 教材をフル活用したりすることも効果的なら躊躇する必要はない。いわば，他人の褌で相撲を取りつつ，目の前の子どもたちにとって今最も必要な指導に集中することのほうが子どもたちの力を引き出すことにつながる。部活動は学校とは別の主体が担うといった仕組みの構築にも，スポーツ庁と経産省が今，真剣に検討を重ねている。

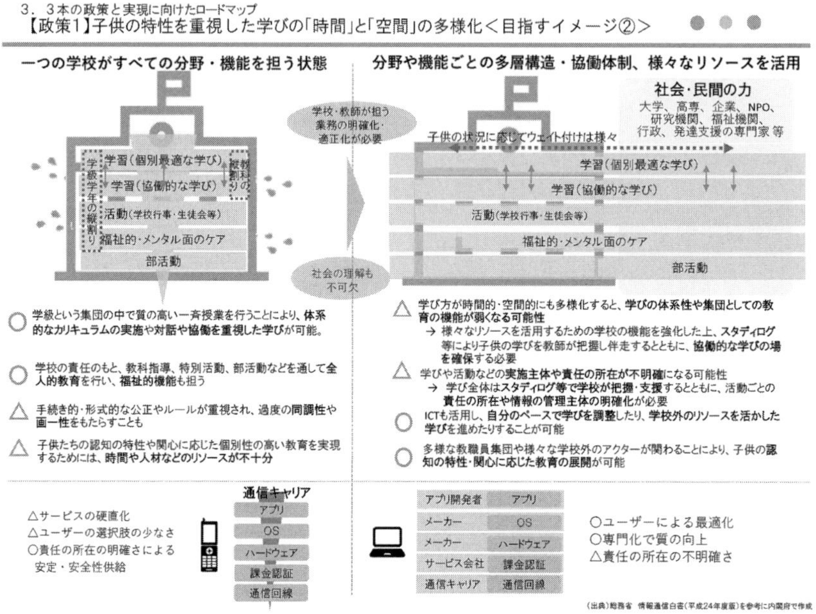

図2-2　学校の機能の構造的な変化

　このような学校の構造が変わると，校長や教頭は，「管理職」というよりは，「人・モノ・カネ・情報・時間・教育内容」という教育のリソースを再配分，再配置して，子どもたちの力を引き出すという学びの成果を最大化するためのマネジメントを担う「マネジャー」になる。

　教師という専門職集団もそのポートフォリオの多様化が必要となる。今の教育学部や教職課程で広く浅く学んで教員免許を取るシステムは，教師すべてが同じことができることを意識したカリキュラムである。しかし，これからは一人ひとりの教師が自分の得意分野や専門性をもっていることが必要で，たとえば，発達支援，理数系分野，ICT，外国語，ジャーナリズムなどさまざまな分野の専門家が教育学部や教職課程に一から入り直すことなく教員免許を取得して教師になることが不可欠である。それぞれ多様な専門性をもつ教師で教員集団が構成されることで，全体として学校の機能が強化されることになる。今の教

員免許制度や教員養成課程は構造的に見直さなければならない。

このような教育の質的転換の実現のためには，教育制度や教育行政の大きな転換が必要である。2021年9月にはデジタル庁が発足し，教育コンテンツプラットフォームを構築するとともに，デジタル臨時行政調査会（デジタル臨調）において教育を含むさまざまな社会制度の見直しがデジタル原則（デジタル完結・自動化原則，相互運用性確保原則，デジタル共通基盤利用原則，アジャイルガバナンス原則，官民連携原則）に基づき強力に進められることになっている。2022年度には教員の勤務実態調査が行われ，教員の勤務や配置のあり方も見直される見通しだし，政府において検討されているこども目線の行政を確立するためのこども庁の創設も大きなインパクトをもたらすだろう。

本来，子どもたち・教師・主任主事・校長や副校長などの管理職・市町村教委（市町村長）・都道府県教委（知事）・文科省という教育行政の連鎖は「改革チェーン」であるべきだが，この流れのどこかで意欲や能力，情報，予算などで目詰まりが生じ改革チェーンが切断されると，学校教育の進化に向けたダイナミズムとサイクルがストップしてしまう。改革チェーンが縦に重畳的に連なっているのではなく，社会全体のDX構造のなかで円形状に相互にダイレクトにつながることにより，アイデアや情報が即座に流通し当事者意識に基づいた対話が重ねられるなかで，「当たり前」にとらわれないこれまでなかった新しい解や納得解が共有される動きを加速させることが求められている（木村・工藤・合田，2021）。

霞が関全体が予算単年度主義や府省の縦割り構造のなかで，1年単位の時間感覚での各府省の局課単位の部分最適のサイクルに陥っていることから，デジタル臨調においては財政の単年度主義の弊害是正も重要なテーマとなっている。本書刊行時は2017年改訂から次の改訂までの折り返し地点であり，今後，前述のとおり教員の勤務実態調査と教員の勤務や配置についての見直し，デジタル庁による教育コンテンツプラットフォームの構築，こども家庭庁の設置などの大きな動きのなかで，情報端末を活用した個別最適な学びと民主政の基盤でもある協働的な学びを両立させるべく，教室も学校のあり方も根本的に変革にす

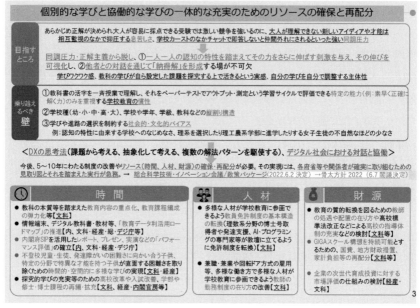

図2-3　時間や人材，財源の再配置と充実による全体最適の姿

るにあたっては，教育行政も1年単位の部分最適を越え，少なくとも5〜10年を見通したうえで，図2-3のような時間や人材，財源の再配置と充実による全体最適の姿を描く必要があり，そのことが前述の政策パッケージに盛り込まれた。

### (4) 教育DXの先にある学校の存在意義と探究的な学び

　子どもたちの学びは時間的にも空間的にも多様化し，個別最適な学びが情報端末を活用して実現する。今後の教育政策はこのような方向に向かって進展することは間違いないが，その際問われるのは，学校という社会制度の存在意義である。教育の個別化が可能になり，時間的にも空間的にもその学びが多様化するとすれば，学校に子どもたちが集まり，協働して学びを進める意味は何であろうか。この問いは，個別最適な学びの先にある学校の目的とは何かという

ことでもある。たしかに，個別最適化された学びを重ね，個人の学力を確実に定着させることのみが目的であるならが，必ずしも学校に子どもたちが集まり，協働して学びを進める必要はないだろう。

　GIGA スクール構想がスタートし，近い将来，小・中学校で行われている全国学力・学習状況調査も CBT 化され，子どもたちは鉛筆とノートよりも情報端末をツールとして学ぶことになる。語彙や用語の習得，外国語や数学の学習などについて，理解の早い生徒が早い進度で学びを進めたり，過去に学んだ単元の理解が十分でない生徒は振り返り学習をしたりといった個人の理解の程度に合わせた個別性の高い学びを行うことが可能となると，たとえば，特定教科の多肢選択式問題に対応すべく知識の暗記・再生や暗記した解法パターンの適用のみを目的とした学習は，AI 教材や予備校の一流講師による授業動画に代替されるとの指摘は現実味を帯びる。

　しかし，前述のとおり，教育基本法第 5 条第 2 項は義務教育の目的として，①社会的な自立，②国家・社会の形成者（持続可能な社会の創り手）の育成を求めており，個別最適化された学びは社会的自立や持続可能な社会の創り手を育むための手段であって，目的ではない。

　具体的には，学校の役割は，知識の習得にとどまらず，習得した知識や思考を活かして，よりよく生きようとかよりよい社会にしようとするための教育実践を重ねることにある。だからこそ，生徒の学ぼうとする心に火を灯し，ICTを活用して単元の内容をより構造的・立体的に理解できるような授業を演出し，「学び合い」や「教え合い」でクラス全体の知識の理解の質を高めたり，討論や対話，協働を引き出したりするという教師固有のかけがえのない役割は学校の存在意義そのものである。教師の主戦場は，あくまでも授業であり教室であることに立ち返らなければならない。

　このように，学習指導要領が学校教育に求めているのはその前文に規定された「持続可能な社会の創り手」を育むことであり，同調圧力のなかで付和雷同したり他人任せで考えることを止めたりするのではなく，自分の足で立って自分の頭で考え，他者と対話することの大事さを共有できる学びを創り出すこと

が求められている。

　さらに，フィルターバブル時代における民主政の動揺のなかで，社会的に自立するためにも，持続可能な社会の創り手になるうえでも，社会課題を自分事として考えて自分の意見をもち，見解の異なる他者と対話して「納得解」を形成のうえ，その実現を図り，その結果に責任を負う意思をもつことがきわめて重要になっている。次代を切り拓くイノベーションの源泉である創造性を重視し，それが発揮されやすい環境をつくることは大事であることはもちろんだが，同時に公正で個人の尊厳が尊重される社会であることと両立しなければならない。教育の個別最適化の先にある，創造性と公正や尊厳といった価値が両立する社会を実現するという目的自体が学校の存在意義であることを再確認する必要がある。

　このことは，白井俊（2020）が指摘するとおり，知識やスキル，態度および価値観といったコンピテンシーを学校において育むことは，「新たな価値を創造する力」「責任ある行動をとる力」「対立やジレンマに対処する力」といったエージェンシーとそれによって支えられる個人と社会全体のウェルビーイングに展開していくというOECDのEducation2030プロジェクトにおける学習枠組みの意図するところと重なっている。

　他者と同じことができることが評価される社会の価値観が維持され，大人が採点しやすい知識再生型のテストを軸とした教育が行われるままで，情報端末を活用した教育の個別化が進展することは，子どもたちがアルゴリズムやAIが指示するとおり学ぶこととなる。しかし，社会的自立と持続可能な社会の創り手の育成という学校の存在意義に照らして何よりも大事なのは，子どもたちが自分の認知の特性や関心に応じて学びの目的を自ら見定め，自分で自分の学びを調整することができることであり，AIが指示するとおり「効率的」に学ぶことはその真逆であることは論をまたない。そして，探究的な学びは，子どもたちが自分の学びを自分で調整する力を育むうえでコアとなる学びであり，学校の存在意義を支える重要な学びであるといえよう。

# 4 探究的な学びの持続可能な発展のために

これまで述べてきたとおり，2017年の学習指導要領の改訂以降のコロナ禍や社会の構造的な変化，今後の教育DXを前提とした学校の変容などをふまえると，探究的な学びを持続可能な形でその質を高めていくことが不可欠である。先述のとおり，2017年改訂において探究的な学びを重視していることは，わが国の教育の展開における「4度目の正直」である。これまで同様に，大人が採点しやすい知識再生型のテストで子どもたちの力を測ることを重視する考え方から「這いまわる経験主義」だの「学力低下」だのと指摘されて頓挫することなく，社会的な合意のなかで持続可能な探究的な学びを実現するためには，以下のような条件が確保される必要がある。

第一は，2021年1月の中教審答申が提唱した「主語を子どもにした学び」の実現である。私たちにはそれぞれ認知の特性がある。話すこと・聞くこと，書くこと，読むことのそれぞれでも情報の受け取りと表現にわたって強み弱みがあるし，文字情報や音，映像など扱う情報の得意不得意もあるだろう。計画的に学ぶ子もいれば，興味や関心が拡散する子，特定の分野に尋常ではない集中力を示す子もいる。しかし，工業化社会では計画的な勤勉性や文書主義が必須なため，学校教育においては，試験時間内に問題を読み，理解し，正解を書くという情報処理力が重視され，私たちはそれに自分を合わせることが求められてきた。

しかし，朝日新聞の夕刊一面（2021年5月25日付）は，コンピュータソフトの欠陥やバグを修正するデバッグというサービスを提供するデジタルハーツ社の特例子会社であるデジタルハーツプラス社代表（当時）の畑田康二郎へのインタビューを通し，同社の就労困難者を雇用するソーシャルファームとしての取り組みを紹介している。ひきこもりや不登校を経験し，困難さに直面している方々が多い同社の社員のなかで，たとえば，ADHD（注意欠如多動性障害）の傾向のある社員はあらゆるものに興味を示すところがあり，さまざまな角度から操作して，不具合が起きないかをテストする仕事に向いているし，ASD（自閉

症スペクトラム）の社員は黙々と仕事をする傾向があり，マニュアルに沿って1つずつ操作して不具合を探すことが得意といわれている。畑田は「就労困難者を雇うのは，企業の社会的責任からではなく，それが真の成長につながるから。社員が仕事に合わせるのではなく，仕事の内容を社員に合わせることで持続可能な取り組みになる」と述べている。このコメントは，学校教育のあり方も問うている。「主語を子どもにした学び」とは，「子どもを学びに合わせるのではなく，学びを子どもに合わせる」ことにほかならないからだ。

たしかに個人の尊厳や人権の尊重などは，強制してでも子どもたちに教え込まなければならない。しかし，計画的な勤勉性を強いても，人生のリスク低減には結びつかない時代にあっては，すべての子どもに共通している「知りたいという欲求」を子どもの認知の特性や関心に応じて刺激し，その子の学びの扉が開くように働きかけることが大事である。情報端末はそのための最も重要なツールだし，発達支援やICT，サイエンスなどの専門家が教員免許をより容易に取得できたり，子どもたちの学びを時間的にも空間的にも多様化したりすることもそのための具体的な手立てである。

わが国の教師が本来模索してきたのは，子どもたちを「揃える」教育ではなく「伸ばす」学びであり，時代の転換期の今はその実現の最大のチャンスである。また，この「伸ばす」学びの実現が，2021年1月の中教審答申が指摘するわが国の社会や教育界を覆う「正解主義」や「同調圧力」からの脱却にとって不可欠であり，探究的な学びはその重要な要素であるとの認識を教育界や保護者を含め社会で共有することが必要である。

第二は，探究的な学びの質的な転換のためには，私たち大人自身の変容が不可欠であるとの認識の共有である。探究的な学びは，予定調和的にあらかじめ解のある問いでは成立しないことはいうまでもない。わが国においても世界においても，私たち大人が直面している容易に解を見いだせない課題は枚挙に暇がない。

たとえば，製造業が中心で「モノ」に価値のある社会では，その製造にたずさわる者（社長，技術者，工程作業に従事する人，セールスパーソンなど）の間の所

得差や貧富の差は比較的小さいものだった。しかし，DXの時代となり，目に見えないアイデアやデータが提供するサービス（「コト」）に大きな価値が生じるようになると，アイデアを生み出した創造性の高い専門家が莫大な富を得る一方で，AIの指示で単純作業に従事する人は低い所得にとどまるなど貧富の差が拡大している（アメリカでは上位1％の富裕層が国の富の約39％をコントロールしているのに対し，下位90％の市民の国の富に占める割合はわずか26％となっている。わが国では所得格差の指標であるジニ係数が1980年代から30年間上昇（格差が拡大）し，現在は高止まりで横這い傾向にあるものの，若者や子育て世代の貧困が社会課題だと指摘されている）。

　現代社会は「新しいアイデアをもつあらゆる人に可能性の扉を開け，クリエイティブに価値創造ができる」という希望と「魅力的なアイデアを生み出すことができる数パーセントを除いた大多数の市民は，資本主義の変容のなかで職や尊厳ある生活が奪われる」という不安に引き裂かれているといっていいだろう。創造性を抑圧することはイノベーション（社会の進化）を阻害しているが，公正さが損なわれると社会は分断され不安定になる。創造性と公正・個人の尊厳が両立する社会の実現のためには，どのような取り組みが必要だろうか。

　あるいは，2021年度の国の予算のうち一般歳出は67兆円だが，5兆円のコロナ対策予備費を除く62兆円のうちその58％に当たる36兆円が高齢者福祉をはじめとした社会保障関係費であり（文教科学振興費は5.4兆円），家庭の経済状況に関係なく安心して学べる給付型奨学金や子どもたちの学びを支えるカウンセラーやソーシャルワーカーの配置など未来社会を担う子どもへの投資や学校への支援の予算を充実しようとするとたとえば，社会保障関係費を活用して子どもの生活や学びを支援することも必要になる。そのためには，国会において予算として議決しなければならない。

　他方，20歳代の人口は1260万人，60歳代は1530万人と1.2倍ほどの差があるが，2017年の衆議院議員選挙の投票率をみると，20歳代は34％，60歳代は72％となっているため，投票者数は20歳代が428万人，60歳代が1100万人とじつに2.6倍の差となっている。国会議員が選挙においてより多くの支持を得

るためには，投票数の少ない若者への投資よりも投票数の多い高齢者への投資を優先するのは合理的であるといえる。

しかし，このままだと若者や子どもへの投資はどんどん先細りし，高齢者中心の政治や行政になってしまう可能性があるし，世代間の社会的な分断すら生じるおそれも考えられる。これまで社会を支えてきた高齢者への支援とこれから社会を切り拓く若者や子どもへの投資のバランスを図るためにも，わが国の民主政（デモクラシー）にはどんな仕組みが必要だろうか。

このような問いに私たち大人は直面し，十分な解を見いだしていない。それどころか，ウィズコロナのなかで，わが国においては，「命」か「経済」かのどちらを選ぶのかといった二項対立的な議論が盛んに行われた。

しかし，多くの社会課題の解決には二項対立を越えたトレードオフの発想が必要であることは論をまたない。2021年1月の中教審答申も，「正解主義」や「同調圧力」からの脱却とともに，一斉授業か個別学習か，履修主義か修得主義か，デジタルかアナログか，遠隔・オンラインか対面・オフラインかといった二項対立の発想を乗り越える観点から，ポストコロナ社会における初等中等教育について構想力ある意欲的な提言をした。

前述のとおり，すべての高校生が数学 I において二次関数を学ぶのは，トレードオフの曲線のなかのどこで最適解を見いだすかという見方・考え方を働かせるためでもあるが，実際の社会課題の解決においてはどんな座標軸を設定してトレードオフを考えるかが重要だ。たとえば，中学校社会科（公民的分野）は「効率と公正」を思考の軸を重視しているし，高校において新たに設けられた歴史総合では近代化のプロセスを「自由と制限」「平等と格差」「開発と保全」「統合と分化」といった座標軸で学ぶ。

現代社会に溢れている複雑な事象を座標軸に基づいて構造的に捉えることは，意見の異なる他者と意見の異同を把握しながら対話し，合意形成したり協働したりするうえで不可欠だ。自分の考えを座標軸のなかで俯瞰して冷静に捉えたり，さまざまな考え方や意見を対立軸，座標軸で捉え，メタレベルで思考したりすることは，民主政の基盤である立場の互換性を認識するうえでも不可欠で

ある。

　埼玉県立川越初雁高等学校教諭の上田祥子は，義務教育の指導内容の学び直
しも必要な国語の授業でどうしても理解しやすい小説が中心になり，語彙や読
解力の観点からなかなか読み取りがむずかしい評論文は忌避する傾向にあるが，
敢えて斎藤幸平『人新世の「資本論」』を取り上げ，YouTube の動画も活用する
など知恵を絞って生徒が持続可能な社会の実現という難問について真剣に考え
る授業をしていた。その授業のなかで，同校の生徒たちは，「『人には人の正義
がある。人口の分だけ正義は存在する』。これは，私もその通りだと思います。
だから，難しいです。誰も正解がわからないので，自分達が主体的に行動して
いくべきだと思いました」「私たち子どものせいではないと書いてはいるもの
の，今までこのようなことに見向きもせず，何も考えずに大量生産の物を買っ
て，簡単に物を捨てていた，私たちにも責任はやはりあると考えます」といっ
たコメントを寄せている。社会生活においてはあらかじめ正解のある課題はな
く，対話し協働して「納得解」を形成する必要があること，自分は絶対的に正
しく，不正義を追及するという二項対立の発想をメタレベルの視点で相対化し，
そのような不正義が生じる社会的な構造を自分ごととして把握し，対話と協働
を通じて変革するという意思をもつことの重要性に思いを致すことができるこ
れらの生徒たちのコメントに，探究的な学びの重要な要素が含まれていると考
えている。

　第三は，探究的な学びは，教科の本質を押さえる必要があるということであ
る。前述のとおり，探究的な見方・考え方を働かせるためには，教科の学びに
おいて，さまざまな課題を教科の文脈に引きつけて，教科の文脈のなかにある
見方・考え方を働かせて，判断したり合意形成したりするといった発想を指導
することが不可欠である。

　2017 年改訂に関する中教審答申が指摘しているように，たとえば，個々の歴
史的事実に関する知識は，「その出来事はなぜ起こったのか」「その出来事がど
のような影響を及ぼしたのか」を追究する学習の過程を通じて，知識相互がつ
ながり関連づけられながら習得される。そして，そのような学びが教科の本質

を深く理解するために不可欠な主要な概念（生命やエネルギー，民主主義や法の支配など）の習得につながる。学習指導要領の次期改訂においては，各教科の主要な概念につながる知識や用語を中心にその構造を整理することが求められており，その整理は，より質の高い探究的な学びの実現という観点を見通して行われる必要がある。その際，Society 5.0 や DX といった社会の構造的変化と最前線の学術研究を担い，未来の扉を開けている社会起業家や科学者・研究者などの協力を得ることも欠かせないだろう。

　また，各教科の見方・考え方，たとえば，「自然の事物・現象を，質的・量的な関係や時間的・空間的な関係などの科学的な視点で捉え，比較したり，関係付けたりするなどの科学的に探究する方法を用いて考えること」（理科の見方・考え方）を働かせるうえでどのような教育内容を重視することが適切か，①言語能力，情報活用能力，問題発見・解決能力といった学習の基盤となる資質・能力や，②主権者教育，消費者教育，食育，防災教育など現代的な諸課題に対応して求められる資質・能力を，教科等横断の視点に立って育むにあたってどの教育内容をいかに組み合わせることが効果的かといった視点で教育内容を関連づけることも求められており，これらは探究的な学びの持続的な発展の基盤そのものである。

　第四は，持続可能な探究的な学びにとって，その成果の評価の確立はきわめて重要なことである。探究的な学びの充実にとっての最大の隘路の1つは，たとえば，歴史教科書の脚注をそれだけ覚えたかで合否が決まるような首都圏や大都市圏の伝統のある規模の大きな大学の入試とこれらの大学に何人合格させたかで高校のレピュテーションが決まる社会の雰囲気であることは論をまたない。

　したがって，探究的な学びの成果であるレポートや小論文，ディベートや討論，ポスターセッション，実演などに対する「パフォーマンス評価」の方法論を，数理科学やデータ科学，AI などの科学的な知見も活用して確立し，それが入試などにおいて活用されることは，探究的な学びの持続的な発展にとって不可欠な喫緊の課題である。そのため，前述の政策パッケージにおいて内閣府の

大型研究プロジェクト SIP を活用して，パフォーマンス評価について科学的知見も入れながら，探究的な学びの成果の評価手法を開発するとともに，思考力や表現力の評価を重視した CBT（コンピュータ・ベースド・テスティング）の導入を図ることとしている。

　その際，もとより重要なのは大学入試の改善であることはいうまでもない。二次試験に骨太な論述や記述式の問題を出す東京大学などには，すでに実施している推薦入試などをより前広に展開して，これまで東大が取り逃がしてきた国内外の異才をしっかりと受け止めることが期待されている。他方，大きな問題なのは，前述のとおり首都圏や大都市圏の伝統ある規模の大きな大学の入試が英・国・社など3科目限定で，しかも歴史教科書の脚注をどれだけ覚えたかで合否が決まるような入試を行っていることである。このような入試がなお続いているのは，このような入試手法のほうが採点が楽でコストがかからないからにほかならない。わが国は「人を選ぶ」ということについてコストをかけない国であることは間違いないが，変化も生じている。論理的思考を学ぶうえでも，見通しの立たない時代を切り拓くうえでも大事な科目の1つは数学であろう。たとえば早稲田大学政治経済学部は入学試験で数学を全員に課すことにしたし，青山学院大学も全学で入試改善に取り組んでいる。

　2021年度に生まれた子どもは過去最少の約81万人で，将来の18歳人口は今より3割減る。大学はその規模を縮小せざるを得ないなかで，文理分断，低コスト入試，パッシブラーニングの「ホワイトカラー養成所」のような大学は生き残れない。AIが「解なし」と答えたときに本領を発揮することが求められる目の前の子どもたちにとって歴史教科書の脚注を覚える学びでは，AIに絶対勝てない。求められているのは，論理的な思考力を育み，社会や民主政の構造を把握したり，物理や化学，微分・積分の考え方といったサイエンスの基礎を理解したりして，社会構造，テクノロジーやサイエンスの世界において，今の時点では想像もつかない非連続的な変化やうねりが次から次へと生じるなか，自分の頭で考えて，対話をして「納得解」を形成して次代を切り拓く力である。実際，文理分断型の大学の文系学部を出てもデジタル化で職自体が減少してい

る事務職になれず，ICT（情報通信技術）関係の仕事に就く学生も多いが，完全にミスマッチを生じている。大学教育における文理分断からの脱却は，大学政策のラストフロンティアである。

　最後は，教育は学校の専売特許であるという発想からの脱却である。

　教育界には，子どもたちへの教育は学校の専売特許であって，とくに，教育は営利企業とは相容れないという認識がなお存在している。36 年前の中曽根内閣の臨時教育審議会では，香山健一委員らが「学校の民営化，塾の合法化，選択の自由の拡大と競争メカニズムの導入」を主張したのに対し，有田一寿委員や文部省などは教育の公共性が確保できなくなると猛反発し，社会的注目を集めた。政治学者の大嶽秀夫は，この「教育の自由化論争」を「経済的自由主義」と「社会的自由主義」の相克と分析している。前者は効率を優先し，政府は余計な介入をせず個人の経済的自由を最大化し市場に委ねるべきとの主張であり，後者は公正を重視し，社会的公正のなかで個人の尊厳が尊重されるためには政府（中央政府，地方政府）の規制や財政出動が不可欠と考える。結果的には，教育への競争メカニズムの導入は格差が拡大し息苦しい社会になるとの議論が当時の社会では広く受け入れられ，「教育の個性化」という文脈で着地した。このような経緯をふまえると，企業活動と教育は相容れないという認識に理由がないとはいえないだろう。

　しかし，もとより市場がすべての社会課題を解決することができないのと同様，政府も万能ではないことには留意が必要だ。社会的自由主義が重視する社会的公正の確保には一人ひとりの子どもたちの認知の特性をふまえてその力を引き出すことが不可欠だが，そのためのきめ細かな対応はルールや形式的平等にしばられる政府では限界があるからだ。だからこそ教育の世界では，地域の住民や卒業生，福祉団体や地元企業，教育や IT 関係の企業や NPO など，市場と政府の間にあって学校を支えている広い意味でのコミュニティの役割が大きくなっている。そのなかでも，カタリバや Learning for ALL といった認定NPO 法人はもとより，LITALICO や IT・プログラミング教育を展開するライフイズテック，AI 教材の開発をリードする COMPASS など企業の存在感がか

つては比べものにならないくらい増している。コミュニティとの縦横無尽な連携のなかで，子どもたちが情報端末を使いこなして自らの認知の特性や関心に応じて学びを調整し，教師がそれを支えるといった学習環境が，子どもたちの学びにとって不可欠になっている。このような学習環境は探究的な学びの重要な土壌であり，探究的な学びの持続可能な発展にとっても教育は学校の専売特許であるという発想からの脱却が求められているゆえんである。

　探究的な学びは乗法九九や漢字のように教えたり反復学習をしたりして深化するものではないし，これまでにない新しいアイデアや行動を相互監視のなかで抑圧する雰囲気が横溢する社会にあっては探究的な学びが芽生えないことは論をまたない。学校教育において探究的な学びが持続可能な形で発展するためには，まず私たち一人ひとりが，政治や行政が，企業が，メディアが，教育関係者が，保護者が，地域社会が日々の社会生活のなかで見解の異なる他者と対話して「納得解」を共有のうえ，その実現を図り，その結果に責任をもつという明確な意思に基づいた言動をしつづけることが不可欠だと内省している次第である。

［合田 哲雄］

**[参考文献]**
井上寿一（2011）『戦前昭和の社会　1926 – 1945』講談社
木村泰子・工藤勇一・合田哲雄（2021）『学校の未来はここから始まる』教育開発研究所
工藤勇一（2018）『学校の「当たり前」をやめた。』時事通信社
合田哲雄（2019）『学習指導要領の読み方・活かし方』教育開発研究所
斎藤幸平（2020）『人新世の「資本論」』集英社
坂本旬・山脇岳志編著（2021）『メディアリテラシー　吟味思考（クリティカルシンキング）を育む』時事通信社出版局
志村ふくみ・古沢由紀子（2021）『志村ふくみ―染めと織り』求龍堂
白井俊（2020）『OECD Education2030 プロジェクトが描く教育の未来』ミネルヴァ書房
城山三郎（1978）『素直な戦士たち』新潮社
辻村哲夫・中西茂（2020）『もう一度考えたい「ゆとり教育」の意義』悠光堂

筒井清忠（2018）『戦前日本のポピュリズム　日米戦争への道』中央公論新社
奈須正裕（2017）『「資質・能力」と学びのメカニズム』東洋館出版社
西山圭太（2021）『DX の思考法』文藝春秋
灰谷健次郎（1974）『兎の眼』理論社（1998：角川文庫）
牧野邦昭（2018）『経済学者たちの日米開戦』新潮社

# 第3章

# 社会変容と探究モードへの挑戦

　この章では，社会の変容に応じて教育が変わることの重要性を大前提として，これからの社会を生きる一人ひとりの人間に人生の充足と，社会の持続的発展のために必要な資質・能力像，そしてそれを支えるこれからの教育に求められる姿について提言していく。

　ここでは，すべての子どもたちが「自律」と「探究」の基礎力を身につけることを最上位目標におく形で，経産省「学びの自律化・個別最適化」や「学びの探究化・STEAM化（スティーム）」といったコンセプトで進めてきた「未来の教室」プロジェクト，さらに2019年より文科省等関係省庁とともに推進してきた「GIGAスクール構想（ギガ）」といった施策群と関係づけながら，「探究モード」の意味や価値，整備すべき必要な社会基盤について考えていく。

## 1　「社会変容」と「自画像の歪み」

### （1）客観的な数字が表す「世界のなかの日本」

　現代はVUCA（変動性，不確実性，複雑性，曖昧性の高い社会）の時代と言われて久しいが，たしかに私たちは大きな変化のなかにいる当事者である。

　たとえば，現実の経済や産業というものは，古典的な経済理論が想定したような「資本と労働力の関数」で表せるブラックボックスではなく，「そこに関与する生身の個人の知恵や組織力の結晶」である。それゆえ各国の経済や産業の実力を表す経済指標は，その国の人材がつくり出す組織の実力を表し，そこには子どもが大人になるまでに生じる一定のタイムラグはあれども，「その国の教育の成果と課題」が映し出されるものだと考えるべきであろう。

① 一人当たり国民所得の低い日本─「もはや豊かでもない」社会

現時点（2021年度）では日本は引き続き GDP（国内総生産）では世界第3位の経済大国だが、「一人当たり国民所得（付加価値額）」を購買力平価ベースで国際比較すると、そこには「もはや豊かでもない」日本の実像が浮かび上がる。

OECD 統計をベースに日本生産性本部が作成した資料によれば、2019年の日本の一人当たり労働生産性（就業者一人当たり付加価値額）は8万1183ドル（824万円）。名目ベースでは前年を3.4％上回ったが、順位でみると OECD 加盟37か国中26位であり、2019年は1970年以降で最も低い水準となった。就業者一人当たりの付加価値額が小さいということは、それだけ国民一人当たりの所得が小さいことを意味している（ここではコロナ禍の影響を除去する趣旨で2019年の数字を使用している）。

この労働生産性は、総付加価値額を総労働投入量で除する計算式で求められるが、今の私たちは「日本では思うように付加価値を生み出せなくなった（分子が小さいという問題）」ことと、「日本では同じ結果を残すのに労力をかけすぎている（分母が大きいという問題）」ことの両方に対処する必要がある状態であり、これは相当に大きな社会課題といえる。この問題の解決に向けては、背景にある教育の課題にもアプローチする必要があると思われる。

② 消えた日本 ─世界の「企業の時価総額ランキング」の変遷

世界の企業の時価総額ランキング（表3-1）によれば、「平成最初の年」1989年時点では日本の日本電信電話（現 NTT）が群を抜いて世界トップで上位5社を日本企業が独占し、計32社もの日本企業が上位50位内にランクインしていた。しかもその32社の日本企業のうち17社が都市銀行などの金融機関であったこと自体も、バブル経済最終盤のころの日本を象徴する、また現在の世界の金融市場とはまったく異なる光景である。

いっぽうで、元号が令和に変わらんとする「平成最後の年」2019年時点の世界時価総額ランキングの上位は米 GAFA（Google, Apple, Facebook, Amazon）が大部分を占める結果となった。「デジタル」をキーワードにしたグローバルを含む IT 企業と中国 IT 企業な競争のなか、日本企業で上位50位内に残った

表 3-1　世界の企業の時価総額ランキング上位 10 社

| 順位 | 1989 年 | | | | 2019 年 | | | |
|---|---|---|---|---|---|---|---|---|
| | 企業名 | 億ドル | 業種 | 国名 | 企業名 | 億ドル | 業種 | 国名 |
| 1 | 日本電信電話 | 1838.6 | IT-通信 | 日本 | Apple | 9644.2 | IT-通信 | アメリカ |
| 2 | 日本興業銀行 | 715.9 | 金融 | 日本 | Microsoft | 9495.1 | IT-通信 | アメリカ |
| 3 | 住友銀行 | 695.9 | 金融 | 日本 | Amazon.com | 9286.6 | サービス | アメリカ |
| 4 | 富士銀行 | 670.8 | 金融 | 日本 | Alphbet | 8115.3 | IT-通信 | アメリカ |
| 5 | 第一勧業銀行 | 660.9 | 金融 | 日本 | Royal Dutch Shell | 5368.5 | エネルギー | オランダ |
| 6 | IBM | 646.5 | IT-通信 | アメリカ | Berkshire Hathaway | 5150.1 | 金融 | アメリカ |
| 7 | 三菱銀行 | 592.7 | 金融 | 日本 | Alibaba Group Holding | 4805.4 | IT-通信 | 中国 |
| 8 | Exxon | 549.2 | エネルギー | アメリカ | Tensent Holdings | 4755.1 | IT-通信 | 中国 |
| 9 | 東京電力 | 544.6 | エネルギー | 日本 | Facebook | 4360.8 | IT-通信 | アメリカ |
| 10 | Royal Dutch Shell | 543.6 | エネルギー | イギリス | JPMorgan Chase | 3685.2 | 金融 | アメリカ |

出所：STARTUP DB（2022）「2022 年世界時価総額ランキング」http://www.forstartups.com/news/sekaizikasougakurankingu2022

のは 43 位のトヨタ自動車（時価総額 1787.6 億ドル）の 1 社のみという結果となった。

　世界中で D X （デジタル・トランスフォーメーション）という名の経済と社会の構造変革が進む時代に，世界中から若い才能を集め，彼ら彼女らに魅力的な研究環境やベンチャー事業創出環境の提供と巨額の投資を惜しまないアメリカ社会の創造性はとどまるところを知らない。さらに中国の台頭が明白なものであり，さらに，このランキングには登場しないがひたひたと迫るインドの発展も，世界の勢力図を大きく変えはじめている。

　このように，未来社会を生きる日本の子どもたちが生きる世界の「ゲームの構造」はもはや大きく変わったのである。そして，そこでは個人としての「主体性」，人種・国籍・宗教などさまざまな背景をもつ相手を理解して共に納得解を導き出すための「対話力」，そのために通説や常識を疑い，問いつづけていく「深い探究力」が求められる。

　まさに，現行の学習指導要領が求める「主体的・対話的で深い学び」が何より必要となる世界に，子ども達は飛び出していくことになる。それはグローバル市場で戦う一部のビジネス・エリートの話ではなく，離島や山間部に生まれ

てそこで生きていく子どもたちであっても，稼ぎを生み出していくためには同様にグローバルな市場につながり，世界の顧客に向けて価値を発信しつづけることが必要になるという前提の共有も必要となろう。

　私たちは，20世紀の工業化社会における「戦後日本の高度経済成長」「昭和の産業構造・社会構造」の成功体験のイメージを引きずり，そこにある種のノスタルジーを感じつづけたいという願望がもたらす「自画像の歪み」を自らただすところから始める必要がないだろうか。同時に，その成功を支えてきた教育についても，本質的な問い直しが求められていると思われる。

### ③　当事者意識なき日本 —日本財団「18歳意識調査」の衝撃

　日本財団が2019年に実施した「18歳意識調査」における「国や社会に対する意識」の国際比較で，インド，インドネシア，韓国，ベトナム，中国，イギリス，アメリカ，ドイツ，そして日本の17〜19歳，各1000人ずつを対象に問うた調査の結果は衝撃的であった。日本人の回答者のうち「自分で国や社会を変えられると思う」と答えた割合は5人に1人と最下位であり，日本の次に低い韓国と比べてもその割合は半分以下と大きく引き離されていた。さらに，そもそも自分のことを「責任ある社会の一員」だと考える日本の若者は約30〜40％と，他国の3分の1から2分の1近い割合にとどまっていた（表3-2）。

　日本社会は，1990年代以降，自国のさまざまな社会課題を前に「立ちすくむ」状態，つまり自分たちの課題を自分たちで正確に認識し，適切な手を打つことができない状態が長く続いてしまった。そして日本企業も世界をアッと言わせるようなイノベーションをなかなか生み出せなくなった。教育を通じて子どものころから「社会を創る当事者意識」をうまく涵養できなかったことのツケが，社会全体にボディブローのように効いているように思えてならない。

　筆者は，2001年に経産省に入省してから20余年，日本の企業やNPO，他省庁や地方自治体の関係者とたくさんのプロジェクトを進めてきた。それぞれの組織のエリートとされる関係者でも，所属する組織のあり方や前例・慣習・制度を，自力では変えられない所与の前提であると思いこむ傾向が感じられた。仮に「おかしい」と感じていたとしても，決してそのことを口には出さず，会

表3-2　自分では国や社会を変えられないと思っている日本の18歳

| | 自分を大人だと思う | 自分は責任がある社会の一員だと思う | 将来の夢を持っている | 自分で国や社会を変えられると思う | 自分の国に解決したい社会議題がある | 社会議題について、家族や友人など周りの人と積極的に議論している |
|---|---|---|---|---|---|---|
| 日本 | 29.1% | 44.8% | 60.1% | 18.3% | 46.4% | 27.2% |
| インド | 84.1% | 92.0% | 95.8% | 83.4% | 89.1% | 83.8% |
| インドネシア | 79.4% | 88.0% | 97.0% | 68.2% | 74.6% | 79.1% |
| 韓国 | 49.1% | 74.6% | 82.2% | 39.6% | 71.6% | 55.0% |
| ベトナム | 65.3% | 84.8% | 92.4% | 47.6% | 75.5% | 75.3% |
| 中国 | 89.9% | 96.5% | 96.0% | 65.6% | 73.4% | 87.7% |
| イギリス | 82.2% | 89.8% | 91.1% | 50.7% | 78.0% | 74.5% |
| アメリカ | 78.1% | 88.6% | 93.7% | 65.7% | 79.4% | 68.4% |
| ドイツ | 82.6% | 83.4% | 92.4% | 45.9% | 66.2% | 73.1% |

出所：日本財団（2019）「18歳意識調査『第20回―社会や国に対する意識調査』要約版」

議の場でも強く促されてもなかなか意見は口にせず，序列や横並びを非常に気にする人も目立った気がする。社会や組織のなかの同調圧力が「周りと違うことをして目立ちたくない」という気持ちに追いこむ面があるのかもしれない。

　一見畑違いのトップ・スポーツの世界でも，似たことが起きていたようである。2019年度ラグビーW杯日本大会で初の8強入りを果たした日本代表チームの手記やインタビューを読むと，当初は選手一人ひとりの「主体性とリーダーシップ」に課題をかかえていたようである。コーチ陣からの強い指示に従うことに慣れた選手たちとの間の葛藤が垣間見える。ヘッドコーチのジェイミー・ジョセフは次のように指摘する。

> 　日本人は協調性が高く，命じられたことは最高水準の仕事で答える。ただし，完璧主義が高じて，失敗を恐れるがあまり，チャレンジしない。慎重すぎるのだ。それに咄嗟の対応力に欠けるし，命じられたこと以外は，なかなか動こうとしない。そして，自分の意見を主張することを極端に恐れる。
> （生島淳「桜の真実2019」『Number』Feb 2020）

　それもそのはずで，日本社会の「母体」ともいえる日本の学校教育現場では「一人ひとりが主体的に判断して行動する」「各人が異なる意見を堂々と述べ，

合意形成をする」訓練の機会が圧倒的に不足している。そうした空間で育つ人が多数派を占める日本の組織が，どこも同じように「当事者意識」という点に大きな弱点をかかえるのはごく自然な結果である。

　だからこそ，近代と現代では育むべき資質・能力がかなり違えど，明治時代に始まった日本の近代学校制度が育てた人材が近代工業化社会での日本の繁栄や安定した社会秩序を支えたように，再び学校が「最強のゲーム・チェンジャー」としての役割を果たせる環境をつくる必要はないだろうか。現行の学習指導要領が謳う「主体的・対話的で深い学び」を実現できる「未来の教室」に生まれ変わった学校で育つ子どもたちが，「社会を創る当事者意識」が育まれた状態で社会の限界を伸びやかに突き破る「仲間」として加わってくれるのであれば，それまでの教育投資は，社会に再び繁栄をもたらす回収可能な投資になるはずである。

## (2) ゲーム・チェンジャーとしての「探究モード」の学び

　戦後の日本型学校教育は 20 世紀の工業化社会にフィットした能力開発システムであった。それが得意としたのは「常識があり，組織の規範や指示に従い，与えられた役割をミスなく果たせる力の構築」といった，工業化社会のモードに適合した能力を開発することにあった。まさに，戦後の高度経済成長期のころの社会構造と産業構造にフィットした教育が存在したがゆえに，日本の産業は 1990 年代までは世界的な存在感を保ち，日本社会全体としても一定の豊かさも手にすることができたのではないだろうか。

　その一方，この社会は「全体」の標準に合わない規格外の「個」に対して冷淡な側面もあり，「個性は大事」といいながら，空気を読んで主張を抑え，規律に従うことを美徳としがちな面は今も続いている。

　しかし時は 2020 年代。世界のビジネス・政治・行政における価値創造のやり方は激変し，いま「日本育ちの人が集まる組織」の多くはことごとく大きな曲がり角に立たされている。日本社会のかつての長所の多くがすっかり短所に変わりもするなか，その人材育成の母体といえる日本型学校教育も，多くの企業

組織や行政組織同様，大きく生まれ変わるべき時期を迎えている。

　たとえば「課題の本質はこれだ」という見極める抽象化の思考や，データや記録を眺めながら「このやり方を続けていて，本当に目的地にたどり着けるのか」と当初の仮説を叩き続ける批判的・論理的な思考，そして「発散と収束の繰り返し」で組織や業界の壁を超えてアイデアを生み出すアジャイル（機敏）で双発的なコミュニケーションができることの重要性はどんどん高まっている。

　いっぽうで，私たちが学校で鍛えられてきた「和を乱さず」「中学生・高校生らしく」「みんな仲よく」「我慢する」「自力でがんばる」という姿勢は，気づけば日本中の組織や個人の潜在力を削り，社会や人生を窮地に追い込みもする。そうした「一人ひとり違う個」を画一的な環境にはめ込むのではなく，「一人ひとり違う価値」を生み出せる環境の創出に力を注ぐべき時期だといえよう。

　今こそ，教育は未来を決定づける「最強のゲーム・チェンジャー」「社会の前衛」だと考え，社会全体で教育投資に力を注ぎ直す必要はないだろうか。その鍵を握るのが，2017 年改訂の学習指導要領で色濃く出てきた「探究」の重視，つまり学校教育の「探究モードの学び」への転換だといえる。

## 2　「探究モード」の学びへの挑戦

### (1) 政策立案という「探究モード」—経産省における政策立案経験から

　筆者は経産省に入省後，20 年にわたりさまざまな分野の政策立案と実現の過程に関与してきた。振り返ると，その過程で，初等中等教育でも高等教育でも経験でもなかった学習スタイルを手にしたと感じている。

　2〜3 年程度のサイクルで人事異動を繰り返すなか，毎度着任後の短い時間で「偶然に担当することとなった，初見の社会課題の本質」に迫り，その解決策のオプションを可能なかぎり並べ，その組み合わせをする試行錯誤の繰り返しであった。それは自分なりの「探究モード」の学習を見いだすプロセスだった。

　ここでは，筆者自身の中央省庁での政策業務の過程で，子どものころには学ぶ意義すらもわからないまま「受験のため」だと割り切って学んでいた教科に

「再会」した経験などを振り返り，「だから，つまらなくても歯を食いしばって勉強するべきなんだ」という現状肯定の論ではなく，「だから，楽しく学べる工夫の余地はまだまだあるはずなんだ」という前向きな「探究モード」を多くの子どもたちに届ける教育政策を考える議論の入口としたい。

① 石油産業政策と「化学・物理・地学」

筆者は，2012 年から 4 年ほど資源エネルギー庁で石油や天然ガスなどの資源・燃料政策を担当していたころ，困った事態に見舞われた。筆者は高校時代に化学や物理や地学といった教科にはまったく興味や関心をもてず，そもそも文系進学希望であったこともあり，これらの教科をほとんど勉強しておらず，まったくの無知だったのだ。そんな筆者が取り組んだテーマは 2 つあった。

1 つは「韓国やシンガポールに比べて生産性の低い日本の製油所が，石油化学や発電の機能をもつ新しいコンビナートに生まれ変わる事業再編の促進策」，もう 1 つは「東日本大震災の反省をふまえて首都直下地震・南海トラフ地震級の事態が起きたときに備えて災害時のエネルギー復旧体制を準備すること」であった。

しかし，高校レベルの物理や化学や地学の基礎知識すらないなかでは，石油コンビナートの現地視察に行っても，製油所や化学工場の個々の設備のなかの化学反応をまったくイメージできない。技術的会話の内容がまったくわからず説明を聞きながら寝てしまいそうになる。また，地震による液状化という現象の理解や，対策工事の効果やそれを支える原理もよくわからない。ここはもう覚悟を決めて，高校の化学や物理や地学の教科書から勉強する以外に道はなく，石油会社を引退したエンジニアや土木学会に所属する大学教授らを頼り，「先生役」をお願いして短期集中で学んだ記憶がある。

高校時代はただ退屈だった化学や物理，地学も，この「リアルな社会課題」を解くための基礎知識だと思って学んでみると意外に楽しく，必要な知識が不思議なくらい次々と頭に吸収されていった。石油精製装置のなかでの反応を化学式で理解し，「たとえば千葉県の京葉臨海コンビナートで，どの会社のどの設備を共有して，どの会社のどの設備は廃棄すべきなのか，そのためにどことど

こをパイプラインでつなぐべきか，その投資の採算は合うのか」など計算のイメージがつくようになる。最終的には隣接する2つの石油会社の2つの製油所をパイプラインでつないで合同会社に統合し，一部の設備を廃棄して，周辺の化学工場との連携も視野に入れたプラント再編プロジェクトが生まれるお手伝いにつながった。

　また未曾有の巨大地震が発生した際のコンビナートにおける液状化リスクをどのような手法で予測し，供給回復目標をどのように設定し，その目標に官民で合意をし，どの程度の分担割合で巨大投資を行うかについての合意も進めた。そうした仕事の裏側にあった自分自身の学びの経験は，筆者がことさらに「学びの探究化・STEAM化」を子どもたちに届けることにこだわってきたことの背景にある。

　② 激甚災害対応と「算数・理科・特別活動」

　また，筆者は過去何度も経験した災害対応業務を通じて，子ども時代に自然に身につけるべき基礎的な科学リテラシーや合意形成スキルの課題を切実に痛感させられた。日本では，毎年のように大きな災害が発生する。経産省ではそのたび大量の職員を被災地の県庁や市役所に長期派遣し，エネルギーや生活物資供給の復旧を支援する。筆者は今も，そうした緊急事態要員の一人である。

　こうした被災地の現場では毎度「日本社会の弱点」が浮き彫りになる。一番の課題は，自治体組織が部局の縦割りを越えてアジャイル（機敏）に課題解決をする習慣の不足である。災害という緊急事態には，平時とは異なる特例的な判断を考える動きが必要な場面が無数に生じる。しかし部局を越えた会話をする経験も，職階を飛び越えてスピード重視で判断を進める経験も，そもそも「自分たちのルールを自分たちで対話して作ること」にも不慣れな自治体の現場では，こうした判断がむずかしい場合も多い。

　しかし，だからこそ，災害対応現場の現実は，私たちに子どものころからの「探究モードの学び」の必要性を訴えかけてくるのだ。たとえば，2019年10月の台風災害のときに，ある被災地に派遣されたとき，住民たちは避難所に指定された2つの体育館に集まり，床に雑魚寝をした状態で避難生活を送っていた。

**写真 3-1　災害時の「避難所設営・運営」も STEAM 学習**　災害対応の前（左）と後（右）

　あなたが仮にこの町の役所の職員だとして「君に現場管理を任せる」と命じられたら，まず何を考える必要があるだろうか。

　その雑然とした風景には，重大なリスクが潜んでいる。あなたに前提知識がなかったとしても，この現場におかれたときに「習ってないから，わかりません」と答えるわけにはいかない。あなたが防災の専門家でなくても，手元のスマホで「避難所　雑魚寝　リスク」と目の前の様子をキーワードにして検索すれば，たくさんの記事やコラムが出てくるはずである。数本の記事を斜め読みすれば，こうした場面では「エコノミークラス症候群」や「低体温症」の予防が必要であり，諸悪の根源は「床の上で寝ること」であること，それによって体温が奪われ，ベッドで寝るときよりも血栓が発生しやすい状態になることを避けるべきだということは見当がつくはずだ。それを近くにいる医療ボランティアの医師に尋ねれば「そのとおりです」と即答してくれるはずである。

　しかし，現実の避難所の現場では，次のような事態がよく発生する。このとき，私たち政府派遣隊は「床に雑魚寝」の状態を一日も早く解消するために 200 個の段ボールベッドをすでに調達しており，そのうち最初の 100 個が発注の 2 日後には避難所に届いていた。しかし「全員分が揃っていない以上，平等じゃないから配れない」「この狭い体育館で，今更段ボールベッドなんて入れられない」など，いろいろな理由で配備が進められなかったのだ。

　避難民に「命のリスク」を説明して皆で片付けさえすれば，実際にはベッド

が入る十分なスペースがあることは「面積の計算」を紙上で行えばすぐわかることである。しかし，生死を分ける可能性がある問題を放置して「避難者が混乱する」「居住面積の取り合いが始まるからやめよう」「どっちにせよ全員分が揃うまでは配れない」という意見と対峙することになる。

　これが，日本の被災地の避難所でよく発生する「リアル」である。そもそも段ボールベッドをどう配置するかは単なる算数（図形）の計算問題である。そして避難者間の平等性が気になるなら高齢者や妊婦などに配慮し，「段ボールベッドの配布の優先順位」を考えて説明して合意を得ればいい話である。つまり足りなかったのは初歩的な算数（図形）と国語（論理）と特別活動（学級会）で「培われたはずの資質・能力」だったのだ。

　また，この体育館では数台のジェットヒーターが稼働していたが，「夜が寒くて眠れない」という避難者の声が出た。しかしこの建物の構造では，暖まって上に行った空気はすぐ外気に冷やされ，またヒーターをこれ以上焚いたら床に雑魚寝の避難者が下に溜まる二酸化炭素をたくさん吸って体調不良になるかもしれない。こんなときは課題を抽象化して，「建物全体を温めることを諦めて，人を直接温めてはどうか」と発想を変えてもよいはずであり，「まずは段ボールベッドを置いて毛布と電気毛布を組み合わせて人を直接温めてはどうか，そのときに電力はどれだけ必要か，その確保は可能か，この体育館の契約 Kw 数はどの程度か，配電盤の工事は直ちにできるかを電力会社と話そう」という会話を成立させる必要がある。しかし現場では，そんな会話はなかなか始まらない。ここで不足していたのも，初歩的な中学理科（物理と化学と生物）と国語（論理）と特別活動（学級会）で「培われるはずの資質・能力」である。

　こうした局面で求められるのは，まず「素人なりに，ネット情報検索を使いながら仮説を立てて，それをもとに専門家からアドバイスを引き出す力」である。そして混乱のなかでとりあえずの「暫定解」を出し，間違っていれば躊躇なくそれを捨てて，「次の暫定解」に飛び移るアジャイルな修正力である。

　災害に直面するたびに感じるのは，小学生や中学生のころから子どもたちに身近な生活課題の解決にチャレンジする機会を与えて，そこで論理的・科学的

思考や，必要な教科知識をどんどん実践的に手に入れられる環境をつくる重要性である。子どもたちに必要なのは，教科書に書かれた知識の正誤をテストで間違いなく回答することだけではなく，「生死を分ける経験」を想定して問題解決の手法を考えていくなかで，枝葉末節の知識ではなく「生きるうえでの必ず押さえるべき基礎知識」を着実に身につけることであろう。そして，そうして獲得された「生きた知識」は，記憶としても定着するのではないだろうか（この筆者の避難所体験を背景にして，STEAM ライブラリー（後述コラム）には災害をテーマにした STEAM 学習コンテンツを作成して公開中である）。


## (2) 日本における「探究モードの学校」

　筆者は，こうした政策現場に身をおくようになって以来，自分のなかで湧き上がる「探究モード」を楽しむ一方で，長年経験した学校教育の課題も同時に強く感じるようになった。そのことが，そもそも経産省のなかで教育産業室を発足させ，「未来の教室」プロジェクトの推進や，文科省などの関係省庁と協力しての「GIGA スクール構想」の企画に向かわせた動機になった。

　「今の自分でも楽しいと思える教育は，今の日本に存在するのか」。まず，この問いをかかえてさまざまな学校を訪問したり，文献調査をするところから，経産省教育産業室における政策企画は始まった。ここでは，そのなかからいくつかの事例を紹介したい。

### ①　広尾学園中学高等学校医進・サイエンスコース

　2017 年夏，経産省サービス政策課に「教育産業室」が発足する直前，筆者は東京の広尾学園中学校・高等学校の医進・サイエンス（以下，医サイ）コースを訪れた。それが，その後「未来の教室」プロジェクトの企画・運営でご一緒することになる医サイ育ての親，統括長である木村健太教諭との運命的な出会いであった。

　今でこそ広尾学園中高は入試の偏差値でも都内上位の，進学先も欧米・アジアの一流大学から東大・京大・医大・早慶など多岐にわたる進学校だが，2007 年ごろには前身の学校が経営難に陥り，そこから新たに生まれ変わった学校で

ある。なかでも医サイは中高6年間で医師や研究者として必要なマインドを育成すべく，授業・研究活動，そして中高大・産学連携の3本柱に据える特色のあるコースである。

　この学校では生徒たちは1人1台のタブレットPC（Chromebook）をもち，自在に調べ，文章や図表や映像で表現をし，知識を共有し，学ぶ環境にある。しかし注目すべきは，「中高生がここまでやるか」と驚愕するほかない，この学校の「研究活動」である。

　これら3つのテーマは，最近の「偏差値がとても高い」広尾学園に入学してきた生徒たちが取り組んだ研究テーマの一例である。

■ハダカデバネズミの高分子量ヒアルロン酸を用いたがん細胞の増殖抑制
■モーション最適化理論の構築に向けた二次元投球モーションの筋負担解析
■現象数理学的に考えるCOVID-19における接触を減らすことの意義

　いっぽう，次の3つは，まだ学校再建期の「まだ偏差値は高くなかった」頃に広尾学園へ入学してきた生徒たちが手がけた研究テーマの一例である。。

■老化の進んだ細胞からのiPS細胞作製効率亢進へのアプローチ
■プラナリアのTERTタンパク質の発現パターン解析と寿命獲得メカニズムの解明
■光触媒反応を利用した廃水処理過程における発電および水素発生システムの高効率化

　しかし，これら2つの群の取り組んだ研究テーマには，偏差値レベルに現れるような差はまったく感じられない。

　木村教諭が強調するのは「要するに入学時の偏差値と入学後の研究力など関係ないということです。医サイの話を聞いて『それは偏差値高い子の話だ』とかいう人は間違いで，ワクワクできたら子どもたちは夢中にもなれるんですよ」ということだ。このコースの先生たちは大学や研究機関の医師や研究者に協力を求め，生徒が研究に没頭する環境づくりを手伝う。外部の知恵を学内のリソースとの「組み合わせ」でフル活用する一方，先生自身も自分の研究を楽

しむ。たしかにそうでなければ生徒の探究学習のサポートなどできるはずもない。

このコースの生徒たちは「研究とは，世界でまだ誰も解けていない問いに答えを出すこと，だからまず先行研究に当たる必要がある」という研究の基本を中高時代から徹底的に鍛えられる。だからこそ研究者の卵とし

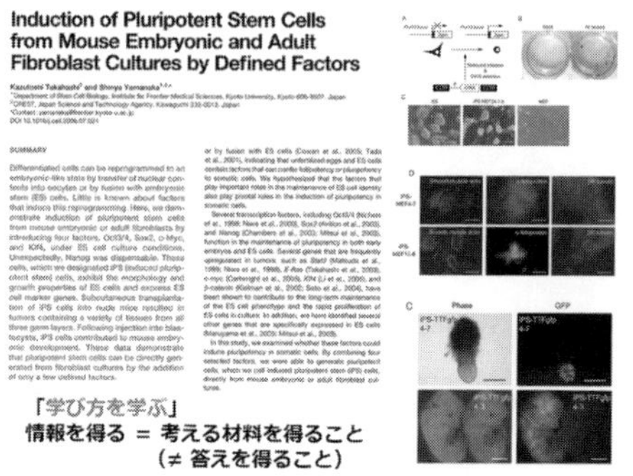

写真3-2　iPS細胞の山中論文から始まる「生物」「英語」の道

ての力が問われる東大や京大の推薦入試にも，海外有名大学の選抜にも合格していくのだろう。

そして，世界レベルの先行研究を理解しようにも，海外の研究者に自分の研究を相談しようにも英語が必要になる現実を早々に感じた生徒たちは，必要に駆られて英語の学習をがんばるようになる。また，研究の最先端を知るには，まず基礎の理論を押さえる必要があり，体系的に整理された教科書の価値を感じて「先生，教科書ってすごいですよ！」と叫んだ生徒もいたという。

つまり世界を動かすようなホンモノの研究テーマに触れ，それを理解して自分で乗り越えたいから基礎を学ぶ必要を感じ，基礎を体系立てて整理した教科書の価値を理解するなかで，教科書の知識も「文脈のある知識」として吸収される。それは私たちが中高時代に経験したような，意味はわからずとも基礎をコツコツ積み上げる勉強ではなく，こうして「いきなりホンモノの課題に向き合う」経験があって，基礎の大切さを知って基礎づくりを主体的にがんばるようになる学習，これが「未来の教室」のめざすべき姿ではないかと思う。ここで多くの人たちが気になるのが，「マニアックな研究に没頭していて，それは受験勉強にも効くのか」という点であろう。木村教諭の答えはここでも明快である。

当然です。1つの研究を掘り下げる学術の力は，どの学問領域にも「転移可能な力」です。マニアックに研究を深めていくと，近い学問領域にも興味が湧いてきます。そして生徒たちには「有名大学に行きたい」ではない、「この研究をやりに，あの大学のあの先生の下で学びたい」というまともな動機が生まれる。だから進学希望先に受験勉強が必要なら，それも本気でやるようになるので、研究を深めていくことは、進学実績にも自然とつながるわけです。

　この医サイコースでの研究活動の姿を見ながら議論するなかで浮かび上がってきたのが，「一人ひとり違う『ワクワク』が，それぞれの『創る』と『知る』を循環させる学び」という大切なコンセプトであった (図3-1)。これが、「未来の教室」プロジェクトを貫く大事なコンセプトになった。

②　長野県伊那市立伊那小学校

　つぎは，南アルプスの麓の町，長野県伊那市にある伊那小学校を取り上げる。

　1990年代に小中学校で「総合的な学習の時間」が始まったころ，そのはるか昔から「筋金入りの総合学習」を続けてきたこの小学校に注目が集まった。筆者はこの伊那小や信州大学教育学部附属長野小学校など，いわゆる大正自由教育に源流をもち，日常生活のなかの「経験」と「教科」の融合が続くこの信州地域の学校をたびたび訪問した。

　まず驚かされたのは，そこには45分刻みの時間割とチャイムがないこと。

毎日の学校生活はさまざまな生活課題に取り組むプロジェクト型学習（以下，PBL）が中心で，算数や理科や社会などの教科単元の内容は，プロジェクト遂行上の必要に駆られて随時織り込まれる。この学校で一日中・一年中行われる，動物の飼育や繁殖，食物の栽培や加工や調理，材木を使った小屋づくりなどをベースにした知的でダイナミックな学習で

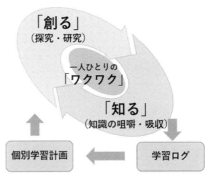

図 3-1　「創る」と「知る」が循環する自律的で個別最適な学びへ

は，算数・国語・理科・社会など教科は「文脈のない知識」ではなく，毎日のプロジェクトを進めるうえでの必要性という文脈を伴って子どもたちの前に登場する。

　PBLでのアウトプットと教科知識のインプットが往還するので，縦割りの教科知識がヨコにつながる感覚や，知識を自力でたぐり寄せていく学びが経験でき，学習指導要領の求める知識・技能や思考力・判断力などが身につく。先生たちは日々の子どもたちの発見やつぶやきを拾い，それを知的に深めたり広げたりするために毎日の授業計画を見直しつづける。そうして「経験」が教科書の知識に生命を吹き込み，「文脈のある知恵」として子どもの頭に吸収され，行動の工夫につながる。前述の広尾学園の医サイコースの「研究活動」と同じ構造である。

　この伊那小のある一日を覗いてみよう。野菜を育てるクラス，醤油や味噌をつくるクラス，動物を繁殖させて飼育するクラスなど，日常生活の課題解決のプロジェクトを軸に毎日の学習は進む。1つのPBLを3年間継続して行い，卒業生に聞くと，同時に複数のPBLを進行させることもあったそうである。

　たとえば，3年生の「もやし」のクラスでは，写真3-3左のように床一面に大量のプランターが並び，壁一面にグラフや観察記録が貼られていた。「去年のバザーでの大量生産の失敗をふまえて，今年はどう改善するか」を考え，もやしの成長を日々計測し，グラフ化し，プランターごとに肥料の配合を変える対照実験もする。プロジェクトの合間に，必要な算数や理科の知識もインプットされ，日々の「シゴト」としてアウトプットされていく。

　ヤギの小屋を建てるときには，写真3-3右にあるように「今見た事実」「その問題点」「直す場所」「どう直すか」について，抽象化の思考や批判的・論理的な思考を繰り返してシゴトをつくる。子どもたちは力学の基礎も押さえながら，有効な声がけをして，成果物のイメージを確認しあいながら，「これでダメなら，次はこうしよう」と行動についてさまざまな選択肢を繰り出していく。

　また，「ヤギは親子を離して育てないと繁殖が始まらないよ」という獣医さんからのアドバイスで校庭のヤギ小屋にフェンスを自作して親子を隔離したそう

写真 3-3　伊那小の「生活経験と教科の融合」

である。すると一人の子が「夜に様子を見にきたら，ヤギの親子がフェンス越しに体を寄せあって寂しそうだったんだ」と話を始めた。この発言はとてもよい問題提起だったが，日常のヤギの生態を観察しつづけた子どもたちは「ヤギの親子関係を人間の親子関係を同じに考えて感情移入するのは間違いかもしれない」という冷静な判断に至り，隔離フェンスを維持することにしていた。低学年とは思えない非常に知的な会話には驚かされる。

③　イエナプランスクール

　欧州育ちの「イエナプラン教育」からも影響を受けた学校が，2019 年に長野県佐久穂町に開校したイエナプランスクールの茂来学園大日向小学校のほか，この教育手法に影響を受けた福山市立常石小学校（現 常石ともに学園）など公立・私立問わず「一条校」のなかで始まっている。図 3-2 は大日向小学校のウェブサイトに公開されているこの学校の時間割である。こうして，午前は 2 つのブロックアワーのかたまり，午後はワールドオリエンテーションの時間となっている。大日向小学校は日本の学校教育法に基づく一条校であり，つまり日本のどこの学校でも実行できる「未来の教室」の姿である。

　イエナプラン教育では，教室を「リビングルーム」として捉える。そして「ワールドオリエンテーション」という教科横断型の協働学習と，「ブロックアワー」という自己調整型の個別学習により，子どもたちは自分が必要な学びを学んでいく。「ブロックアワー」では，グループリーダー（教師の呼称）が，1 週間

を基本単位として，各教科の基礎的・基本的な学習や，ワールドオリエンテーションに必要な内容についての課題を設定する。子どもたちは「しなければならない課題」と「自分自身が選択した内容」について，どう学ぶかについて週ごとの個別学習計画を立てて，グループリーダー（教師）が子どもたちのタスク量の調整に関与しながら，自己調整をしながら学習を進める。わからない点は自由に歩き回って人に聞くこともできる。「ワールドオリエンテーション」は日々の学習の中心的な活動であり，学校全体で取り組むテーマに沿って，教科横断的に学習を進めるものであり，現実の社会で起こっていること（身近なことから地球規模のことまで）について協力しながら総合的に学ぶ。また，ワールドオリエンテーションのなかで生まれた問いを深める

**ある一日の日課表**

| | 内容 |
|---|---|
| 8:20 | 読書 |
| 8:35 | サークル対話 |
| 8:50 | ブロックアワー |
| 9:40 | ブロックアワー |
| 10:25 | 休憩 |
| 10:45 | 体育 |
| 11:30 | 音楽 |
| 12:20 | 給食 |
| 12:55 | 休憩 |
| 13:25 | そうじ |
| 13:45 | ワールドオリエンテーション |
| 14:30 | 催しやサークル対話 |
| 15:00 | 下校 |

図3-2　大日向小の時間割

ために，ブロックアワーでも必要な知識を得ていくという，まさに「創ると知るの循環」が成立する学びと言えよう。

### (3) 経産省「未来の教室」実証事業のめざした「探究モード」

このように，日本にも「探究モード」を実現している小中学校や高校はきわめて少数ながら存在はしている。ここで考える必要があるのは，こうした「特殊事例」を普遍化する教育政策の可能性である。

### ① 「創る」と「知る」を循環させる「4度目の正直」へ

日本の近代教育史を振り返ると，日常生活や社会事象の経験をベースにした探究学習を重視する「経験主義」と，系統だった知識の習得を重視する「教科主義」との間で二項対立が繰り返されてきた。

伊那小などを生んだ大正自由教育は広がらず，第二次世界大戦後の戦後新教育も「這い回る経験主義」と揶揄されて頓挫した。つまり「身近な生活課題を相手に行き当たりばったりで這い回るだけの経験では，知の体系が身につかない」と批判され，均質的な企業戦士と工場労働力を大量に求めた高度経済成長時代の社会からの「基礎と常識を詰め込む」要請に敗北したと言えよう。そして，それを乗り越える「3度目の正直」であった平成のいわゆる「ゆとり教育」も，強すぎた昭和の成功イナーシャ（慣性）を前に，一度の PISA テストの不振で世間に潰され，教科主義を再び強める方向へ急旋回する結果になった。

そんななか，2017 年改訂（2020 年から段階的施行）の学習指導要領の目指す姿はこの二項対立を終わらせる「4 度目の正直」だと筆者は解釈している。経産省「未来の教室」プロジェクトでも，この「経験」（＝創る）と「教科」（＝知る）の二項対立を終わらせるべく，『「創る」と「知る」が循環する学びの実現』というコンセプトを軸にして実証事業を全国で展開してきた（図 3-1）。

② 「探究モード」の実現に向けての EdTech の活用

しかし，この二項対立を終わらせるには時間や場所，そして教材や指導者・支援者の「組み合わせ」が必要となる。なぜなら，経験主義を重視した探究学習には時間と手間がかかる。そして探究テーマを深めるには専門性を有する学校外人材の協力も不可欠になるからである。そのためには，EdTech の活用が鍵を握るのではないだろうか。

まず，教科学習の基礎の構築を能率的に仕上げて探究学習に使う時間的余裕をつくるため，また探究を深めるための調査研究や文書作成をするため，さらには探究するテーマについて専門性を有する人材とのコミュニケーションをとるためにも，さまざまな EdTech が威力を発揮するはずである。

たとえば専門知識をネットで集めたり，ビデオ会議で研究者やプロフェッショナルたちにインタビューを繰り返したりできれば深い探究活動を進められる。中高生が「探究テーマ」を探すのは難儀なことだが，探究の素材やプロセスを学校の壁を越えて共有できる STEAM ライブラリー（後述コラム）のようなデジタル・プラットフォームのなかから探究の入口を見つけることもできるだろ

う。

　先述した広尾学園の医サイや伊那小，イエナプラン教育のように，経験と教科が融合する探究的な学校を「特殊事例」にとどめることなく，新しい「日本の学校の当たり前」にしていくには，そんな「4度目の正直」を起こすには，さまざまな EdTech の活用が不可欠に感じる。これは，経産省が文科省とともに GIGA スクール構想を推進する背景となった「真の問題意識」であった。

　③　学びの探究化・STEAM 化—「いいシゴトを生む」探究から始まる学びへ
　STEAM は「探究モード」の教育改革を語るうえで世界的に重視されているコンセプトである。科学技術イノベーションの創出，ビジネスにおけるアート思考・デザイン思考の重要性という文脈から産業界も重視しはじめた。S（科学）T（技術）E（エンジニアリング）M（数学）を合わせた「STEM」と「A」（Arts：人文社会・芸術・デザイン）を足し合わせた，学際的に教科横断で探究型・プロジェクト型で進める学習だといえよう。

　各教科の学びが「タテ糸の学び」だとすれば，STEAM は「ヨコ糸の学び」ではないだろうか。つまり，社会課題や生活課題を解くビジネスや政策の当事者，また表現やパフォーマンスの当事者として，課題の設定から結論まで，バラバラの知識・技能を学際的に手繰り寄せながら思考・判断や表現・創造を繰り返す学びだといえよう。

　扱うテーマとしては，個人の嗜好に応じて，身近な生活課題に応えるロボットやアプリを創るのも，前人未到の数学の証明問題を解くのも，大きな社会課題の解決を考えてみるのも，スポーツで自己ベストを叩き出すことも，何でもありうる。およそ抽象化の思考や論理的・科学的な思考を大切にして遂行されるかぎりにおいて，選ぶテーマ自体は身の回りにたくさん転がっているともいえるだろう。

　2021 年夏に発足した政府の総合科学技術イノベーション会議に教育・人材育成 WG では，探究をもとにした理科の授業を重視する国ほど生徒が科学の楽しさを感じるという調査結果が報告された（第2章第3節参照）。日本の中学生は，PISA テストでは理数科目のトップクラスにいる一方で，「理科や数学の関係す

る職業につきたい」と考えている
生徒の割合が国際平均を割ってい
る実態も紹介された。つまり，テ
ストの点数は叩き出せても「のび
しろのない学び方」を小中学生に
させてしまっているのではないか
と思われる実態を直視して，学ば
せ方を見直す必要がありそうだ。

たとえば，スポーツでの「筋ト
レ・基礎錬」は単調でつまらなく
ても真面目にやらないと選手とし

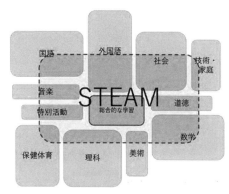

図 3-3　学びの STEAM 化　STEAM は教科の壁
を溶かし，学校を「知的創造の場」に変
える

ての成長が止まるのと同じく，「教科学習」は重要なエクササイズである。AI
型教材や MOOCs などの EdTech は，教科の基礎知識を能率よくする定着させ
る「筋トレ・基礎錬」的な学習をきっちり仕上げるうえで威力を発揮する。い
っぽうで，「探究学習」は，スポーツでいえば「対外試合・部内マッチ」にあた
る実践である。

仮に「筋トレ・基礎錬」ばかりに明け暮れていて「対外試合・部内マッチ」
の機会に乏しい部活動に入ってしまったら，日々の苦しい練習などやっていら
れない気分になるだろう。だからこそ，「対外試合・部内マッチ」のような「探
究モード」の学習機会の充実はきわめて重要になる。

ここでは，生徒の当事者意識を刺激する「探究モード」の学校づくりを追求
してきた経産省「未来の教室」実証事業のなかから，「学びの探究化・STEAM
化」プロジェクトのいくつかを以下に紹介したい。

④「体育」をSTEAM化するとスポーツ科学

多くの子どもが楽しみにしている体育の授業に数学や理科の要素を掛け合わ
せると，体育は STEAM 化された「スポーツ科学」に近づけるのではないか。
たとえば「0.1 秒速く走るために工夫して鍛える」ことも，子どもが当事者意識
をもって取り組める，「探究モード」の STEAM 学習ではないか。

そうした問題意識から，スポーツに必要なデータ分析や戦略構築，コンディショニングを通じて数学・理科などの資質・能力を自然と手に入れる実証事業を行った。普通の小中学校の現場で応用を可能にするべく，タブレットPC（iPad）で短距離走の様子を撮影し，理想的な体の動かし方との違いを比較しながら自分の走り方を矯正していけるようにSTEAM Sports Laboratory が「スポーツにおける動作解析」を1つのオンライン教材に仕立てた。

実証事業を通じて，子どもたちからは「体育と数学と理科がつながった」「何も考えずにただ走っていたけども，考えたら，速く走れた」という声が聴けた。スポーツは科学であり，分析を通じて自分と向き合う機会だということを感じられるこのプログラムは「動作解析」「身体づくり」「データ解析」などのプロ

---

**コラム** 「STEAMライブラリー」の公開

　STEAMライブラリーは，SDGsの17目標に紐づけられたさまざまな社会課題の解決や，スポーツで自己ベストを生んだり試合に勝ったりと個人的な夢の実現を進めるために進める科学的な学びを進めるための入門動画ライブラリーである。学校の教師や民間教育サービス，企業のエンジニア，大学等の研究者などの協力を集め，さまざまなテーマを題材にしたSTEAM学習プログラムの開発と，そのデジタルコンテンツ化を産学官連携で進めるとともに，同じコンテンツを用いて学ぶ子どもたちが学校間の壁を越えて協働的に学習したり，コンテンツの改良にも参画したりできるような，オンラインのSTEAMライブラリーを構築しようとしている。

　このライブラリーは，探究の教材パッケージではない。あくまで，探究のきっかけづくりをする「入口」にすぎない。2021年3月に暫定版を公開して以降，まずはGoogle，Microsoft，Apple，Adobe，ロイロノートなどの認定ティーチャーのコミュニティに所属する学校の先生たちと連携して，STEAMライブラリーの改良に向けた意見出しや，授業実践の共有も進めている。こうした先生方のクリエイティブな発想にはいつも感心させられる。こうして教育のオープンイノベーションがオンライン上で広がっている。

経産省「STEAMライブラリー」（https://steam-library.go.jp）

グラムに分かれ，短距離走のみならずサッカーなどの球技もコンテンツに含め，すべて経産省のSTEAMライブラリー上で無償公開している。

　たとえば野球でも，ピッチングをするときの身体のどこが力点で，どこが支点で，そこが作用点なのか，そうした物理を理解して体をテコのように動かしてボールに力を与えるかという科学的な視点をもつことで，非科学的なトレーニング身体を壊すこともなくなるだろう。「探究モード」を学校内にもち込むときの最大の壁の1つが「教科間の壁」であるなか，体育を軸にして，理科や数学の先生たちがそれぞれの授業時間ももち寄って「トレーニングの科学」といったコマを学校独自につくってみるなど工夫の余地はたくさんありそうだ。

　⑤調理というSTEAM ―最強教科としての「技術・家庭」

　「未来の教室」実証事業の現場には，学校でも家庭でもないオルタナティブスクールのようなサード・プレイスも含まれる。NPO法人SOMA（読み方は杣人の「そま」）と進めてきた「iDare（イデア）」プログラムの実証初年度では，子どもたちが昼食として毎日3皿の料理を作る機会を設けていたが，調理のもつSTEAM学習としての威力が感じられた。

　食材と調味料を毎日20名程度の食事を揃えるために，毎日の献立や人数の違いによって計量と四則演算を常時行う「算数」が必要になる。そして煮る，焼く，揚げるといった火を使う調理法はいずれが熱を介した反応を扱う「理科」であり，少しでも美味しい料理を作ろうと思えば，それは必然的に科学のセオリーに裏打ちされたものになることを子どもたちは理解するようになる。プロの料理人でも，どのような気候条件の日であっても毎日同じ質の料理を安定して繰り返し提供するには，科学に則った作業ルーティンを決めねばならない。

　さらに，最初はスタッフから都度指示されたとおりに，割り振られた「作業」をこなすだけだった子どもたちだったが，調理の流れを表すチャートを渡すようになると，子どもたちはそのチャート全体，つまり作業工程全体を把握して，段取りを覚えるようになった。そして周囲を見回して今自分がすべきこと，次に準備すべきことを理解し，周囲にも指示を出しながら仕事を組み立てていくようになっていった。これはプログラミング学習そのものでもあった。

技術・家庭は「主要5教科」という呼び方もされる英語・国語・数学・理科・社会などの教科に比べて軽視されることもあるが，本来の関係は「逆」であり，先に述べた体育同様，技術・家庭こそが「探究モード」の学校教育のリーダーシップをとるべき存在になるのではないだろうか。体育や技術・家庭の授業と関係する「主要5教科」の知識・技能が有機的に交わる経験は，子どもたちに楽しい「探究モード」の学びを提供する機会を与えるのではないだろうか。

⑥みんなのルールメイキング—「校則改革」というSTEAM

- ■自分の所属する組織や環境を，自分たちでデザインしつづける
- ■ルールを，その要否も含めて論理的に議論をしつづけ，変えつづける
- ■自分にとっての自由を，他者にとっての自由と調整して，納得解を得る

　この3つの資質・能力は，よい社会をつくるうえでも，自分の身を守るうえでも，欠くことのできない重要な基礎力である。こうした3本柱をイメージして認定NPO法人カタリバとの事業として進めてきた「みんなのルールメイキング」プロジェクトを紹介する。このプロジェクトでは，学校の校則を見直し「廃止・規制緩和・現状維持・規制強化」のいずれの結論でもよいので，生徒たちがこのプロセスを経験するSTEAM学習プログラムの実証事業である。

　このプロジェクトでは，生徒たちはネットで学校の先生以外の相談相手として外部の大人とつながる。たとえば会社員も起業家も哲学者も弁護士もいる。そして，プロジェクトに参加する全国の学校同士もネットでつながり，他校の様子をうかがい知ることができる状態で進められてきた。

　ここでまず大事なことは，「どんなルールにも必ず理由がある」ことへのリスペクトである。しかし「理由」たる根拠があやふやな規制は消滅させざるをえない。この「この世の中の常識」を学校に導入することになる。

　参加校のうち，原初事例を提供したのが岩手県立大槌高校である。校内の議論の末，生徒を体育館に横一列に並べて，髪が眉毛や襟にかかっていないか，眉毛をいじっていないかなどを検査する整容指導を廃止した。有志の生徒と教員で構成される「校則検討委員会」で規制緩和を次々に実現していった。

　とても印象に残ったエピソードに，髪型の「ツーブロック」を禁止するルー

ルの廃止に向けた議論がある。学校の先生たちとしては「明らかにオシャレを意識していて勉学に励む準備ができなくなる」という見解とともに,「採用活動のときにツーブロックの生徒は印象が悪くて企業に落とされるのではないか」という懸念をもっていた。ここでおもしろいのが生徒たちの行動だった。「先生の立てた“仮説”は本当だろうか」ということを地元企業にヒアリングをかけて回ったのだ。すると地元企業の回答は「そんなことはまったく気にしていない」。保護者に聞いても「生え際がスッキリしていていいし,散髪代も浮くんじゃないのか」「高校生だし髪型くらい自由でいい」との声が集まってきた。つまり生徒の調査により,先生の出した仮説は棄却されたわけであり,その時点でこの校則は合理性を失い,廃止に向かった。これは校則という小さな社会のルールを題材にした,まさに学校で扱うにふさわしい探究プロセスとはいえないだろうか。じつは,校則の監視役を務めてきた生活指導の先生たちも「地域の目を気にして」「生徒のために良かれと思って」規制を執行している場合が多い。しかし「空気」を破る科学の視点を生徒と一緒につくれたら,校則による面倒な規制で監視をする必要もない。しかし,こうしたコミュニケーションの機会がなければ,この気づきは生まれない。この事例で何より印象的だったのは「職員室の中が変わった」と思われる点だ。表3-3にあるように,先生たちの心理的安全性が同時に改善されていった姿がみてとれる。

先生のなかにも「本当はここまで厳しいことが必要なのだろうか」と本当は思っていたけども言い出せなかった人や,「職員室の中の暗黙のルールでそもそも論を問うことが憚られる」という人もいたが,プロジェクトを通じてそうした負の同調圧力が緩和され,忖度によるその増幅にもブレーキがかかり,暗黙の当たり前が崩されていく。そして職員室内での自由な発想を許され,生徒と議論ができる関係をつくる方向に全体が向かっていく。こうした結果が1年の間で生まれたわけだ。

日本の学校がみな1人1台パソコン端末のGIGAスクール環境となり,全国各地の学校のルールメイキングプロジェクトがオンラインでつながって進むようになると,生徒たちは,違う学校の異なる文化や価値観に遭遇しながら,自

表 3-3　校則改定などの高校魅力化で生じた「職員室の変化」

| 数値で見る変化 | | | | 定性の変化 | |
|---|---|---|---|---|---|
| | 初年度 | 2年目 | 差分 | 取り組み前 | ・ 本当にここまで厳しいことが必要なのだろうかと思っていたが言い出せなかった。（負の同調圧力） |
| 失敗してもよいという安全・安心な雰囲気がある | 58% | 95% | 37%↑ | | ・ 周りの先生が厳しくしているのを見てさらに指導が厳しくなっていってしまった。（忖度による負の増幅） |
| 人の挑戦に関わらせてもらえる機会がある | 58% | 90% | 32%↑ | | ・ 職員室の中に暗黙のルールがありそもそも問うことが憚れる。（暗黙の当たり前の固定化） |
| 立場や役割をこえて協働する機会がある | 75% | 100% | 25%↑ | 取り組み後 | ・ 職員室の中で自由な発言をしても否定されない。（自由な発想が許容される職場に） |
| 本音を気兼ねなく発言できる雰囲気がある | 50% | 70% | 20%↑ | | ・ 生徒と自由に発言する機会が増え生徒と議論できる関係に（抑圧的関係から対等な関係へ） |

※入学者が2019年度に比べて学区内で唯一増加している学校に
　（45%UP　R1 42人 → R3 61人）

出所：今村久美「学校内におけるルールメイキング（校則検討）の取り組みは高信頼性組織形成に寄与できるか？」経産省産業構造審議会教育イノベーション小委員会提出資料 https://www.meti.go. jp/shingikai/sankoshin/shomu_ryutsu/kyoiku_innovation/manabi_jidoka_wg/pdf/002_s01_00.pdf

分たちの価値観を大いに混乱させられながらも，そこで学び，変化し，成長していく機会を得ることになるのではないか。

　この「みんなのルールメイキング」の実証事業は，2021年度からは参加校は3校が12校に広がり，加えて広島県と福井県は教育委員会単位で参画した。こうした校則を含む学習環境改善を生徒と先生が協力して見直しつづけるシティズンシップ教育が「日本の学校の当たり前」として広がることは，日本が成熟した市民社会に向かう重要な一歩であると信じる。

　近年いわゆる「ブラック校則」は問題視されており，これは多くの生徒も教師も非常に強い当事者性を必然的に帯びる社会問題である。文科省はすべての学校設置者に，学校の校則をネット上で情報公開するよう指導してはどうだろうか。そもそも学校という公の支配の効いた機関において「外部の目に晒せないルール」がつくられること自体に問題はないのだろうか。そもそもこの「学校は独自に校則をつくる際にはWeb上に制定過程や条文をすべて公開すべきか」「学校設置者は学校長に対してそれを指導すべきか」といった論点自体も，

とくに社会科学的な視点から，中高生に考えさせる探究テーマとして十分に成立しうる話題であるかもしれない。探究すべきテーマはこうして子どもたちの日常には溢れているのではないだろうか。

⑦「探究モード」の大前提は「高信頼性組織としての学校」

このように，探究学習を進めていくうえでのテーマは，体育にせよ技術・家庭にせよ特別活動にせよ，従来の学校においても馴染み深い活動にひと工夫を加えることで見つけられる。しかし最大の課題は，多くの日本の学校に共通して流れる組織文化が，そもそも生徒に「探究モード」を許すものか否かにある。この点，個々の現場で必要な対策を実践する必要を感じる。

ここで，産業構造審議会教育イノベーション小委員会の場で熊谷晋一郎委員（東京大学先端科学技術研究センター准教授）が紹介した「高信頼性組織」（High Reliability Organization）の研究に注目したい。この高信頼性組織研究とは，化学プラントや原子力発電所など，一度事故が起これば甚大なハザード（被害）をもたらす重要インフラのうち，日々いろいろとトラブルは生じるが重大事故には至らずに収めつづけている「ダイナミックな無風状態」を保ちつづけられる組織を「高信頼性組織」と呼び，その特徴を探る学際研究である。

小児科医である熊谷医師が研修医時代を過ごした「野戦病院のような忙しさの救急病院」では，「要は，命を救えればいいのだ」というシンプルな最上位目標が共有され，クセの強い医師集団一人ひとりに手段選択と創意工夫の余地が保障される組織文化があったという。その組織文化が，病院のかかえる複雑で硬直的な組織構造の弱点を補完し，一人ひとりが集団として日々発生する想定外の事態に臨機応変に対処する創造性を発揮させ，結果として「命を救う」という最上位目標の実現に貢献していたのではないかという。

話を総合すれば，「高信頼性組織」では，法律・規則・通知などの無数の文書に支配されて複雑になりがちな組織構造の弱点を乗り越えて，シンプルに最上位目標の実現をめざす組織文化があるのではないか。そのうえで，メンバーの創意工夫や個別事情から学ぶ姿勢のある「謙虚なリーダーシップ」が機能し，メンバー間の「心理的安全性」があり，メンバー間の「知識の交換」が盛んな

ため「一人ひとりの創造性が発揮される状態」が生まれる。その結果として「ダイナミックな無風状態」をつくり出せているのではないだろうかという仮説になる。

⑧「探究モード」の学校をつくるためのルールメイキングの広がり

このことを学校に当てはめて考えてみてはどうだろうか。学校という組織も，日常的にさまざまなトラブルに直面しながらも，校内秩序を維持し，重大事故を未然に防いで生徒たちに学びと生活の場を提供しつづける「ダイナミックな無風状態」を維持することが求められ，そのうえ，社会の変容に応じて学び場として進化しつづけること求められるという，マネジメントの難度が高い組織である。

しかし，今の多くの学校は，先述したような，「一人ひとりの教師や生徒の創意工夫や個別事情から学ぶ姿勢のある『謙虚なリーダーシップ』が機能し，教師や生徒のなかに『心理的安全性』があり，『知識の交換』が盛んに行われる」という状態にあるといえるだろうか。もちろん，この点については確たる調査結果があるわけでもないため，あくまで「未来の教室」プロジェクトを通じてさまざまな学校と向き合うなかで感じてきた筆者の感覚にすぎない。

日本の学校を「探究モード」に近づけていくために必要なことを論じるのが本章のねらいであるが，ここでまず必要なのは，日本の学校を，ここで紹介した「高信頼性組織」の仮説に近づけることではないだろうか。

なぜなら，「研究」や「イノベーション」というものが従来の常識や通説を覆す知的活動や，未解決の社会的ニーズに解を与える活動だと考えれば，そのいわば「入門編」に値するであろう中学生や高校生の「探究モード」の学習というのも，同じような知的態度で臨むことが期待されるからである。従来の社会が前提としていたことや，常識として信じられてきたことを無残に吹き飛ばすことをも許容するような心理的安全性が保たれた環境でなければ，意味のある探究学習が成立するはずもない。

しかし，これまで世間の常識や「決まった答え」を生徒のなかに定着させることを得意とし，そこを重視してきた日本の多くの学校の組織文化を学び場と

して進化させるための「打ち手」はあるのだろうか。

　1つの提案であるが，前述した「みんなのルールメイキング」プロジェクトのような取り組みを，全国の学校現場や協力的な外部支援者たちとインターネットでつなげて探究モードの多様性の渦のなかで進めることは，地味ながら有効な第一歩になるのではないだろうか。前述したように，岩手県立大槌高校の校則改定プロセスがもたらした思わぬ効果は，「職員室の心理的安全性の向上」であった。数字でみた変化は表3-3で示したとおり如実であった。生徒と先生が向き合って進めるルールメイキングの過程が，同時に学校が，ここで示した高信頼性組織の要件を手にしていくプロセスではあったように思えてならない。

　このことは高校のみならず中学校にも十分当てはまる話であろう。義務教育については，教育基本法第5条第2項に「義務教育として行われる普通教育は，各個人の有する能力を伸ばしつつ社会において自立的に生きる基礎を培い，また，国家及び社会の形成者として必要とされる基本的な資質を養うことを目的として行われるものとする」と規定されている。つまり義務教育課程というのはシンプルに「自律と共生のスキルを身につける場」だと考えればよいはずである。このとき，先生や保護者や生徒全員が「子どもたちが『自律と共生』のスキルを身につけられること」というシンプルな最上位目標に合意したうえで，一人ひとり多様な子ども達がその状態に向けて学習を進める手段の「組み合わせの自由度」を保障する観点から，学校の日常を再設計することが必要になる。

　日常的な議論をコツコツと積み重ね，職員室の雰囲気を自分たちで変えていくことにより，学校が高信頼性組織に近づき，その先にあるのが「探究モード」の学校なのではないだろうか。そして学校関係者の口からよく耳にする「教育に失敗は許されない」という言葉は大きな危険性をはらんでいる。それは先生を萎縮させ，無用の同調圧力に晒して思考を停止させ，学校を「失敗に向かう一本道」へと誘ってしまうおそれもある。どんな解も「とりあえずの暫定解」であると割り切り，とにかく考えはじめることが大事である。

　⑨「学びとシゴトと福祉のピラミッド」を整える

　もう1つ，「未来の教室」プロジェクトを4年にわたって推進してきたなかで

感じる日本の教育の「探究モード」を阻害する課題として，図3-4で表した「学び・シゴト・福祉のピラミッド構造」と「学びとシゴトの往還構造」に不調をきたしている点があるように思えてならない。

　ここで最も大事な土台が「福祉」であるが，これは障害や貧困や孤独に直面する一部の子どもたちへの特別措置という意味ではない。「普通か特殊か」で分けて考える福祉観では，結果としてとても多くの子たちを取り残してしまうおそれがある。「普通」として括られる集団のなかの一人ひとりの「特殊」は十分にケアされなくなるからだ。ここでの「福祉」は，一部ではない「すべての子どもたち」が心理的安全性を感じられ，多くの依存先や道具，そして個別最適な環境を選べる状態をイメージしている。

　そのうえでさまざまな「シゴト」に出会える経験，つまり「夢中なコトに出会い，ハマり，職業を意識する経験」が積み重なることで，ようやく多くの子どもたちは意味のある学び，つまりは「夢中なことを磨くための知恵を手にする学び」を手に入れられるのではないだろうか。そして「学び」と「シゴト」はグルグルと往還を続け，まさに先述した「創る（＝シゴト）と知る（＝学び）が循環する」状態になるのではないだろうか。この「創ると知るの循環」も，このピラミッド構造が成立していて初めて実現できる話ではないだろうか。

　しかし，この図を教育関係者に説明するとよく受ける指摘として，「まず学校の学びがあって，就職してシゴトをするのだから，学びとシゴトの位置が逆ではないか」というものがある。しかしそこにこそ「探究モード」を阻害するボトルネックがないだろうか。こうした考え方には「社会」とのつながりをほとんどイメージできないままでも，「学校の勉強」を積み上げ式でコツコツ積み上げさ

図3-4　「学び・シゴト・福祉」のピラミッド構造

せれば，その先に「社会」が見えるはずだという思い込みが感じられるのだ。生徒に「社会」を感じられない学びを与えつづけることが，多くの生徒たちに学びに向かう当事者意識が育まれない結果にもつながっているようにも思えてならない。本章第1節で記した「18歳意識調査」に現れている日本の惨状の背景にはこの問題の本質も，このあたりに横たわっている気がするのである。

## ❸ 教育政策の勝負どころ──「組み合わせ」のセンスによる学校制度

社会の変容に伴い重要性を増す「探究モード」の学びを一人ひとりの子どもたちに保障するうえでは，「生徒は一人ひとり多様である」という現実を直視した学習環境の提供がカギになるだろう。とくに大切なことは，一人ひとりが時間の使い方，居場所や教材，そして広い意味での「先生」(教師や支援者や学習仲間)を可能なかぎり自在に「組み合わせ」できることではないだろうか。

教育政策において，生徒の多様性に配慮した施策は数多く存在する。たしかに，普通の学校に適応しがたい子たちに提供する特例的な環境としての特別支援学校や不登校特例校という制度は充実している。しかし判定上「普通」に分類されるものの実は学力的にも苦しい状態にある子は普通学級のなかで置き去りになり，逆に飛び抜けた能力をもつ子たちも退屈な時間を過ごす結果になる。

今から必要なのは「普通」と「特例」の線引きで「分けるセンス」の制度設計でなく，すべての生徒にたくさんの選択肢を保障するための「組み合わせのセンス」の制度設計ではないだろうか。それが誰もがそれぞれ満足できる学校を実現するうえで必要不可欠な政策の発想転換ではないだろうか。

子どもは一人ひとり多様であるという事実を正面から認めて学習環境を再デザインする場合，学ぶ手段の選択肢に最大限の多様性を認める以外に方法はないと思われる。そのとき一人ひとりに必要な手段の「組み合わせ」の自由度を最大化するために必要になるのが，教育における DX であろう。

①「未来の教室」の基本構造──「オープン型・水平分業型」の学習環境

教育に DX が与える変化を想像するとき，私たちが携帯電話を「ガラケー」

から「スマホ」に乗り換える際に経験した変化をイメージするとよいだろう。

昔のガラケーのアプリは，NTTなどの通信キャリアを頂点にした「クローズド型・垂直統合型」で開発・提供された。OS（基本ソフト）が基本的に非公開でアプリ開発に制約も強く，そもそも通信キャリアがアプリ選択をするため，多様なアプリ開発者の知恵を集めにくく，多様なニーズをもつ利用者にとってアプリの選択肢も狭かった。これは「今の学校教育の構造」にとてもよく似ているように映る。

なぜなら今の学校システムは，文科省・教員養成大学・教科書会社・教育委員会・学校という，ある種の「系列・グループ」のなかで完結した形で教育サービスを提供している。指導するのは「大学の教職課程を出て免許をもった先生」，教材は「主に教科書と，教科書準拠の副教材と，先生自作のプリント」，学習場所は「クラス全員を学校内に同じ時間に集めて，指定の席にずっと座る」，スケジュールも「標準授業時数と時間割に基づき，クラス全員が同じ時間の使い方」，これは「ガラケーのアプリ」の供給構造に似ていないだろうか。

いっぽう，スマホのアプリは一定の仕様とデータ連携ルールに則って「オープン型・水平分業型」で無数の企業や個人が知恵を絞って開発するものである。利用者は多様なアプリを自分の好みで組み合わせて使い，このシステムが，利用者主体のサービス選択を可能にした。せっかくGIGAスクール構想が実現した今，DXを通じて学校教育の仕組みに同じような変化を起こせるなら，子どもたちの学びにどんな変化を起こすことができるか考えてはどうだろうか。「未来の教室」プロジェクト群や，さらにその先に思い描いている姿を集めて，本章で伝えたい「未来の教室」の基本構造を書き並べてみると，次のようなイメージになる。

(1) すべての子に「学び・シゴト・福祉」のピラミッド構造が保障されている。
(2) 学校の最上位目標は「自律と共生のスキルの獲得」（教育基本法第5条2項に定める義務教育の目的の実現）だということに，先生・生徒・保護者・外部協力者がコミットできている。
(3) そのために，学習指導要領が求める資質・能力を，各自それなりに手に入れられるようにしようという目標にも，先生・生徒・保護者・外部協力者がコ

ミットできている。

(4) 時間も体力も有限なので，答えがあってラクに済むはずの作業はラクに済ませ，答えがなくて困難なシゴトに時間と労力を注ぐ（デジタル社会の本旨に逆らわない）。

(5) 「生徒はみんな違う」前提で，各自それなりに資質・能力を伸ばすための「個別学習計画」を，一人ひとりの認知特性や家庭環境を示すデータも含めて組み立てる。一人ひとり違うスケジュール（マイ時間割）で，学習指導要領コードや単元コードで整理された「学習ログ」のうえで自己調整と評価を繰り返して成長する。

(6) 学校は，世間にあふれる多様な居場所，教材，指導者・支援者そして時間の使い方を一定のルールで組み合わせ，生徒が自分なりの学び方を見つけ，各自の学習目標を各自に適したスケジュールで達成するのを助ける。つまり学校は「自前主義・純血主義・形式主義」を捨て，役立つものは何でも使い，「他人のいい褌で，堂々といい相撲を取る」文化へと変わる。

(7) 学術支援・メンタル支援・キャリア支援に職能分化された常勤・非常勤の多様な先生（企業や大学に所属する兼業先生，大学生のティーチングアシスタントなど）がオンライン・オフラインで登場し，十分な数の事務職員との分業もなされる。部活指導も外部指導者に任せ（やりたければ副業で堂々とやる）。自分の専門性や得意なことを深める余裕をもって生徒に向き合い，余裕と心理的安全性のある状態で生徒サポートに徹する。

　しかしこんな「未来の教室」を実現するためには，デジタル技術が「先生」をすべて代替するかのような妄想は禁物であろう。教員免許をもつ教師だけではなく，さまざまな外部支援者を含む概念としての「先生」の人数増や資質向上に対する積極投資を支える制度設計があって初めて成立するのではないだろうか。ここでは，とくに強調すべき3つのポイントを以下に述べたい。

### (1)「先生（指導者・支援者）」の役割の再定義と大幅増強

　先生は「教科書に沿って，一斉授業で知識伝達をする仕事」の多くを手放してはどうだろうか。その工数は EdTech の活用によって圧倒的に減るはずである。たとえば動画配信やデジタルドリルといった EdTech の活用により，1学年5クラスの中学校で数学の先生が「同じ内容を5回講義する」という仕事のルーティンそのものを見直すことが可能になるのではないか。先生は生徒が

共通の授業動画を見ている前提で，質問や演習や議論に付き合うことも可能にならないだろうか。もちろん「学習意欲の高くない生徒の多い，荒れた学校でそんなことは無理だ」という指摘もあろうが，そうであるなら，そんな学校でこそ，一斉講義スタイルの授業は成立しづらく，そうした学校でこそ個別指導を重視して教員やTA（ティーチングアシスタント）を厚めに配置するメリハリが求められるのではないだろうか。

「未来の教室」プロジェクトを推進して感じたのは，とくに都市部の学校において教職員が一人で面倒をみる生徒の数が多すぎるという問題であった。会社組織でも役所でも，一人の課長が35人も40人もの部下を直接マネジメントすることはない。必ず課長補佐や係長といった（呼び名はそれぞれの組織で異なるが）ミドル・マネージャーが介在するものであり，そうした存在が居ない今の学校の教室で，幼さと気むずかしさに溢れる生徒たちをマネジメントするという仕事にはかなりの無理が伴うだろう。だからこそ「生徒を統制する」スタイルの「昭和の学校」が温存されつづけるともいえるのではないだろうか。

その観点から，今の義務標準法（公立義務教育の学級編成及び教職員定数の標準に関する法律）に基づく学級数と教員数の算出方程式そのものも変える必要はないだろうか。首都圏の大都市と地方の県では，教師一人当たりの生徒人数に倍近くの開きがある自治体もある。たしかに「35人学級の実現」は歴史的な第一歩ではあったが，35人といわず20人，15人というマネジメント可能なサイズに縮少していく必要はないだろうか。

そのうえで，今の「教職員」をさまざまな職能をもつコーチ陣とアドミ（事務屋）陣で形成される集団，しかもオンライン指導のみの教員も非常勤の教員もいるさまざまな勤務形態の集団につくり替える必要も感じる。特別支援教育に限らず，普通学級の世界でも教員（学術コーチ）・支援員（キャリアコーチ）・相談員（メンタルコーチ）という異なる専門性・職能を磨いた先生によるチーム指導，そこにEdTechとデジタル基盤を揃える必要を強く感じる。

また，「常勤で終身雇用の教員」を揃えるという前提は捨てて，大学生や大学院生のTAが生徒の個別指導や探究指導をサポートする場合にも特別非常勤

講師の制度を活用するなら義務教育費国庫負担金を投入できる以上，あとは予算額の問題である。

　プログラミング学習や探究学習の導入によって，これからは学校現場に「規格外の指導者」が大量に必要となる。オンラインだけで指導に入る人も大量に必要になるはずだし，そのほうがクオリティが高い場合が多いはずである。たとえばプログラミング学習を現場で実施するうえでの現実的な姿は，未経験の先生たちがゼロからプログラミングを勉強して教えることではなく，「未来の教室」プロジェクトで Life is Tech Lesson を用いて実証してきたように，オンラインで提供される入門的なプログラミング教育プログラムがまず提供され，それを生徒各自が独学をしながら，教室には技術に精通した大学院生や大学生などの TA が配置され，学びあいながら習得していく姿ではないだろうか。

　このとき，教室内に必ず教員免許保有者がいることを求める現行制度については見直す余地がないだろうか。教員免許保有者が教室にいないなかでの同期・非同期を問わずオンライン学習を選択できることや，特別非常勤講師として採用した大学生 TA による指導を行うことは現実的ではないだろうか。

## (2)「集団の時間割」ではなく「一人ひとりの学習計画」へ
### —標準授業時数の廃止，個別学習計画と学習ログ上での履修・到達度評価

　義務教育では「中学 2 年生の総授業時数 1015 時間，数学は 105 時間，理科は 105 時間の授業を行う」といったように，学校教育法の施行規則に「標準授業時数」が規定されている。そもそも個別最適や教科横断のカリキュラム・マネジメントを進めようとするなかで，「教師が生徒集団に対して等しく規定の時間授業を行う」という学習管理システムを継続することは，必ず現場の足かせになると思われる。この制度をこのまま温存しながら「個別最適」や「教科横断」を掲げることは「木に竹を接ぐ」結果を招かないのだろうか。

　これについては，「一部の教師が授業で手を抜く恐れもある中で，標準授業時数はそうした教師への抑止であり，教育の最低ラインを担保するも廃止できない」と解説する人がいる。しかし仮にそうした意図があるのであれば，この制

度は目標と手段が対応できていないのではないだろうか。そもそも授業で手を抜くような教師に，規定時間の授業を義務づける「足かせ」をはめたところで，その内容には多くを期待することがむずかしいだろう。その一方で，生徒の学びの充実のために「教科横断」や「個別最適」のカリキュラム・マネジメントを柔軟に進めたい意欲ある教師がこの制度に足を引っ張られるマイナスの大きさに目を向けるべきではないだろうか。

　生徒は一人ひとり，苦手科目も得意科目も違うし学習のスピードも違う。一人ひとりに資質・能力の凸凹があり，クラスという集団全体も凸凹がある。その現実を前に，EdTechと学習データを味方につけた学習マネジメントが可能になった今，標準授業時数という枠をはめつづけることに意味があるのだろうか。

　そもそも「教師が規定の時間の授業を実施したか否かで，生徒の学習管理をする」という発想自体，工業化社会の名残りが強く，子どもたちが出ていく労働市場の新しい常識とは完全にずれていないだろうか。学習マネジメントは一定時間の授業を履修したか否かではなく，EdTechの活用で生徒の学習ログを確認し，学習指導要領が求める資質・能力の伸びを評価して，丁寧に行うべきであろう。「学習ログの中身」を根拠とした「個別最適」で「習得主義」の学習マネジメントへの転換で「誰もがそれぞれ満足できる」学習環境をつくれないのだろうか。

　また，各教科の先生が理科や社会や数学の時数をもち寄って教科横断型の探究学習をデザインするのは制度的に可能だ。しかし標準授業時数というノルマを果たす必要のある先生たちは「差し出す時数などない」と考える。だから職員室内での調整プロセスで心が折れるというはよく聞く話である。このまま標準授業時数という制度が残るようだと，文科省が提唱した「個別最適」や「教科横断」のカリキュラム・マネジメントも，掛け声倒れに終わってしまう懸念がある。

### （3）サード・プレイス（新しい民間教育）や，「学校の選択肢」の拡充
#### —創造性の苗床としてのサード・プレイスをいかに広げるか

　いっぽう，「探究モード」の学習機会を子どもたちに提供する役割を，すべて既存の学校に求めることにも無理が生じうる。これまで日本の学校教育が得意として世界に誇る実績を残してきた「工業化社会の人材育成」の役割と，これからの学校に期待される「主体的・対話的で深い学び」の役割には現時点でかなりの距離がある現実はふまえ，少なくとも短期的には社会全体で学びの転換に向けた対応をする必要があるだろう。

　子どもたち一人ひとりがもつ多様な個性・才能・創造性を伸ばす「創造性の苗床」としての機能は，学校だけでなく，民間教育としてのサード・プレイスつまり学校でも家庭でもない第三の場所に期待することも重要であろう。現在の民間教育の中心は進学塾や補習塾である一方，今後は学校や家庭では受け止めきれない子どもの探究心・研究心を開花させる多様なサード・プレイスの重要性が増すのではないだろうか。

#### ①　10代の才能を見いだし，「爆発」させるには

　サッカーなどのスポーツ界では，全国的に若い才能を発掘・育成するアカデミーがナショナルトレーニングセンターやＪリーグクラブ傘下のユース育成組織として機能している一方，未来の科学者やエンジニアなどに育ちうる個性豊かで多様な才能（個才）のアカデミーは一部の大学や私塾などが点在するにとどまる。従来の学習塾とは大きく異なる「探究塾」が今後オンラインも活用して地域中核企業・起業家・大学・自治体等との連携でスケールし，全国にサード・プレイスが生まれてくるための施策も検討すべきではないだろうか。

　たとえばJST科学技術振興機構の事業として実施されている「東京大学グローバルサイエンスキャンパス（UtokyoGSC）」では，科学技術に卓越した意欲と能力をもった高校生を発掘・選抜し，東京大学の研究室で預かる形で教員や大学院生がメンタリングを行い，学会発表・論文発表などを通して学際的な視点や創造性を養うサード・プレイスとして機能している。

　また，フランス発の完全無料のプログラミングスクール「42（Forty-Two）」

は 2019 年より東京校「42Tokyo」をスタートさせており，この東京校では 16 歳から入学が可能である。学歴や職業にかかわらず，挑戦したい人には質の高い教育を提供するとのコンセプトで，「学費完全無料」「24 時間利用可能な施設」「問題解決型学習」「ピアラーニング」「自分のペースで学べる」などの，誰もが挑戦できる環境を提供している。入学のためには，オンラインテストに合格した入学候補者は，4 週間の Piscine（ピシン：フランス語でスイミングプールの意味）を受験し，同じ志をもつ候補者と協力しながら何度も何度も失敗し，それでもモチベーションと自らの意志を保ちつづけながら，一生懸命もがきつづけた者だけに合格を許すシステムとなっている。特定の課題を解決したら特定企業の採用試験を受験できる"ROAD TO"プログラムや，生徒が 5 人以上集まる場所を「分校」として登録できる仕組みなどをスタートしている。

　こうしたサード・プレイスを充実させるとともに，そこへのアクセシビリティを確保することも同じく重要になる。経済格差を機会格差につなげない工夫として「学校外教育クーポン」の実現は不可欠であろう。

　②　オルタナティブ・スクールを「学校の選択肢」に加えるには

　新しい民間教育としてのサード・プレイスの充実のみならず，学校という居場所の「型」そのものを多様化し，学校に馴染めず不登校状態になる子どもを最小限にとどめる政策も不可欠となろう。オルタナティブ・スクールをサード・プレイスというより「学校教育法第 1 条の学校の類型の 1 つ」として認められる余地を広げる必要はないだろうか。さらに，1 つの学校のなかでも，すべての生徒が多様な学び方・過ごし方を自然に組み合わせられる環境づくりの必要もあるだろう。

　しかし，学校教育法の「一条校」として認められない以上は私学助成を受けて学費負担を軽減するわけにはいかない。現在でも魅力的な学習環境を提供できるオルタナティブ・スクールはあるが，こうした教育機会の多くは大都市に集中しており，都会の中流以上の家庭の子どもたちにしかアクセスできない。

　「学校の選択肢」の幅を制度的に広げることなくしては，生徒を学校の枠に合わせる教育から「学びが生徒に合わせる」学習環境整備は実現しえない。「不登

校特例校」のような特例制度でパッチワークを重ねるよりは「学校は多様である」ことを正面から宣言する制度設計を，学校設置基準そのほかの見通しや事例の積極的紹介を通じて進めるべきであろう。

　③不登校状態になった子どもたち一人ひとりの心理に寄り添い，語りかけて
　　学びの機会に引き出してくるアプローチ

　学校教育法第21条に規定される普通教育の10項目を満たし，学習指導要領の求める資質・能力を育むカリキュラムが組まれているのであれば，そしてそのことを学習指導要領コードとの紐づけで一人ひとりの学習ログに整理をして説明できるのであれば，オルタナティブ・スクールでの学びを正当に評価することは法的にも技術的には十分可能なはずである。

　そんななかで憲法89条を理由に「公の支配のない教育に，恒常的な公金支出はできない」と言いつづけるのは，子どもの多様性を置き去りにした思考停止に思えてならない。そうであるなら，適切な「公の支配」を可能にする認定制度なりを，立法を通じて実現したらよい話ではないか。すべての子どもたちへの「学習権の保障」というテーマについては教育機会確保法の立法を最後に動きがなく，教育政策がやるべきことは，山のように積み残されている。

　「探究モード」の学びの機会を一人ひとり多様なすべての子ども達に保障できる社会システムづくりは，「子どもを学校の学びに合わせる」従来の発想を超えて，「学びを子どもの多様性に合わせる」発想で，社会全体のリソースを総動員して考えるべき課題だといえよう。

［浅野　大介］

※本章は，筆者が経済産業省商務・サービスグループサービス政策課長と教育産業室長を兼務していた2022年6月時点で執筆したものである。

# 第 4 章

# 地域協働と探究モードへの挑戦

　日本全体が人口減少社会を迎えている現在，地域社会が持続可能な状態で発展していくにはどのようなことが求められるのだろうか。本章では，「地域協働」という視点から，地域における「学び」あるいは「探究」のあり方に焦点を当てながら，日本における地域と地域協働の歴史と現状を整理し，これからの展望を論じていく。持続可能な地域づくりに向けた学びと地域協働について，各地の具体的な取り組みなどを検討しながら，これからの社会に求められる学びの姿を議論するとともに，地域社会やそれを構成する主体の学びのあり方を「探究」や SDGs と結びつけて考えていく。

## 1　今なぜ地域協働が問われるのか

### (1) 地域協働とは

　はじめに，本章で用いる「地域協働」という概念について説明を加えておく。タイトルに「地域協働」という言葉を含む図書を CiNii Books（大学図書館の蔵書検索サイト）で検索したところ，50 件以上の文献がヒットした（2022 年時点）。それらには，『地域協働による高校魅力化ガイド』などのように，本章が注目する教育にフォーカスしたものが少なくない。だがその場合の「地域協働」とは，「高校と地域の協働」のように，地域に存在する特定の組織などと地域住民との連携といった大まかな意味合いで用いられるものが多いようである。「地域」と「協働」を含む概念として，制度的な文脈で用いられる「地域学校協働活動」といった用語も存在するが，それは明らかに「地域協働」よりも狭い概念である（第 3 節参照）。

「地域協働」とは，「地域」と「協働」によって構成される概念である。ここで「地域」とは，社会学における一般的な定義に従い，「一定の境界をもって，人びとがそこに住み，生活し，人間関係をおりなしていく場所」とする[1]。「協働」については，行政文書を含むさまざまな文脈で用いられる用語であることも反映して，多くの文献が「協働」概念を明確に定義せずに用いているようであるが，本章ではcollaborationという英語に対応する概念として「協働」を明確に定義した恩田守雄の研究を参考にしたい。すなわち協働とは，「ともに何かをする「共同」，また目的遂行のために役割分担する「協同」の意味を含み，さらにその「共同」や「協同」によって得られる成果を共有し，その分配の公平性を求める行為」とする[2]。これをふまえて本章で「地域協働」とは，地域内の，あるいは地域にかかわる複数の主体が地域にかかわる何らかの目的遂行のために「協働」する行為をさすものとする。協働の主体を特定した「官民協働」「市民協働」といった概念と比べると，「地域協働」という概念は「どのような主体同士が」協働するのかを特定していない点で概念としての曖昧さが残ることは否定できない。しかし，そもそも「地域」や「コミュニティ」自体が「重層的」に構成されていることを考えれば，あえて主体を特定しないことのメリットも存在するため，以下ではこの概念を用いていくことにしたい[3]。

### (2) 縮小する社会

21世紀の日本で地域協働が注目される歴史的，社会的背景として，日本社会が「縮小」の局面に入ったことが重要である。「縮小」はさまざまな側面で指摘できるが，最も注目されてきたのが総人口の減少である。「人口減少社会」という用語がわが国で広く用いられるようになってから20年以上が経つ。この語が直接的に意味するのは，2000年代後半に至って，国勢調査開始以来はじめて日本の総人口が減少に転じたことであるが，そうした記述的な意味以上の悲観的なニュアンスを含んでいる。それは，「人口成長」の終わりは，少子高齢化という社会経済的影響の大きい人口学的事実とかかわっており，社会の「近代化」や「経済成長」の終わり，ひいては国の「衰退」を示唆するからであろう。と

もあれ「人口減少社会」は，21世紀日本社会が直面する新しい社会的課題をさし示すインパクトのあるワードとして使われ，マスメディアでも注目されながら，さまざまな議論の対象になってきた[4]。

「人口減少社会」と類似するものの異なるニュアンスを含んだ語が，やはり2000年代後半から用いられてきた「縮小社会」である。山下祐介は「縮小社会」をめぐる議論を3つのタイプに区分している[5]。第一のタイプは，人口減少社会がもたらすリスクを問題にするものである。人口の世代間バランスが崩れることで経済の縮小が生じ，インフラや行政サービスの維持が困難になるといった課題が指摘され，経済や行政効率の観点からそれらの「縮小」の是非や対応策が争点となる。第二のタイプは「進むべき道としての縮小社会論」である。1972年のローマクラブの報告書以来[6]，地球人口の「過剰」と消費主義的なライフスタイルが地球全体の資源の枯渇や深刻な環境問題をもたらすという考えが定着してきた。地球の持続可能性にかかわるこうした視点からは，「縮小社会」はむしろ社会がめざすべき目標として位置づけられる。第三のタイプは「社会の適正規模論」であり，人口減少社会のあるべき着地点を探る議論とされる。そこでは，グローバル社会を前提としたとき国家や社会のあるべき規模はどの程度であるのかが問われ，道徳論や経済倫理などにまで及ぶ総合的な議論が求められていると山下は論じる[7]。清水亮も，人口減少社会という語が注目されたのと同時期に進められた「構造改革」において「小さな政府」をめざして国から地方への税源移譲が進められたように[8]，「縮小社会」化は地域社会のあり方に大きな影響をもたらすと述べる[9]。なお，縮小社会とほぼ同義の語に「縮減社会」がある[10]。

山下の整理からもわかるとおり，「縮小社会」の課題は21世紀になって新しく登場した問題ではない。人口の減少自体が，21世紀に唐突に生じたわけではなく，1970年代から継続する低出生力の長期的な帰結である。経済成長率の低下も21世紀に始まったものではない[11]。地域社会の規模での人口減少も，高度経済成長期に登場した「過疎」という概念によって長く論じられてきた問題である。にもかかわらずなぜ今日，「縮小社会」をめぐる議論が盛んになされて

いるのか。また，なぜ「縮小社会」が地域協働の重要な文脈となるのか。それに答える前に，まずは日本におけるまちづくりの歴史的展開を概観しておく必要がある。

### (3) 協働のまちづくりの時代

21世紀の地域協働の前史として，現在までわが国の地域社会のあり方に影響を及ぼしてきた地域政策の推移を振り返っておきたい[12]。戦後日本の地域政策は，敗戦からの復興，都市化と産業化がもたらす問題への対処といった国家的な政策目標との関連で，「国土計画と一体になった産業中心の地域開発政策」としての色彩が強く[13]，全国総合開発計画（略称「全総」）を中心として展開した[14]。

戦後日本の地域開発政策の展開を，吉野英岐は3期に整理している[15]。第一の1946〜1969年までは「拠点開発期」であり，1962年からの全総における「新産業都市」整備のように，大都市部への人口集中を是正するために特定地域の産業振興をめざした地域開発によって特徴づけられるが，課題とされた工業の分散は不十分に終わった。続く1970〜1996年は「産業分散期」とされる。1972年の日本列島改造計画や，高度経済成長終焉後の三全総において提唱された「定住構想」では，企業誘致などによる地方振興や居住環境の総合的整備を通じて国土の均衡利用を図る「分散政策」が登場した。四全総の時期においても，リゾート開発や「ふるさと創生」などのような多極分散をめざす政策は継続したが，東京への一極集中の潮流は変わらなかった。第三期である1997年以降は，「地域再生と自立をめざした開発計画への転換」によって特徴づけられる[16]。1998年策定の五全総は，政府主導の地域開発に重点をおいてきた従来の政策とは大きく異なるものであった。すなわち，グローバル化，地球環境問題，人口減少といった新しい社会的課題をふまえて，「一極一軸型」ではなく4つの国土軸が連携する「多軸型国土構造」を目標に据え，その実現の方法として「参加と連携」が提唱された。とくに後者は「地域協働」と密接にかかわっており，21世紀に入ってからの国土形成計画を含めて，現在に至る地域政策の潮流につながる新しい視点であると位置づけられる。

このように 1990 年代半ばまでの地域政策は，政府が計画と財源を担う「国家による地域政策」であった[17]。こうした「上から」の地域政策への対抗軸として展開してきたのが，いわゆる「まちづくり（地域づくり）」である[18]。戦後日本のまちづくりの歴史を，西村幸夫の整理を参考にまとめておく[19]。1960 年代までのまちづくりは，急激な都市化と産業化，全総などによる地域開発を背景に進んだ地域の環境悪化に対する「異議申し立ての運動」として展開した。その後 1970〜1980 年代にかけて，個別地域の課題解決という目標を超えて，歴史的環境保存，防災，福祉など，公益性が高く「明快な生活像をもった活動目標を携えた普遍的な活動」としての住民運動が展開した[20]。こうした流れのなかで，1980 年代以降は多くの自治体で「まちづくり条例」が制定されるなど，まちづくりは行政の施策にも取り入れられていく。1980 年代後半から 1990 年代には，地域社会に生じた新たな課題を背景に，地域社会・地域経済の「再生」をめざすまちづくり運動が登場する。自治体政策における住民参加の制度化も進み，行政と住民の「協働」が強調されるとともに，衰退の著しい中心市街地の再生をめざす取り組みなども増加する。1990 年代以降，まちづくりには「持続可能性」という新たな視点が加わり，阪神・淡路大震災を機にボランティアや NPO といった主体が市民活動の担い手として注目されてきた。2000 年代以降のまちづくりは，こうした地域再生をめざすまちづくり運動が布石となって展開していく。

　概ね 2000 年以降の地域政策は，地域が立案および実施の主体となるという意味で「地域による地域政策」として特徴づけられる[21]。ここで鍵概念となるのは「地域ガバナンス」（または「ローカル・ガバナンス：local governance」）である[22]。ガバナンスは，政府あるいは政府による統治・管理を意味するガバメント（government）とセットで用いられる概念である[23]。ガバメントが上からの統治というニュアンスをもつのに対して，ガバナンスは多様な主体がかかわって実現する「下からの民主的な合意形成や秩序形成を重視」するという違いがある[24]。今日の「地域協働」を捉えるためには，この地域ガバナンスの視点が不可欠となっている。この視点は，地域政策の立案と実施において，地方自

治体（行政），民間企業だけでなく，町内会などの地域住民組織やNPOなども行政と対等な立場の担い手と位置づけ，「多様な主体が，ダイナミックに連携することで地域社会の統合や統治が実現していく過程」を捉えようとする[25]。こうした新しい視点が普及した1つの要因は，政府セクターの「縮小」である。2000年の第一次地方分権改革や[26]，政府主導で進められた「平成の大合併」は[27]，国と地方の役割分担を変えることを通じて，結果的に地域ガバナンスの重要性を高めた[28]。地域ガバナンスへの関心は，ある意味では「縮小社会」の副産物として捉えられるということである。しかし同時に，上述したようなまちづくりの展開の蓄積のもとに，地域のなかで，あるいは地域の垣根を越えた協働を含みながら，住民・市民を担い手とするNPOなどの多様な主体が成長し，地域問題の解決に向けた力量をつけ，地域ガバナンスを自覚的に担う主体として存在感を高めてきたことも事実であろう[29]。2000年代以降，こうした状況をさして「新しい公共」という概念も用いられるようになった。21世紀のまちづくりは，「地域協働」をめぐる公共性のあり方において20世紀とは異なる新しい局面を迎えているのである。

## 2　持続可能な地域社会とは

### (1)「地方消滅」論再考

「地方消滅」という言葉を覚えておられるだろうか。元総務大臣の増田寛也を中心に作成され，2014年5月に発表された日本創生会議・人口減少問題検討分科会報告「成長を続ける21世紀のために『ストップ少子化・地方元気戦略』」（通称「増田レポート」）は，同年『地方消滅』という耳目を引くタイトルの書籍として公刊され，大きな注目を集めた[30]。2010～2040年までに「20～39歳の女性人口」が5割以下に減少する896市区町村（全体の49.8%）を「消滅可能性都市」，そのうち2040年に人口が1万人を下回る523市区町村（29.1%）を「消滅可能性が高い」都市とし，市区町村名も公表したこのレポートは，自治体関係者などに強い衝撃を与えた[31]。この増田レポートの特徴は，「地域政策と人口

政策を関連づけ」た点にある[32]。若年人口の東京への一極集中によって「地方の持続可能性」が脅かされているとし，地方に「若者に魅力のある地方中核都市」を形成し，そこに広域ブロックの人口を集中させることで「新たな集積構造」を構築することを提唱した[33]。増田レポートに呼応するかのように，2014年9月には安倍内閣のもとで「まち・ひと・しごと創生本部」が設置され，現在まで続く「地方創生」政策が開始されることとなった[34]。同年の「まち・ひと・しごと創生総合戦略」では，基本目標として，①地方における安定した雇用を創出する，②地方への新しいひとの流れをつくる，③若い世代の結婚・出産・子育ての希望をかなえる，④時代に合った地域をつくり，安心なくらしを守るとともに，地域と地域を連携するという4つが掲げられており，②を中心に増田レポートとの明確な関連がみられる。

　増田レポートや地方創生政策に含まれる「地方消滅」論の問題点については，社会学者の山下祐介を含む多くの研究者たちが指摘してきた[35]。多くの論点があるためここでは詳述できないが，本章で注目されるのは2つの点である。

　第一は，地域の「人口」とされるのが「住民」（定住人口）にとどまっている点である[36]。そもそも，「住民」といっても地域へのかかわり方は多様である。たとえば，生まれたときから「定住」している住民と，短期間しか滞在しない者も少なくないIターン者を同じ「住民」としてひとくくりにすることは無理がある。また，「住民」のみに注目することは，人口減少の進む地域では，同居していないが日常的交流のある他出子などの家族・親族が大きな意味をもっているという事実や，「二カ所居住」などの複数地域にかかわる人々の存在を考慮できないという限界をもつ[37]。また，こうした視点は，後述する「関係人口」の意義も見落とすことになる[38]。第二は，より根本的問題として，地域の持続可能性がもっぱら地域における人口の増加や維持という観点から定義されているという点である。たしかに近年，離島や農山漁村の一部の自治体では，都市からの移住者が増える地域もみられ，こうした傾向をさして「田園回帰」という用語も用いられている[39]。しかしながら，全国規模で人口減少が進むなかでは，特定地域で移住者の数が多少増加したところで，「自治体間人口獲得ゲーム」を

続けることには限界がある[40]。本章第1節（2）では，縮小社会をめぐる「社会の適正規模論」を紹介した。それは，どのような人口が「適正」かは機械的に決まるものではなく，さまざまな観点から吟味，検討されうるという議論である。近い将来に地域の消滅が予測されるといった限られた例を除けば，ある地域の人口が多少減少しても，その地域の人々が受容可能な水準の豊かさを維持できると考え，それを受容するのであれば，その地域にとっての問題は人口減少そのものではない[41]。「地方消滅」論の最大の問題点は，地域の持続可能性をもっぱら人口の維持可能性という枠組みで考え，そうした枠組みを，地理的にも歴史的にも多様な状況にある地域社会に「上から」押しつけていることだと指摘することもできるだろう。その問題性は，「持続可能性」という概念を掘り下げることで明確にみえてくる。

### (2) 持続可能性への注目

「持続可能性」は，類似した意味をもつ概念はそれ以前から使われてきたものの，現在のようなかたちで用いられるようになったのは1980年代からである。1987年に国連の「環境と開発に関する世界委員会」（通称ブルントラント委員会）が公表した報告書「Our Common Future」が，「持続可能な発展（開発）」（以下，SD）の概念を「将来の世代が自らのニーズを充足する能力を損なうことなく，今日の世代のニーズを満たすこと」と定義したことを通じて知られるようになった[42]。こうして発展という概念に，人間と自然との関係における持続性，すなわち環境の持続性の視点を組み入れることの重要性が共有されたのである[43]。その後，1992年の国連環境開発会議（「地球サミット」）がSDをメインテーマとして開催されたことで，その知名度は世界規模で飛躍的に高まった。また，同会議の行動計画『アジェンダ21』において「持続可能な開発に向けた教育（ESD）」という概念が提起されたことで，1990年代後半以降はESDの概念も世界的に普及していく[44]。

SDの定義を注意深く読めばわかるように，この概念は狭い意味での「環境問題」に関する概念としてのみ理解されるべきではない。植田和弘によれば，

これは「エコロジカルな環境的持続可能性を…基軸に置く概念ではあるけれども，…経済的持続可能性および社会的持続可能性をあわせて達成する，まさに地域社会の持続可能性を包括的に問う概念」なのである[45]。その後，国連のミレニアム開発目標（MDGs）と合流して，2015年以降SDGsにおける一連の目標として体系化されることで，SDの概念を特徴づける包括性は明確になっている。SDGs17目標のうち，直接的にまちづくりに関連するのはSDG11（住み続けられるまちづくりを）であるが，持続可能なまちづくりという概念は経済や社会にも関連するものであるため，「SDGsのすべての目標がまちづくりと深く関連している」と理解できる[46]。

　SDからSDGsに至る「持続可能性」概念の展開の経緯をふまえるとき，そこには，これまでの「発展（開発）」をめぐる考え方を「社会経済的側面において転換する」という意味が含まれていることに改めて注意を向ける必要がある[47]。発展は決してGDPなどの経済的指標のみで測られるものではないし，人口の維持可能性といった人口学的指標のみで測られるものでもない。逆にいえば，人口が維持されている地域であっても，環境面で持続可能性を欠いていれば，それは持続可能な地域とはいえない。地域社会の持続可能な発展という文脈では，地域住民や地域にかかわる人々の福祉（well-being）あるいは生活の質（quality of life）の維持や向上が問われる。また，そうした発展にかかわるプロセスを地域の人々が自律的に創出できているかどうか，すなわち，その発展が「内発的」であるかどうかが問われるのである[48]。つまり，「地方消滅」論のような人口の量的側面のみに注目した議論は，そもそも「持続可能性」という視点から地域社会とその発展を捉えることと，本質的に相容れないのである。

### (3) ケアと世代性

　縮小社会への変化のなかで，日本社会は急速な高齢化を経験してきた。今や総人口に占める高齢者の割合は3割近くに達している。また，高齢化と並行して進んできた未婚化や家族構成の変化を背景に，過去数十年のうちに単独世帯で暮らす人々が急速に増加してきた。2020年の国勢調査によれば，総世帯数に

占める単身世帯の割合は 38％に達している。一人暮らし高齢者の増加も著しい。このような状況をさして，「単身社会」や「単身急増社会」といった用語も用いられてきた[49]。

　このような人口面の変化は，当然ながら地域社会にも大きな影響を及ぼさざるを得ない。それが顕著に現れてきたのが，ケアをめぐる変化である[50]。1980年代以降進んだ世代間同居の減少や女性就労の拡大によって，ケアの担い手として「家族」に多くを期待することは困難になりつつある。そのため，高齢化が進むにつれて，地域で提供されるケアによってその福祉が左右される人々が増加することになる[51]。高齢化と単身化が進んだ地域社会においては，ケアの提供やその基盤をめぐって，地域社会の持続可能性が問われているのである[52]。

　こうした状況を背景に，福祉政策の分野でも 21 世紀に入り変化が進んできた。福祉政策のなかで地域福祉が占める重要性が高まることを「地域福祉の主流化」と呼ぶ。介護保険制度が施行された 2000 年に，社会福祉事業法が改正，名称変更されて「社会福祉法」として成立した。この法改正における重要な変化は，従来法律上の用語として用いられてこなかった「地域福祉」の概念が採用され，福祉政策の目標に「地域福祉の推進」が掲げられたことである[53]。地域福祉という用語は研究や実践の文脈では 1960 年代ごろから用いられてきたが，これが法律で明文化されたことの意義は大きい。

　こうした「地域福祉の主流化」が進んだ第一の要因は，すでにみたように，地域社会のなかでの福祉サービス，医療サービスへのニーズが高まったことである。たとえば介護の分野では，2011 年の介護保険法改正によって「地域包括ケアシステム」が規定された。地域における介護サービスや医療の提供をめぐって地域の視点は不可欠になっている[54]。第二の要因は，1990 年代以降，地方分権の動きを背景にして，本章第 1 節（3）でみた地域ガバナンスの動きが福祉の分野でも進んできたことである[55]。これは地域レベルでの「福祉国家から福祉社会へ」という変化である。国や自治体による福祉サービス供給の限界が明らかになるなかで，地域の実情をよく知る地域住民組織，社会福祉協議会，NPO，ボランティアなどの多様な主体が協働することによって地域福祉を推進

することが求められるようになった。地域の福祉活動に対する期待が独り歩きしているという指摘もあるものの，身近な地域圏域におけるサロン活動や見守り活動など，地域住民たちの担う福祉活動が幅広く展開され，成果をあげてきたことも事実である[56]。

　しかしながら，こうした政策的動向にもかかわらず，ケアをめぐる地域の持続可能性にかかわる「世代性」をとりまく状況は明るくない。世代性（generativity；世代継承性とも訳される）という概念は，発達心理学者のエリクソンによって提唱され，教育学や社会学を含む広い分野で用いられてきた。その意味は，「次の世代の確立と指導に関する興味・関心」というものであり，エリクソンはそれを人間発達における成人中期の主題と位置づけた。「世代の確立と指導」を狭く解釈すると，自分の子どもや孫を育てることと捉えられる可能性がある。しかし，世代性の概念の特徴は，そうした狭い意味にとどまらず，「次の世代に残していくものを作り上げる」という，次世代の育成への貢献といった，より広い意味を有している点にある[57]。具体的には，ボランティア活動のなかで地域の子どもたちを育て導いたり，何らかの作品を創ったり，文化を伝承したりする営みもまた，世代性の発露と見なすことができるのである。大野久によれば，発達心理学の観点からみたとき，世代性は「他者へ関心を持つ」ことの延長上に位置し，世代性が「具体的な行動を伴った他者への貢献」として現れたものが広義の「ケア」に他ならない[58]。このように考えると，世代性とは，地域社会において異なる世代がかかわり，互いに学び合う契機をもたらす基盤であると同時に，「ケア」を支える基盤でもあると位置づけられる。また，前節で持続可能性の概念が「将来世代のニーズ」にかかわる概念であることを確認したが，そこにはいわゆる世代間衡平性への視点が含まれている。世代性とは，後続世代への配慮を通じて，地域社会における世代間衡平への配慮をもたらすものでもあり，それゆえに地域社会における環境的な持続可能性を基礎づけるものでもある。

　だが現実に目を転じれば，過去半世紀にわたる家族や地域社会の変化は，成人がそうした世代性を発揮する機会を著しく減少させた。もともと伝統的な共

同体においては，地域の遊び，共同労働，祭りなどの年中行事を通じて「教育」（インフォーマル教育）が行われており，そこで世代性は再生産されていたと考えられる[59]。しかし現代社会では，そうした共同体を支える経済的，社会的基盤が失われたのみならず，一部の地域ではその人的基盤も揺らいでいる。さらには，単身化や個人化が進み，自らの子や孫との密接な接触が減じているうえ，高齢世代が地域の若い世代と交流する機会もきわめて限定的である[60]。今日，まちづくりなどの分野で，地域における教育的な取り組みとして「世代間交流：intergeneration」の必要がうたわれている[61]。これは，こうした潮流に抗して地域の世代性を回復させるための社会的取り組みと位置づけることができるが，その展開や影響はまだ限定されたものにとどまっている。

　公共政策研究者の広井良典は，右上がりの成長がもはや期待できない 21 世紀の日本社会を「定常型社会」と名づけ，そうした新しい社会において求められる視点や政策に関する議論を展開するなかで，「持続可能な福祉社会」「創造的福祉社会」という視点を提示し，コミュニティの規模で環境や福祉をテーマとしたまちづくりをデザインしていくことの重要性を指摘している[62]。この指摘は，「ケア」と「世代性」という側面において地域社会の持続可能性が問われるという本節の主張とも重なるものであるが，「縮小社会」の時代においては，そうした持続可能性にかかわる「人口」をめぐって新しい視座が求められている。この点を次項で確認しよう。

### （4）関係人口とソーシャル・キャピタル

　縮小社会において「定住」人口としての地域人口が減少し，それに伴い地域の持続可能性が脅かされるとき，地域「外部」の人口に目が向くのは自然な流れである。1980 年代以降，過疎化の進む地域では「都市農村交流」の動きが盛んになり，「特別村民制度」などのさまざまな取り組みが全国規模で行われた[63]。しかし，そうした取り組みの多くは，交流でかかわりをもつ人口が地域再生に主体的にかかわる担い手となるような仕組みをもたなかったこともあり，都市農村交流は次第に衰退していく[64]。

2000 年代に入り，いわゆる「限界集落」問題などが注目されたことも背景に，国の政策として導入され大いに期待されてきたのが，農山村地域でのまちづくりに寄与する「地域サポート人材」の活動を支援する動きである[65]。「地域おこし協力隊」「集落支援員」「復興支援員」などが代表的である[66]。こうした施策については，都市農村「交流」の段階から都市農村「協働」の段階へと変化したことを意味するという評価もあるが[67]，限られた「人材」を自治体間で奪い合うという構図から逃れられないという意味で，本章第 2 節 (1) でみたように，国全体のレベルでは近年の地方創生における人口政策と同様の限界をかかえる。

　こうした流れをふまえ，都市農村関係についての議論において 2016 年から用いられるようになったのが「関係人口」という概念である。関係人口について社会学の立場から体系的な検討を行った田中輝美は，関係人口を「特定の地域に継続的に関心を持ち，関わるよそ者」であると定義している[68]。ここで「継続的」とは，「短期と長期の間」であることが含意されている。この定義に基づき，関係人口に含まれる人々の類型として，①バーチャルな移動型（特産品の定期的購入者など），②来訪型，③風の人型（一時的居住者），④二地域居住型といった区分が提案されている[69]。定住人口を中心としたまちづくりがさまざまな困難をかかえるなかで，「関係人口は，地域再生を担う新たな地域外の主体として期待され」る[70]。田中は，のちに紹介する海士町の事例を含む島根県のまちづくりの事例の比較から，関係人口と地域再生の関連について興味深い仮説を提示している。それによれば，第 1 段階では関係人口が地域課題の解決に関与することで，地域再生としての主体形成が進む。続く第 2 段階では，関係人口と地域住民の間に信頼関係が結ばれ，地域住民が当事者としての主体性を形成する。そして第 3 段階が，地域住民が自ら地域課題の解決に動き出し，新たな関係人口ともつながりを創り出していく段階である[71]。また，関係人口が形成する信頼やつながりは，関係人口が去ったあとも地域にとどまる性質をもつという。

　こうした議論に関連して，小田切徳美は「にぎやかな過疎」というアイデアを提案している[72]。それによれば，多くの関係人口がみられる農山漁村では，

人口の減少が続きながらも，移住者（地域おこし協力隊なども含む）を巻き込みながら新しい動きが生じ，「にぎやか」な印象を与える地域が少なくないという。こうした地域における主体としては，「開かれた地域づくりに取り組む地域住民」「地域で自らしごとを作ろうとする移住者」「何か地域にかかわれないかと動く関係人口」「これらの動きをサポートするNPOや大学」「SDGsの動きの中で社会貢献活動を再度活発化しはじめた企業」などが含まれるとされる[73]。以上まとめると，関係人口は「定住」性を欠いた「よそ者」でありながらも（あるいは，よそ者であるがゆえに），地域再生のプロセスに肝要な役割を担いうる存在である。それゆえに，そのような関係人口を地域がどのようなかたちで持続的に巻き込みうるかが問われることになろう[74]。

　関係人口との協働を含めて，地域社会がどのように持続可能な地域の発展に取り組むことができるかを理解するうえで有用なもう1つの概念が，ソーシャル・キャピタル（社会関係資本：以下，SC）である[75]。SCの概念は，1980年代以降，社会学や政治学で提案，改良され，広い分野で注目されてきた概念である。類似した概念として「コミュニティ・キャピタル」といった概念を提案する論者もいる[76]。SCの概念を広めることに寄与したロバート・パットナムは「調整された諸活動を活発にすることで社会の効率性を改善できる，信頼，規範，ネットワークといった社会組織の特徴」とSCを定義している[77]。さらにパットナムはSCを構成するネットワークを，同質的な集団を強化する「結束型」（例：町内会・自治会など）と，異質な人々を結びつける「橋渡し型」（例：ボランティア組織など）に区分している。SCをめぐってはさまざまな議論が存在しており，このパットナムの区分にも理論的な批判がある[78]。だが，地域社会におけるネットワークを捉えるときにはこの区分は一定の有効性をもつうえ，こうした区分に基づくSC概念を地域に適用した実証研究が数多く蓄積され，成果をあげていることから，ここでもこの区分を採用する[79]。

　持続可能な地域の発展においては，地域においてさまざまな主体が協働して地域課題の解決を志向するプロセスが問題になる。その際，地域住民の間に存在するネットワークの特性や，地域住民と関係人口などが信頼や協働関係を構

築していく可能性を明らかにするうえで，SC の概念は有効である[80]。そのうえで，地理的にも経済的にもそれぞれ異なる条件のもとにある地域において，課題の発見や解決に向けた行動のプロセスがどのように展開していくかを捉えるためには，そのプロセスを「コミュニケーション」と位置づけることが求められるだろう。宮垣は，今日さまざまな局面で求められる「コミュニティのデザイン」においては「どのような施設や組織を作るかにとどまらず，どのように／どのようなコミュニケーションを促すか」が重要だと述べる[81]。同じことが，持続可能なまちづくりに向けた取り組みについても指摘できるだろう。本章ではこのコミュニケーションという概念を，「学び」という概念に置き換えてみたい[82]。それは，第一に，持続可能なまちづくりにかかわる課題の複雑さは，それに向き合う主体の学びあるいは教育というプロセスを不可避としているからである。第二に，地域住民と関係人口との関係は，両者が相互に学び合う互酬的な関係として理解することが妥当であるからである。また第三に，次節で述べるとおり，今日の多くの地域において持続可能なまちづくりに向けた協働のなかで教育が果たす役割が重要であると想定するからでもある。次節ではその点について論じる。

## ③　地域協働における教育の役割

### （1）地域社会と学校

　明治になって導入された近代教育制度のもと，学校が地域に設けられるようになるが，その後長らく地域社会と学校の関係は両義的なものであった[83]。いっぽうで，学校は国による統治と近代的国民の形成のための制度であるにもかかわらず，長期にわたって国は学校教育への予算措置を行わなかった。教員の確保や，設置された学校を保護者からの授業料の徴収などによって維持していく役割は，町村に委ねられていたのである。また，地域の名望家たちの私財で設立された学校も少なくなかった。このように，とくに歴史の長い小学校や中学校は，地域住民たちの力で維持してきた学校として，住民の愛着の対象とな

っており，地域にとって象徴的な意味をもつことが少なくない。

さて，戦後日本の学校教育はGHQによる民主化政策のもとで戦前とは大きく異なる転換を遂げることとなる。戦後の学校と地域社会の関係については，コミュニティ・スクールの導入に至る前史としての観点から，佐藤晴雄が6期に分けて整理している[84]。要点のみ述べると，戦後間もない時期の，市民の教育行政への参加をねらったコミュニティ・スクール設立の動きは頓挫した。急速な都市化のなかで，学習指導要領は「地域性」を軽視し，教育行政は地域から距離をおくようになっていく。その後，都市問題を背景に「コミュニティの再生」が叫ばれるなか，青少年健全育成などをめぐって学校と地域の連携が進められる。臨時教育審議会第三次答申（1987年）に初めて登場した「開かれた学校」の理念は，市民参加と行政改革の動向にも重なって，地域の教育力によって学校を支援するという考えにつながっていく。そして1990年代後半以降，新自由主義的思想も背景に「説明責任とステイク・ホルダーの意向反映」という概念が登場し，2000年の学校評議員制度，2004年のコミュニティ・スクールの導入につながっていく。

こうして，半世紀ほどをかけてフォーマル教育が「地域に開かれた教育」へと変化していくなか，縮小社会の時代を迎え，地域における学校のあり方に大きな変化が生じてきた。地域から学校が失われているのである（図4-1）。図のように，高度成長期には安定していた学校数は1980年代から小学校が，1990年代以降は中学校，高校も減少を続けており，とくに小学校の減少率は1990年代後半以降勢いを増している。この主たる要因は人口の減少であるとはいえ，すでにふれた平成の大合併について，合併を経験した自治体において公立小学校の統廃合が生じやすくなったことが指摘されている[85]。これは，学校が維持されるか否かは，人口以外の要因にも依っているということである。

こうした変化は地域社会に何をもたらすだろうか。第一に考えられるのは，学校がなくなることによって，学齢期の子どもをもつ世帯の流出が進み，若年世代の移住が阻害されることで，さらなる人口減少が起こるということである。島嶼地域についてであるが，国土交通省による「平成25年度　新しい離島振興

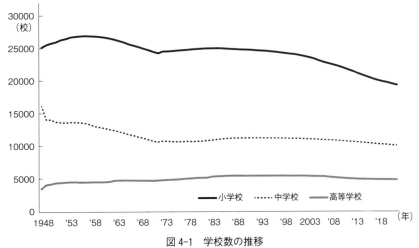

**図 4-1　学校数の推移**

出所：文部科学省「学校基本調査」より筆者作成。https://www.e-stat.go.jp/stat-search/files?page =
　　　1&toukei = 00400001&tstat = 000001011528（2022 年 6 月 1 日最終閲覧）

施策に関する調査」によれば，1991〜2010 年までの人口増減率を学校（分校を
含む）の有無と学校数別に比較すると，小学校，中学校，高等学校のいずれに
ついても，学校がない離島で最も人口は減少しており，学校が複数ある離島で
は人口減少率は最も低かった[86]。第二は，地域の象徴あるいは拠点としての学
校が失われることによって，地域再生に向けた地域住民の意欲が失われる可能
性があることである[87]。

　もちろん，学校がなくなることでただちに地域において学校が果たしていた
機能がすべて失われるわけではない。この点に関して，廃校した小学校などの
跡地を用いて，学校が地域の拠点であることを生かしたまちづくりの取り組み
がみられることは興味深い。たとえば，2000 年代から新しい地域自治組織とし
て「まちづくり協議会」を小学校区単位で設立していた丹波篠山市では，2010
年代に一部地域の小学校廃校後，その跡地利用をめぐり「まちづくり協議会」
が中心となった自主的な取り組みが展開され，住民たちが働くカフェや食品加
工所として活用されている[88]。こうした地域自治組織をもたない地域において
も，関係人口との協働などを通じて廃校後の跡地利用が展開する事例は少なく

ない[89]。逆に考えれば，学校には地域のソーシャル・キャピタルを育み，定住人口はもちろん関係人口とのかかわりももたらすような可能性が秘められているからこそ，地域における学校の働きを維持し，発展させる取り組みが求められるのだということもできる。

### (2) コミュニティ・スクールと地域学校協働本部

前節でみたように，2000年代以降，地域社会と学校の関係には大きな変化が生じているが，その1つがコミュニティ・スクール（以下，CS）制度の導入である。CSとは，「保護者や地域住民等が一定の権限と責任をもって学校運営に参加することで，育てたい子供像，目指すべき教育のビジョンを保護者や地域と共有し，目標の実現に向けてともに協働していく仕組み」であり[90]，「地域とともにある学校」への転換に向けた，学校教育の側からの取り組みである[91]。制度的には，2004年の地方教育行政の組織及び運営に関する法律（以下，地教行法）の改正で法制化された「学校運営協議会」を設置した学校がCSである。地教行法第47条5には「対象学校の校長は，当該対象学校の運営に関して，教育課程の編成その他教育委員会規則で定める事項について基本的な方針を作成し，当該対象学校の学校運営協議会の承認を得なければならない」と定められ，学校運営協議会には明確な権限が与えられている。2006年には教育基本法が改正され，学校，家庭及び地域住民等の相互の連携協力について明文化された（第13条）。地教行法が一部改正されてCSの設置が「努力義務」となった2017年ごろから，CSの数は顕著に増加している。2021年時点で全国の公立小学校，中学校，義務教育学校におけるCSは1万485校（導入率37.3%），自治体ベースではCSを導入した自治体数は1041自治体（57.4%）に達している[92]。このような変化は，地域住民が教育に参加する回路を開くものであり，地域と学校との望ましい関係につながると評価する向きもある[93]。また，CSの取り組みが学校や地域に与える良好な影響についても，すでにさまざまな報告がある[94]。

これと並行して進んだもう1つの動きが，地域における教育支援を推進するための，社会教育の側からの施策である。2008年，放課後子供教室を前身とす

る「学校支援地域本部事業」が開始された。推進本部として学校支援地域本部を設置するとともに、そこに「地域コーディネーター」をおくことで、学校を支援する地域のボランティアと学校の連携を進めようとするものであった。その後、家庭教育支援基盤形成事業などと一体化した「家庭・学校・地域の連携協力推進事業」も開始される。さらに2015年の中教審答申「新しい時代の教育や地方創生の実現に向けた学校と地域の連携・協働の在り方と今後の推進方策について」では、「地域とともにある学校への転換」「子供も大人も学び合い育ち合う教育体制の構築」「学校を核とした地域づくりの推進」が、学校と地域の今後のめざすべき関係として明記された。これをうけて2017年には社会教育法（第5条2項）が改正され、学校支援地域本部は、「学校を核とした地域づくりの推進」を担う拠点として「地域学校協働本部」に改称されるとともに、CSとの一体的推進がめざされるようになった[95]。2021年時点で、全国の公立小学校、中学校、義務教育学校で地域学校協働本部がカバーする学校数は1万8296校（65.1%）とされている[96]。

　さて、教育分野で進んできたこうした動きは、「地域と学校の連携・協働」という観点からは一定の評価に値する。しかし、地域学校協働のめざすところが、単なる学校教育の「応援団」という役割にとどまるものではなく、地域と学校の間に「パートナーとしての連携・協働関係」を構築し、「そこで展開される教育活動が、学校教育や学校運営の充実・改善につながるだけでなく、地域社会そのものの活性化や課題の解決につながる」ことであるとするならば[97]、地域学校協働本部の体制が、そのような地域社会そのものの変容をもたらしうるものたり得るのかどうかが問題になる[98]。とくに、CSとの協働においても重要な役割を担う「地域学校協働活動推進員」（以下、推進員）がどのように機能するかは重要な意味をもつはずである[99]。これについて、文科省「平成30年度　地域学校協働活動等の実施状況調査報告書」によると、市区町村対象の調査では、推進員を委嘱している自治体はわずか8.3%にとどまるうえに、推進員に準ずる者を配置している割合も68.6%にとどまった[100]。そもそも委嘱は義務ではないため、量の問題ではないという議論も可能だろうが、心許ない数値だとい

わざるを得ない。別の問題点もある。前節で論じたように，今日のまちづくり活動において，地域住民の間におけるソーシャル・キャピタルの醸成や関係人口とのネットワーク創出といった機能が重視されることをふまえると，推進員にはまちづくりに関連する幅広い知識やその地域の歴史文化についての深い見識などが求められてしかるべきである。たとえば社会教育主事や社会教育士の資格は，まさに推進員に求められる資質に強く関連するものであろう[101]。調査が存在しないので正確なところは不明だが，現時点でそうした資格をもつ推進員が多数派を占めるということはなさそうである。本章第2節で述べた関係人口をめぐる議論などもふまえるとき，そのような資格や専門性をもつ人材を，地域の外部から「関係人口」として招く試みも積極的に取り組まれてよいだろう。もちろん，こうした推進員の属性以外にもさまざまな要因が地域学校協働活動を通じた地域の活性化に影響すると考えられる。今後の調査研究がまたれるところである。

### (3) 地域における「学び」から「共育」へ

　以上でみてきた学校と地域の協働をめぐる近年の動向は，学校を「社会に開く」方向での変化といえるが，これは，2020年度から実施されている新学習指導要領において示されてきた「新しい学力」をめぐる議論と深く関連している。新学習指導要領が育むべき「新しい学力」は，従来の筆記型テストで測定されるような「知識重視・暗記中心型の学力」と対比される，「日常生活や仕事などにおいて…日々出会う「課題」を解決するために必要な，思考力・表現力・判断力等を主とする力」である[102]。「新しい学力」を構成する三要素としては「知識及び技能」「思考力・判断力・表現力など」「学びに向かう力，人間性など」が掲げられ，それらを身につけるための「主体的・対話的で深い学び」を実現するために，教育課程において「アクティブ・ラーニング」を活用することが重視されてきた。高等学校では2022年度から「総合的な探究の時間」が開始され，身近な地域課題などを対象にした，主体的，自律的なPBLの取り組みが進行している[103]。このような新しい学びを支えるためにも，学校が地域社会に開

かれ，地域と学校の協働が進むことが期待されてきたのである。

　さて，それぞれの地域のなかで展開されるこうした「探究」の学びに取り組むことが，学ぶ主体である生徒にとってポジティブな意味をもつであろうことは想像に難くない。すでに多くの学校で行われてきた実践例は，学校が地域に開かれ，生徒たちが地域の住民とともに学ぶことがもちうる教育上の効果を例証している[104]。多くのすぐれた実践が重ねられ，それが波及することによって，地域を舞台とした探究の学びは，さらに裾野を広げていくだろう。そこでここでは，本章の主題である「持続可能な地域」にかかわる別の論点として，学校と地域が協働することで展開する新しい「学び」が地域社会の側にもたらす影響がいかなるものであり，それがさまざまな地域で取り組まれる「持続可能な地域づくり」という視点からどのように捉えられるかということを問うてみたい。

　すでに本章第2節（2）で，地域の発展において「内発的」であることがもつ意味について述べた。その関連でいえば，持続可能な地域を構想することにつながる学びとは，地域外の主体から与えられるものではなく，地域住民が自分たちの地域の歴史や伝統から主体的に学びつつ，ありうる未来を展望するところから出発しなければならない。もちろん，学びという行為が，異なる文化や価値観をもつ他者との出会いと対話を通じて深まることを考えると，地域における主体的な学びのプロセスにおいて，関係人口のような「よそ者」とのかかわりが学びの深化をもたらすことは大いにありうるだろう[105]。管見の限りでは，そうした学びの可能性について，さまざまな理論や事例をふまえて深い検討を行っているのが岩佐礼子の研究である[106]。

　岩佐は，環境教育における ESD をめぐる議論の展開を整理しつつ，そこに含まれる限界を鶴見和子の内発的発展論の視点から乗り越えようとする。岩佐は，地域の生活世界において長い時間をかけて培われてきた「伝統」を「意識構造」「社会関係」「技術」「感情，感覚，情動」の4つに類型化するという鶴見の視点をふまえて，そうした伝統が人々の相互的な学びのなかで継承される過程を「内発的共育」と呼んだ。また，それが環境や社会の変動のもとで創り変えられ

ていく動的なプロセスを「内発的ESD」と呼んでいる。また，日本各地の地域における自生的な学習・共育活動の事例の検討から，そうした把握が一定の妥当性をもつことを示している。

　これに関連して，哲学者の内山節は「時間的普遍性」という興味深い概念を提案している[107]。「時間的普遍性」とは，「空間的普遍性」に対立する概念であり，ある限られた場所，地域においてしか通用しないが，長い時間の経過に耐える普遍性のことである。これに対する「空間的普遍性」とは，どのような場所，空間においても通用する普遍性であり，近代的な法観念や科学中心主義などはそうした普遍性の典型的な例である。内山節によれば，近代化とは，この「空間的普遍性」が「時間的普遍性」を駆逐していくプロセスであり，そのなかで，たとえばそれぞれの地域で育まれてきた自然と関係を取り結ぶうえでの知恵などを含む，地域社会における持続可能性も失われていったのだとされる[108]。

　こうした内山の議論もふまえると，地域における「学び」が犯しうる「失敗」の可能性もみえてくる。それは，地域の人々がもつ（もっていた）ローカルな知識や知恵を，あたかも歴史的遺物や物珍しい標本のように他者化してしまい，そこに含まれる（含まれていた）「時間的普遍性」を理解できなくなってしまうという誤りである。そのような過程からは，地域の伝統に対する敬意や，地域に対する誇りは生じ得ないだろうし，「世代性」がかかわるような学び合いも生まれないだろう。その限りで，何らかの目に見えやすい「地域課題」とその解決の模索といったことのみに取り組むような学習は，持続可能な地域づくりという観点からは限界があることが示唆される。学校と地域が協働することで生まれうる「内発的共育」においては，たとえば近年あらためて評価が進んでいる「地域学」などの方法を用いながら[109]，長い世代の連なりのなかでその地域に蓄積されてきた文化や知恵を深く掘りおこし，それらを可視化して共有し，それがもつ意味についてともに考えることが求められるのではないだろうか[110]。地域は単なる「学びの場」ではない。それは，ほかのどこにもない，その地域固有の自然との関係，人と人との関係の歴史と現在が息づく場所である。持続可能な地域を構想することの原点は，そこにあるのではないだろうか。

次節では，本節までの議論をふまえて，持続可能な地域づくりに資する地域協働という観点から興味深い取り組みであると評価できる，地域における探究的な学びの試みの事例を紹介する。

## （1）ふるさと創造学（福島県双葉郡）

　「ふるさと創造学」とは，「震災や原発事故を通じ子どもたちが得た経験を生きる力に変え，ふるさとへの誇りと自ら未来を創造する思いを育む」ことを目的に，福島県双葉郡の8町村が共同で取り組んでいる探究的な学習活動の総称である。その目標は，地域社会に目を向けたアクティブ・ラーニングのなかで，子どもたちが「思いを持って自分で考え行動し（主体性），多様な他者と一緒に（協働性），知識や技能を活用し状況に応じて課題を解決する力（創造性）を育むことを目指」すことである[111]。

　2011 年の東京電力福島第一原発事故によって，双葉郡8町村の住民の多くが地域からの避難を余儀なくされることとなった。双葉郡浪江町は町の主要部が帰還困難地域に指定されたが，避難先である二本松市の仮校舎で同年8月に再開校した浪江町立浪江小学校において 2012 年から取り組まれた教育が「ふるさとなみえ科」であった[112]。これは総合的な学習の時間を用いて行われ，仮設住宅で地域住民とふれ合う活動や，地域の伝統工芸品である「大堀相馬焼」を体験する活動などを含む一種のふるさと教育であったが，その独自性は，学校ないしは教育実践のなかに地域を位置づけるという点にある。同校の校長であった石井賢一は，避難が長期化し，子どもたちが出かけるべき地域が失われているなかで，「学校が子どもに残せるのは，『浪江を忘れさせないこと』ではないか」という思いから，「学校の中に地域を作る」ことを意図した郷土教育に取り組んだと記している[113]。住み慣れた地域が場所として不在となった究極の状況のもと，地域と学校との関係を根底から問い直すことで生まれた取り組みだといえるだろう。この「ふるさとなみえ科」を発展させたものが「ふるさと

創造学」である[114]。

　2012年に8町村の教育長らによって組織された「福島県双葉郡教育復興に関する協議会」は，双葉郡の児童が参加した「福島県双葉郡子ども会議」の意見も踏まえながら，2013年7月に「福島県双葉郡教育復興ビジョン」を策定した。その1つの柱に，「ふるさと創造学」の内容が含まれている。「多様な主体との連携による教育の充実」の中心に「学校と地域コミュニティの連携」が位置づけられ，具体的には「学校を地域コミュニティの核と位置付ける」「地域人材による実践的な学習を推進する」「子供たちの，地域づくりの活動への参画を通じて，復興に貢献しながら実践力を育成する」「教育と地域復興の相乗効果を創出する」「社会教育施設等と学校施設を一体化による社会資本としての価値を引き上げる」といった項目が列挙され，地域復興へ向けた活動を生徒によるアクティブ・ラーニングの機会とすること，学校を地域の生涯学習拠点とすることがうたわれた[115]。これをうけて2014年より双葉郡8町村の学校（避難先，避難元）においてそれぞれの学校と地域の特性を反映した探究的学習活動が実施されてきた。2015年に開校した福島県立ふたば未来学園高等学校でも実施されている。また，学習活動の成果を地域と学校の種別を越えて共有しあう場として「ふるさと創造学サミット」が毎年開催されており，2021年には第8回のサミットが開催された[116]。『文部科学白書』のなかでも，この取り組みは「創造的復興教育」の代表的事例として紹介されている[117]。

　上記ビジョン策定にもかかわった中田スウラによれば，こうした「ふるさと創造学」の取り組みは「地域住民の参加と協働による『多世代教育』」を特徴としており，「地域とともにある学校」の創造への挑戦として位置づけられる[118]。この取り組みから生まれる「学びのコミュニティ」が，地域外の主体とも連携しながら今後どのように展開していくかが注目される。それは，3.11からの地域社会の復興を示す事例となるのみならず，地域と学校の協働を通じた持続可能な地域づくりにつながる学びの可能なあり方を示唆する先進例にもなるだろう。

## (2) 過疎地域の高校における探究の実践（島根県立隠岐島前高等学校）

ここでは，著名な事例であるが，島根県隠岐郡海士町にある島根県立隠岐島前高等学校において取り組まれてきた「魅力化」プロジェクトと，それに関連する海士町のまちづくりについて紹介する[119]。海士町は，隠岐諸島の有人４島の「中ノ島」であり，周囲90kmほどの小さい島である。隣接する西ノ島（西ノ島町），知夫里島（知夫村）との３島で「島前」を構成する。島前３島どうしは内航船で結ばれており，天候のよいときは船による通勤通学が可能である。島前には空港はないため，約60km離れた本土からの交通手段は船であり，松江市の七類港からはフェリーで約３時間である。海士町は島前３島のなかでは例外的に湧水に恵まれ，主産業は農業と漁業であった。島前には1950年代前半まで高校がなかった。中学校卒業後に高校へ進学するには島外に出るほかなかったため，進学できるのは豊かな家庭の子に限られていた。島前住民の悲願であった高校（当時は分校）が海士町に開校したのは，ようやく1955年のことであった[120]。

海士町では1950年には7000人ほどの人口をかかえたが，多くの離島と同様，高度経済成長期を中心に就学や就業の機会を求めて多くの人口が流出した結果，2020年には2300人弱まで減少し，高齢化も進んだ[121]。本章第１節（3）でふれた「平成の大合併」の時期，島前３島は合併の協議を行う。2002年に町長に就任した山内道雄（現在は勇退）は，海士町の全地区で集会を行い，島民の多数は合併に反対であることを知り，「身を削ってでも，この島を守る」という覚悟を定め，単独町制の道を選択した[122]。離島振興のため多くの公共事業を行ってきた海士町では，地方債残高がピーク時には100億円を超え，財政再建団体転落の危機に瀕していた。民間企業勤務経験をもつ異色の存在の山内町長を中心に町が取り組んだのが「海士町自立促進プラン」（2004年）での，「守り」と「攻め」の両面戦略だった。「守り」の中心は，役場が「身を削る」行財政改革である。管理職を対象に始まった給与カットは，職員組合からの自主的申し出をうけ一般職員にも適用され，海士町は「日本一給料の安い自治体」となる[123]。「攻め」の戦略とは，「地域資源を活かし，第１次産業の再生で島に産業を創り，島に人（雇用の場）を増やし，外貨を獲得して，島を活性化する」ことをさす[124]。観光

と定住を担う「交流促進課」，第1次産業の振興を図る「地産地商課」，新しい産業の創出をめざす「産業創出課」の「産業3課」を島の玄関口である港に配置し，現場重視の体制を整えた。そうした努力の結果，養殖いわがきやブランド牛など，島の特性を生かした新しい商品開発に成功し，モノづくりによる外貨獲得と雇用創出の面では顕著な成果を得てきた。また，Iターン者のための特別な支援の仕組みがないにもかかわらず，起業をめざして来島する若者などを含めて，2004〜2018年に669人のIターン者が定住したとされる[125]。

　海士町が重点的に取り組んできたもう1つの施策が「人づくり」である。持続可能な地域社会をつくる力を「人間力」と命名し，地域で「共に育て・育つ」ことをめざして公民館活動などを展開する「地域共育課」も設けられた。島前高校魅力化プロジェクトは，こうした町の取り組みの流れに位置づけられる[126]。島前高校の入学者数は，人口減少を背景にして減少の一途をたどり，2008年には28人，生徒総数も89名まで減少し，統廃合の危機にあった（図4-2）。高校がなくなれば中学卒業とともに15歳人口が流出し，島自体が存亡の危機にさらされることになる。しかし，高校は県の管轄にあり，町は権限をもたない。役場で高校存続問題の担当となった財政課長（当時）の吉元操は，東京の民間企業で人材育成にかかわっていた岩本悠（現在は島根県教育魅力化特命官）をコーディネーターとして島前高校に招くことに成功した。その後この2名に加えて，西ノ島町で教員をしていた浜坂健一が社会教育主事として島前高校に赴任し，3名を中心に魅力化プロジェクトがスタートする。

　このプロジェクトは，「魅力的で持続可能な学校と地域をつくる」ことを目標としている[127]。それは，地域住民と生徒にとって魅力的であると同時に，魅力ある人づくりをめざす試みでもある。プロジェクトの中心人物であった岩本は，その特徴を3点にまとめている。第一は，地域を舞台としたカリキュラムの展開である。自らの地域に対する誇りや，地域の課題解決に参画できる人づくりをめざし，「島全体がまるごと未来の学校」などのコンセプトのもとに，「地域学」などの科目を設けた。小さな島の利点を生かし，生徒が「地域の課題解決に挑戦するなかで，主体性・協働性・創造性など地域社会で必要な資質を育む」

学びを導入した[128]。地域に出て，島の多くの大人とかかわるなかで，生徒の多様な側面が引きだされる機会にもなっているという。第二は，「多文化協働を創発する学習環境の構築」である。島前出身の生徒のみでは競争や刺激が不足するという中高生や保護者の意見もふまえて，「学校内に異文化や多様性を取り込み，生徒への刺激と高校の活性化を図る」ために，全国から意欲や能力の高い生徒を募る「島留学」制度を導入し，島前出身の生徒と「留学生」とが刺激を与え合いながら協働する環境を整えた[129]。浜坂の尽力で，島の有志住民が「島親」となって交流することで，留学生と地域の関係を結ぶ仕組みも設けられている。第三が，地域学校連携型公立塾である「隠岐國学習センター」によるプロジェクト学習の展開である。人材育成会社で活躍していた豊田庄吾（現在は，海士町役場）をセンター長とするセンターの多様なプログラムのなかでも特徴的なのが通称「夢ゼミ」である。生徒が自分の夢や将来に関するプロジェクト学習を行い，学習意欲を高めるための取り組みであるが，地域の大人や国内外の専門家などと対話する機会が豊富に設けられており，地域課題と世界の課

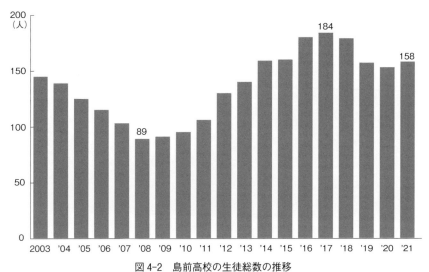

図 4-2　島前高校の生徒総数の推移

出所：「魅力化プロジェクト」ウェブサイト，しまね統計情報データベース　http://miryokuka.dozen. ed.jp/about/;https://pref.shimane-toukei.jp/index.php?view = 4345（2022 年 6 月 1 日最終閲覧）

題を結びつけて捉える力を養う工夫がなされている[130]。

　このような取り組みが奏功し，島前高校の知名度が飛躍的に高まったことも
あって，島前高校の生徒数は文字どおりV字回復を達成した（図4-2）。また，
プロジェクト開始後の卒業生たちが次々とUターンするなど，海士町の取り
組みがめざす「人づくり」の成果もみられはじめている[131]。2020年からは，島
前地域の魅力をさらに高め，島前にUターンする人の流れを加速化すること
をめざして，20代の学生や大人を対象に島前での短期移住機会を提供する「大
人の島留学」制度も開始された[132]。不断の挑戦を続ける海士町の取り組みから，
今後も目が離せない。

## 5　地域とともにある探究とは―課題と展望

　新型コロナウイルス流行を契機として，「移動」に対する制限が生じ，都市と
農村の関係は大きな影響を受けた。2020～2021年にかけて東京都からの転出
者が増加するなど，オンラインによる働き方が一般化するとともに，過密で高
コストな都市生活に見切りをつけ，農山漁村に移住したり，二地域居住を始め
たりした人々も少なくない。その一方で，旅行を含む地方への気軽な移動に対
する制限が高まったことを通じて，都市に暮らす関係人口と地方とのかかわり
は縮小している可能性もある。どちらの影響が上回るのかはこれから注視して
いく必要があるものの，働き方について生じた変化が不可逆的なものだとすれ
ば，当分の間は前者のような動向が続くと考えられる。

　こうした影響を「地方」の視点からみるとどうなるだろうか。コロナ禍によ
って都市的なるものの魅力が大きく損なわれたかどうかは今後の観察が求めら
れるが，都市との間の移動が制限されたことで，地域にまなざしを向ける機会
は明らかに増えたであろう。それが，自然との豊かな関係や，人々とのつなが
りといった要素が安全で安心な暮らしの基盤にあるという新たな気づきをもた
らすのであれば，自分の地元やまた別の「地方」で働くといった選択肢が相対
的に魅力を高めるということもありそうである。

このような未来予測ともつかないことを記したのは理由がある。この２年，自宅や大学でオンライン授業や「社会的距離」に配慮した授業に取り組み，毎年訪れていた地方のフィールドにも出かけることができない状況のなかで，改めて「対面」で行う調査や取材の価値を思い知ることになった。ただ情報を得るだけの取材であればともかく，話し手とともに歩き，同じ対象を眺め，同じ音に耳を傾けるといったことが不可欠であるフィールドでの調査は，オンラインで代替することは不可能だ。これはもちろん私だけの気づきではなく，およそ調査と名のつく活動に従事している人であれば誰もが考えたことだろう。

　これは，人と人との間で生じるおよそあらゆる「コミュニケーション」には，言語や視覚の情報に限定されない身体的要素が含まれていることに関係している。私たちの行為や体験において「言語化」されているのはごく一部でしかない。私たちの「学び」の大部分は，「やってみる」ことを通じてしか生じ得ないものなのだ。このことを「暗黙知」という概念を用いて理論化したのは，哲学者のマイケル・ポラニーであった[133]。

　この10年ほど，国内の多くのフィールドで，多くの大学生たちとともに，農山漁村に暮らす多くの方々に出会った。この経験から気がついたことの１つが，そうした出会いから自分が「学んだ」ことは，その場ではもちろん，時間が経っても容易には言語化できないものであり，それは大学生たちについても同様であったということである。たとえば私が尊敬する（元）学生は，フィールドでの経験を経て，紆余曲折ののちに，今はある地域でまちづくりにかかわる実践に身を投じている。彼の経験がどう言語化されうるかはともかく，その経験が彼にもたらした学びは，彼のその後の生き様に投影されていると筆者は思う。

　持続可能な地域づくりにつながる「地域協働」の実践を構想することも，地域における／地域とともにある「探究」をデザインすることも，「言葉にし得ないもの」にかかわる点で，不確実性と不透明性をかかえている。だがよく考えてみれば，人間の生そのものがそうした性質をもつものなのだ。私たちには，地域のなかでしか生じ得ない「学び」にかかわる取り組みから，あるいは取り組みにかかわることを通じて「学び」を続けることで，ともに考え，言葉を共

有していくことが求められている。

［田渕　六郎］

## 【注】

1) 山崎丈夫（2009）『地域コミュニティ論―地域分権への協働の構図（3訂版）』自治体研究社，22頁。なお，地域に類似した概念として「コミュニティ」があるが，地域よりも多義的な概念であるため，本章では「地域」に統一する。

2) 恩田守雄（2008）『共助の地域づくり―公共社会学の視点』学文社，136頁。ここで「分配の公平性」という表現には，「協働」は単に「共同」の事実があるという「パートナーシップ」を意味するものではなく，協働の主体がそれぞれ「責任（義務）」を負い，相手にもそれを求めるということが含意されている。

3) 近年では外部人材と地域住民との協働を明示化するために「協創」という概念を用いる研究も見られる。二階堂裕子（2020）「外部人材と地元住民の協創による地域づくりの可能性」『地域社会学会年報』第32集，32-46頁。

4) たとえば，藤正巌・古川俊之（2000）『ウェルカム・人口減少社会』文藝春秋；NHKスペシャル取材班（2017）『縮小ニッポンの衝撃』講談社などを参照。

5) 山下祐介（2017）「縮小社会」日本社会学会理論応用事典刊行委員会編『社会学理論応用事典』丸善出版，116-121頁。

6) 民間シンクタンクのローマクラブが1972年に公表した『成長の限界』をさす。シミュレーションの方法を用いて，人口増加と経済成長を抑制しなければ100年以内に地球は「成長の限界」を迎えると指摘し，世界に影響を与えた。

7) 山下，前掲書。

8) 構造改革とは，2001～2006年の小泉内閣で推進された，日本経済と財政の立て直しを企図した一連の改革。郵政民営化など政府部門を縮小させる政策が特徴的であった。

9) 清水亮（2008）「『縮小社会』と地域社会の現在」『地域社会学会年報』第20集，3-10頁。

10) 小滝敏之（2016）『縮減社会の地域自治・生活者自治―その時代背景と改革理念』第一法規。

11) 武川正吾（2012）『政策志向の社会学』有斐閣，178-187頁。

12) 一般に地域政策とは，国と地方自治体における地域開発政策を中心とした政策をさすが，本章ではそれよりも広義で用いている。田中治彦（2019）「SDGsとまちづくり」田中治彦・枝廣淳子・久保田崇編『SDGsとまちづくり―持続可能な地域と学びづくり』学文社，1-16頁；矢口和弘（2016）「地域・都市政策におけるコミュニティ論」丸尾直美・宮垣元・矢口和弘編『コミュニティの再生』中央経済社，55-72頁を参照。

13) 矢口，前掲書 57 頁。

14) 全国総合開発計画は，1950 年制定の国土総合開発法に基づき 5 次にわたって
策定された国土政策。全国総合開発計画（全総；1962 年閣議決定）に始まり，
新全総（1969 年），三全総（1977 年），四全総（1987 年），五全総（1998 年。正
式名称は「21 世紀の国土のグランドデザイン」）の 5 次にわたって展開した。
国土総合開発法は 2005 年に改正・改称され国土形成計画法となる。藤井正
（2019）「国土計画の変遷と地域の変化」家中茂・藤井正・小野達也・山下博樹
編『新版　地域政策入門—地域創造の時代に』ミネルヴァ書房，20-23 頁。

15) 吉野英岐（2006）「戦後日本の地域政策」岩崎信彦・矢澤澄子監修『地域社会
の政策とガバナンス』〈地域社会学講座 3〉東信堂，5-22 頁。

16) 吉野，前掲書 15 頁。

17) 田中重好（2006）「地域政策策定過程と公共性担保の技法」岩崎・矢澤監修，
前掲書 154-172 頁。

18) 本章では，まちづくりという概念の多様性，多義性をふまえて，あえて「ま
ちづくり」「地域づくり」を定義せずに用いる。渡辺俊一（2011）『『まちづくり
定義』の論理構造』『都市計画論文集』46（3），673-678 頁。なお，まちづくり
に類似した概念として「むらおこし」などがあるが，本章ではそれらをほぼ同
義に扱う。山下祐介（2011）「まちづくり／むらおこし」地域社会学会編『新版
キーワード地域社会学』ハーベスト社，190-191 頁。

19) 西村幸夫（2010）「まちづくりの変遷」石原武政・西村幸夫編『まちづくりを
学ぶ—地域再生の見取り図』有斐閣，57-73 頁。

20) 西村，前掲書 60 頁。

21) 田中，前掲書 154 頁。

22) 西原和久（2017）「ガバナンス論」日本社会学会理論応用事典刊行委員会編
『社会学理論応用事典』丸善出版，590-591 頁。

23) 「ガバナンス」とカタカナで用いられることが多いのは，いずれも「統治す
る」（govern）という動詞に由来しており，日本語に訳すのがむずかしいため
である。

24) 西原，前掲書 590 頁。

25) 玉野和志（2006）「90 年代以降の分権改革と地域ガバナンス」岩崎・矢澤監
修，前掲書 135-153 頁。

26) 1990 年代後半から検討が進められ 1999 年に成立した地方分権改革一括法が
2000 年に施行されたことをさして「第一次地方分権改革」と呼ぶ。

27) 政府主導で 1999 年から進められた市町村合併。市町村数は 1999 年からの
10 年ほどでほぼ半減した。

28) 玉野，前掲書。

29) 田中重好（2010）『地域から生まれる公共性』ミネルヴァ書房；速水聖子

（2017）「市民参画と市民活動の時代における地域再生への展望」三浦典子・横田尚俊・速水聖子編『地域再生の社会学』学文社，98-115 頁。

30）レポートは http://www.policycouncil.jp/pdf/prop03/prop03.pdf （2022 年 6 月 1 日最終閲覧；以下の URL 同じく）を参照。増田寛也編（2014）『地方消滅——東京一極集中が招く人口急減』中央公論新社。

31）小田切徳美（2014）『農山村は消滅しない』岩波書店。

32）山下祐介（2014）『地方消滅の罠』筑摩書房，30 頁。

33）増田編，前掲書 48 頁。

34）増田レポートと地方創生政策との連続性については以下に詳しい。嶋田暁文（2016）「『増田レポート』再考 『自治体消滅』論とそれに基づく処方箋は正しいのか?」『地方自治ふくおか』60, 3-20 頁。2022 年時点の地方創生政策については，内閣府・内閣官房「地方創生」ウェブサイト https://www.chisou.go.jp/sousei/index.html を参照。

35）以下を参照。山下，前掲書；小田切，前掲書；嶋田，前掲論文。

36）厳密な概念ではないが，過疎地域における定住人口の区分として，生まれ育った地域でずっと暮らしてきた住民のほかに，一度地域の外で暮らしたあとに戻ってくる「U ターン」，地域外の場所から移住してくる「I ターン」，地方で育ち都市に暮らしたあとにまた別の地方に移住してくる「J ターン」などが区別されることがある。

37）徳野貞雄（2015）「人口減少時代の地域社会モデルの構築を目指して——「地方創生」への疑念」牧野厚史・松本貴文編『暮らしの視点からの地方再生——地域と生活の社会学』九州大学出版会，1-36 頁；山下，前掲書。

38）田中輝美（2021）『関係人口の社会学——人口減少時代の地域再生』大阪大学出版会。

39）小田切徳美（2022）「『新たな担い手』の動きを離島振興に」日本離島センター『しま』269, 20-29 頁。

40）山下，前掲書 186 頁；田中輝美，前掲書。

41）たとえば徳島県神山町の取り組みで提唱された「創造的過疎」という概念は，一定の人口減を所与としたうえで，多様な職種の若者世代の受け入れなどを通じて持続可能な地域をつくることを志向している。大南信也「創造的過疎から考える地方の創生」まち・ひと・しごと創生に関する有識者懇談会資料，https://www.chisou.go.jp/sousei/meeting/kondankai/h26-08-27-siryou2.pdf。

42）植田和弘（2004）「持続可能な地域社会」植田和弘ほか編『持続可能な地域社会のデザイン』〈講座 新しい自治体の設計 3〉有斐閣，1-16 頁。

43）岩佐礼子（2015）『地域力の再発見——内発的発展論からの教育再考』藤原書店，65 頁。

44）阿部治（2009）「持続可能な開発のための教育」（ESD）の現状と課題」『環

境教育』19（2），21-30頁。

45）植田，前掲書1頁。

46）田中治彦，前掲書12頁。

47）植田，前掲書5頁。

48）「内発的発展」の考え方は，思想的な起源は柳田国男などまで遡りうるが，日本では社会学者の鶴見和子らによって提起され，今日までさまざまな分野に影響を与えてきた。鶴見和子（1996）『内発的発展論の展開』筑摩書房。

49）藤森克彦（2017）『単身急増社会の希望—支え合う社会を構築するために』日本経済新聞出版社。

50）ここでケアとは，高齢者に対する介護・看護や見守りなどを主に想定しているが，社会学では，個人の福祉ニーズの充足にかかわる行為と関係という，より広義にケアの概念を用いることが多い。以下では広義に用いるときには「ケア」と表記する。上野千鶴子（2011）『ケアの社会学』太田出版。

51）広井はこれを「地域密着人口」の増加と呼んでいる。広井良典（2019）『人口減少社会のデザイン』東洋経済新報社，94頁。

52）ケアとは少し異なるが，近年注目される「食料品アクセス問題」も同型の問題である。薬師寺哲郎編（2015）『超高齢社会における食料品アクセス問題—買い物難民,買い物弱者,フードデザート問題の解決に向けて』ハーベスト社。なお，すでに1970年代に社会学者の松原治郎は，現代社会において「生活における地域依存と地域的協力の必要性がかえって高まる」と指摘していた。この関連で，アメリカのコミュニティ・スクールを日本に導入することを松原が早くから提唱していたことは興味深い。松原治郎（1978）『コミュニティの社会学』東京大学出版会，227頁。

53）武川，前掲書。

54）地域包括ケアシステムとは，「要介護状態となっても，住み慣れた地域で自分らしい生活を最後まで続けることができるように地域内で助け合う体制」をさす。https://www.tyojyu.or.jp/net/kaigo-seido/chiiki-shien/chiikihokatsukea shisutemu.html を参照。

55）武川，前掲書第9章。

56）高野和良（2017）「地域福祉活動と地域圏域」三浦・横田・速水編，前掲書189-205頁。

57）大野久（2018）「世代継承性が意味するものとそれを可能にするもの」岡本祐子・上手由香・高野恵代編『世代継承性研究の展望—アイデンティティから世代継承性へ』ナカニシヤ出版，45-54頁。

58）大野，前掲書53頁。

59）内山節（2012）『内山節のローカリズム原論—新しい共同体をデザインする』農山漁村文化協会。

60）内閣府による「高齢者の経済生活に関する意識調査（平成23年度）」では過去1年間の地域・ボランティア活動への参加経験をたずねている。それによれば，60歳以上回答者のうち，「地域の伝統や文化を伝える活動」に参加したものは10.6％，「青少年の健やかな成長・非行防止のための活動」は4.5％にとどまった。https://www8.cao.go.jp/kourei/ishiki/h23/sougou/zentai/pdf/2-8.pdf を参照。

61）草野篤子編（2010）『世代間交流学の創造―無縁社会から多世代間交流型社会実現のために』あけび書房。

62）たとえば，広井，前掲書，および広井良典（2011）『創造的福祉社会―「成長」後の社会構想と人間・地域・価値』筑摩書房を参照されたい。

63）都市農村交流研究会編（1985）『都市と農村の交流』ぎょうせい。

64）田中輝美，前掲書42頁。

65）図司直也（2014）『地域サポート人材による農山村再生』筑波書房。

66）地域おこし協力隊は，「都市地域から過疎地域等の条件不利地域に移住して，地域ブランドや地場産品の開発・販売・PR等の地域おこし支援や，農林水産業への従事，住民支援などの『地域協力活動』を行いながら，その地域への定住・定着を図る取組」。2020年度には約5500名が活動していたとされる。https://www.soumu.go.jp/main_sosiki/jichi_gyousei/c-gyousei/02gyosei08_03000066.html を参照。

67）図司，前掲書4-5頁。

68）田中輝美，前掲書79頁。

69）田中輝美，前掲書85頁。なお，小田切は同様の類型を，農山漁村への「関わりの階段」と呼んでいる。小田切，前掲論文。

70）田中輝美，前掲書59頁。

71）田中輝美，前掲書265-274頁。

72）小田切，前掲論文。

73）小田切，前掲論文27頁。

74）二階堂は，岡山県美作市における農村コミュニティ・ビジネスの事例研究から，外部から来た人材に地元住民が「教える」ことを通じて，地元住民が新しいやりがいや生きがいを見いだしていると論じている。二階堂，前掲論文。

75）田中輝美，前掲書。

76）西口敏宏・辻田素子（2017）「コミュニティ・キャピタル序説―刷り込み，同一尺度の信頼，準紐帯の機能」『組織科学』50（3），4-15頁。

77）Putnam, Robert D.（2001）*Bowling alone : the collapse and revival of American community*, Simon and Schuster（ロバート・D・パットナム／柴内康文訳（2006）『孤独なボウリング―米国コミュニティの崩壊と再生』柏書房），206-207頁。

78）北井万裕子（2020）「イノベーション・プロセスにおける社会関係資本」田中宏編『協働する地域』晃洋書房，215-246頁。

79）Pretty, J.（2003）Social capital and the collective management of resources. *Science* 302（5652），1912-1914.；稲葉陽二（2016）「都市祭礼とソーシャル・キャピタル」山田浩之編『都市祭礼文化の継承と変容を考える─ソーシャル・キャピタルと文化資本』ミネルヴァ書房，20-43頁。

80）たとえば，結束型ネットワークが強い地域においては，外部からの関係人口に対する信頼が形成されにくい，といった議論が可能であろう。

81）宮垣元（2016）「社会学からみるコミュニティ論」丸尾・宮垣・矢口編，前掲書36-54頁。なおここでコミュニケーションは「互いに理解や了解に至る相互行為過程」と定義されている。

82）環境研究者のジュールス・プレティは，「持続可能性は，社会的な学びのプロセスと見なされるべき」だと述べている。ジュールス・プレティ；吉田太郎訳（2006）『百姓仕事で世界は変わる─持続可能な農業とコモンズ再生』築地書館。

83）玉野和志（2010）「学校とコミュニティ」浅川達人・玉野和志『現代都市とコミュニティ』放送大学教材，147-158頁。

84）佐藤晴雄（2017）『コミュニティ・スクールの成果と展望─スクール・ガバナンスとソーシャル・キャピタルとしての役割』ミネルヴァ書房，第2章。

85）宮崎悟（2016）「市町村合併と公立小学校の統廃合との関係の再検討─複数要因を考慮した市町村データに基づく分析」『国立教育政策研究所紀要』145，131-139頁。

86）国土交通省国土政策局離島振興課「平成25年度　新しい離島振興施策に関する調査」https://www.mlit.go.jp/common/001081043.pdf。

87）長尾悠里（2018）「埼玉県秩父市大滝地区における学校統合と校区への諦観との関係：小学校の焼失過程に関する一考察」『人文地理』70（2），233-251頁。

88）今井良広（2021）「旧小学校を活用した地域活性化の取り組み─兵庫県丹波篠山市雲部地区・福住地区を事例として」金川幸司・後房雄・森祐亮・洪性旭編『協働と参加─コミュニティづくりのしくみと実践』晃洋書房，125-132頁。

89）中島勝住・中島智子編（2020）『小さな地域と小さな学校─離島，廃校，移住者受け入れから考える』明石書店。

90）「教育振興基本計画」（2018年6月15日閣議決定），5頁。

91）木村直人・相田康弘（2019）『未来の学校づくり─コミュニティ・スクール導入で「地域とともにある学校」へ』学事出版；前川浩一・青木一（2019）『コミュニティ・スクールを持続可能にする地域コーディネーターのキックオフ』三恵社；佐藤，前掲書。

92）文部科学省「令和3年度コミュニティ・スクール及び地域学校協働活動実施状況調査について（概況）」2-3頁。https://www.mext.go.jp/content/202111

22-mxt_chisui01-000018965_1.pdf を参照。

93）渡部昭男（2011）「地域が学校をとりもどす」柳原邦光・光多長温・家中茂・仲野誠編『地域学入門―「つながり」をとりもどす』ミネルヴァ書房，230-252頁。

94）たとえば，小西哲也・中村正則編（2019）『奇跡の学校：コミュニティ・スクールの可能性』風間書房。

95）時岡晴美（2021）「支援される学校から，地域と協働する学校へ」時岡晴美他編『地域と協働する学校―中学校の実践から読み解く思春期の子どもと地域の大人のかかわり』福村出版，10-19頁。

96）文部科学省，前掲書。

97）志々田まなみ（2016）「これからの『地域と学校の連携・協働』の方向性」『日本生涯教育学会年報』37，97頁。

98）すぐれた事例の紹介については，平田俊治・時岡晴美（2019）「学校支援地域本部が地域を活性化する―中学校と地域社会の連携についての実践と実証」『香川大学教育学部研究報告』1，75-85頁を参照。

99）熊谷愼之輔・志々田まなみ・佐々木保孝・天野かおり（2021）『地域学校協働のデザインとマネジメント―コミュニティ・スクールと地域学校協働本部による学びあい・育ちあい』学文社。

100）https://manabi-mirai.mext.go.jp/upload/H30chiikigakkoukyoudoukatudou_jissijyoukyoutyousa.pdf を参照。

101）社会教育士は 2020 年から導入された資格であり，「NPO や企業等の多様な主体と連携・協働して，社会教育施設における活動のみならず，環境や福祉，まちづくり等の社会の多様な分野における学習活動の支援を通じて，人づくりや地域づくりに携わる役割」が期待されている。https://www.mext.go.jp/content/1398830_03.pdf を参照。

102）齋藤孝（2016）『新しい学力』岩波書店，ii頁。

103）田村学・廣瀬志保編（2017）『「探究」を探究する―本気で取り組む高校の探究活動』学事出版，13頁。

104）たとえば，田村・廣瀬編，前掲書；大崎海星高校魅力化プロジェクト編（2020）『教育の島発高校魅力化＆島の仕事図鑑―地域とつくるこれからの高校教育』学事出版。

105）さらにいえば，「よそ者」がそうしたプロセスに関与することを通じて自らと地域との関係の理解を変容させ，「伝統」の継承主体となっていくということも考えられる。

106）岩佐，前掲書。

107）内山節（2005）『「里」という思想』新潮社。

108）この論点については，同僚であった植田今日子氏の研究から大きな示唆を

得た。植田今日子（2016）『存続の岐路に立つむら—ダム・災害・限界集落の先に』昭和堂。

109）山下祐介（2021）『地域学入門』筑摩書房。

110）澁澤寿一（2010）『叡智が失われる前に—山里の聞き書き塾講義録』山里文化研究所。

111）福島県双葉郡教育復興ビジョン推進協議会ウェブサイト http://futaba-educ.net/furusatosozo を参照。

112）石井賢一（2016）「『ふるさとなみえ科』から『ふるさと創造学』へ」『日本教育政策学会年報』23，55-59 頁。

113）石井，前掲論文 56 頁。

114）添田祥史（2016）「震災・原発事故からの復興と地域教育計画—『双葉郡教育復興ビジョン』と『ふるさと創造学』の取り組み」『福岡大学研究部論集Ｂ—社会科学編』8，149-157 頁。

115）福島県双葉郡教育復興に関する協議会『福島県双葉郡教育復興ビジョン』（平成 25 年 7 月 31 日）http://futaba-educ.sakura.ne.jp/wp-con tent/up loads/2014/06/vision20130731.pdf を参照。

116）コロナ禍のためオンライン開催。福島県双葉郡教育復興ビジョン推進協議会ウェブサイト http://futaba-educ.net/summit を参照。

117）文部科学省『平成 28 年度文部科学白書』https://warp.ndl.go.jp/info:ndljp/pid/11293659/www.mext.go.jp/b_menu/hakusho/html/hpab201701/1389013.htm を参照。

118）中田スウラ（2021）「福島県双葉郡の創造的教育復興を支える学校と地域の連携・協働」『学術の動向』3 月号，78-81 頁。

119）筆者は 2010 年以降，海士町の複数の地区において大学生を主体とする地元学的な聞き書きを行ってきた。なお，樋田大二郎・樋田有一郎（2018）『人口減少社会と高校魅力化プロジェクト—地域人材育成の教育社会学』明石書店；地域・教育魅力化プラットフォーム編（2019）『地域協働による高校魅力化ガイド—社会に開かれた学校をつくる』岩波書店も参照されたい。

120）山内道雄・岩本悠・田中輝美（2015）『未来を変えた島の学校—隠岐島前発ふるさと再興への挑戦』岩波書店。

121）ただし海士町はこうした離島では例外的に，近年の人口減少率は小さい。

122）山内道雄（2007）『離島発生き残るための 10 の戦略』日本放送出版協会，43 頁。

123）山内，前掲書 87 頁。

124）海士町（2019）『ないものはない〜離島からの挑戦』http://www.town.ama.shimane.jp/contact/8e7949d6a3fb99ece70bca03072de60ebb595918.pdf を参照。

125）海士町，前掲 7 頁。

126）以下，プロジェクトの紹介は，岩本の論文を主に参照した。岩本悠（2016）「学校を核とした地域づくりと人づくり―隠岐島前地域における教育魅力化プロジェクトの事例」『日本生涯教育学会年報』37，147-155 頁。

127）隠岐島前教育魅力化プロジェクトウェブサイト http://miryokuka.dozen.ed.jp/about/ を参照。

128）岩本，前掲論文 150 頁。

129）岩本，前掲論文 151 頁。

130）島留学の制度もまた生徒にとって「多文化共生」コミュニティの経験につながっているといえる。

131）田中輝美，前掲書。

132）一般財団法人島前ふるさと魅力化財団ウェブサイト http://otona-shimaryugaku.jp/ を参照。

133）マイケル・ポラニー／佐藤敬三訳（1980）『暗黙知の次元―言語から非言語へ』紀伊國屋書店。

# 第5章

# OECD における「探究」の考え方

## 1　「探究」とは何か

　ここ数年，多くの学校を訪問する機会があったのだが，そのなかには，「探究」に熱心に取り組んでいるという学校も少なからずあった。せっかくの機会だと思い，行く先々で，生徒たちに「探究」をどういうものと捉えているか尋ねてみることにした。なかなか想定されていなかった問いだと思うのだが，どの生徒も，その場で考えてしっかりと回答してくれた。その際に生徒たちから得られた回答は，概ねどの学校でも似ており，ほとんどが，「1つの教科の枠におさまらない課題についての学習」「実社会のリアルな問題と結びついた学習」「解が1つに定まらない，オープンエンドな課題解決に取り組む学習」という趣旨の回答に集中していた。なるほど，一定の説得力がある回答ではあるし，その場に居合わせた先生方も，そうした回答に満足しているようだった。

　ただ，「探究」をより厳密に考えていくと，それらの回答は，「探究」としての条件を，本当に捉えているといえるのだろうか。たとえば，「今日の晩ごはんは何にしようか」「次のデートではどこに行こうか」といった身近な課題から，「日本のエネルギー政策をどう考えていくべきか」「世界の貧困問題を解決するためにはどうしたらよいか」といった大きな課題に至るまで，どれも「1つの教科の枠におさまらない」「実社会の問題と結びついた」「オープンエンドな課題」といえる。こうした課題に取り組んでさえいれば，「探究」的な学びをやっていることになるかといえば，当然のことながら，そうではないだろう。

　それでは，どのような学習であれば「探究」しているといえるのだろうか。実際の授業においては，たとえば，「地域の商店街を活性化していくための方策を考えよう」とか，「河川敷に見られる外来植物の問題について」といった課題

が取り上げられるケースはしばしばみられる。これらの課題は，たしかに教科横断的で，実社会の問題とも結びついており，オープンエンドなものかもしれない。しかし，「探究」とは何かという本質をつかんでいないと，たとえば，PBL（Project Based Learning：問題解決型学習）さえ行っていれば，とりあえず「探究」をやっているといった表面的な理解にも陥りかねない。これこそが，「這いまわる経験主義」として批判されてきたことなのではないだろうか。

　実際，筆者がこれまでにみてきた「探究」と称する授業でも，「これで本当に探究といえるのだろうか」と疑問に思う授業に出会うことも少なくはなかった。重要なのは，「探究」をどのように捉えて，そして，具体的にどのように学習を進めていくのかということだろう。別の言い方をすれば，「探究的な学習」と「探究的でない学習」を分かつものがどこにあるのか[1]，そして，どのようにしたら，見かけだけの「探究」に陥らずに，真の「探究」を追求することができるのかということである。こうした考察を経ることは「這いまわる経験主義」という批判に対する，正面からの返答にもなるはずである。

　近年ますます注目を集める「探究」であるが，OECDや諸外国における「探究」の捉え方は，少なくとも昨今の日本における「探究」とは，やや異なっているようにみえる。上述のように，近年の日本における「探究」は，「教科横断」「実生活・実社会上の課題」「オープンエンド」と結びつけて捉えられる傾向が強い。このことは，単に生徒がそのように認識しているというだけでなく，日本における「探究」が，数学や理科などの教科よりも，「総合的な学習の時間」においてとくに強調されてきたという歴史的経緯による側面が大きいだろう（第2節(1)参照）。

　これに対して，OECDや諸外国における"inquiry"（「探究」）[2]は，むしろ数学や理科などの「教科」の学習と結びつけて捉えられている場合が多いようだ。その意味では，同じく「探究」という言葉を使った場合でも，じつは英語としては異なるニュアンスをもつ場合があることには留意する必要がある。もっとも，OECDや諸外国では，日本の「探究」で重視されているような，「教科横断」や「実生活・実社会上の課題」が重視されていないのかと問われれば，決して

そのようなことではない。ただ、そうした学習を表す言葉としては、必ずしも「探究（inquiry）」ではなく、「教科横断的な学習（interdisciplinary learning）」や「真正の学び（authentic learning）」などとして表現されてことが多いようだ（第2節(4)参照）。

　日本における「探究」概念が、「総合的な学習の時間」の導入に強く影響を受けてきたという歴史的経緯を考えれば、「オープンエンド」「教科横断」「実社会・実生活上の課題」といった性格と関連づけて理解されることは自然な流れであるともいえるし、こうした課題に取り組むことの意義が否定されるものではないだろう。ただ、ここで注意しなければならないのは、「探究」イコール「教科横断」「実生活・実社会上の課題」「オープンエンド」という形式的、表面的な捉え方をされることである。「探究」が形式的、表面的に捉えられることで、たとえば、以下のような誤った理解につながることが懸念される。

　　・教科横断的な学習をしたから、「探究」である
　　・実社会や実生活における問題をふまえた学習をしたから、「探究」である
　　・オープンエンドな問題に取り組んだから、「探究」である
　　・数学や理科など教科の学習だから、「探究」にはならない
　　・数学の問題は解が決まっているから、数学を学んでも「探究」にはならない
　　・理科の実験の結果はすでにわかっているのだから、実験をしても「探究」にはならない

　このような誤った理解に陥らないためにも、諸外国における「探究」の捉え方を参考にしながら、改めて、日本がめざすべき「探究」とは何なのかについての理解しておくことが必要だろう。

　本章では、以上のような問題意識に立脚したうえで、OECDやOECD加盟諸国における「探究」に関連する議論を概観し、そこから、日本における「探究」の議論に対してどのような示唆が得られるのかについて述べることとしたい。

## 2　「探究」的学習について

### (1)「探究」の背景

#### ①「総合的な学習の時間」と「探究」

　日本の教育界で広く普及している「探究」の考え方は，1999年の学習指導要領改訂によって導入された「総合的な学習の時間」と密接に結びついていると考えられる。その際の学習指導要領改訂の根拠となった教育課程審議会の答申には，以下のような記述がある（下線は筆者）。

> 　「総合的な学習の時間」のねらいは，各学校の創意工夫を生かした横断的・総合的な学習や児童生徒の興味・関心等に基づく学習などを通じて，自ら課題を見つけ，自ら学び，自ら考え，主体的に判断し，よりよく問題を解決する資質や能力を育てることである。また，情報の集め方，調べ方，まとめ方，報告や発表・討論の仕方などの学び方やものの考え方を身に付けること，問題の解決や探究活動に主体的，創造的に取り組む態度を育成すること，自己の生き方についての自覚を深めることも大きなねらいの一つとしてあげられよう。これらを通じて，各教科等それぞれで身に付けられた知識や技能などが相互に関連付けられ，深められ児童生徒の中で総合的に働くようになるものと考える。
>
> （教育課程審議会，1998）

　ここでは，問題解決と並んで「探究活動」に取り組む「態度」を育成することが，総合的な学習の時間を導入する「ねらい」として説明されている。周知のように，この1999年の学習指導要領改訂は「ゆとり教育」と称されることとなり，学力低下論争が生じるなかでさまざまな批判を受け，実質的に方向転換を余儀なくされることとなった。しかし，ここで導入された「総合的な学習の時間」それ自体は，時間数を減らしながらも，現在に至るまで維持されている。

　それでは，実質的に1999年の学習指導要領改訂からの方向転換を決定づけることとなった2008年の中教審答申では，「総合的な学習の時間」についてどのように捉えられているだろうか。ここでは，以下に示すような記述がみられる。

今回の改訂においては，各学校で子どもたちの思考力・判断力・表現力等を確実にはぐくむために，まず，各教科の指導の中で，基礎的・基本的な知識・技能の習得とともに，観察・実験やレポートの作成，論述といったそれぞれの教科の知識・技能を活用する学習活動を充実させることを重視する必要がある。各教科におけるこのような取組があってこそ総合的な学習の時間における教科等を横断した課題解決的な学習や探究的な活動も充実するし，各教科の知識・技能の確実な定着にも結び付く。このように，各教科での習得や活用と総合的な学習の時間を中心とした探究は，決して一つの方向で進むだけではなく，たとえば，知識・技能の活用や探究がその習得を促進するなど，相互に関連し合って力を伸ばしていくものである。

（中央教育審議会，2008）

　1998年の教育課程審議会答申と比べると，教科の学習が教科横断的な学習の基盤となるとともに，教科横断的な学習を通じて各教科の学習も充実するというサイクルが描かれているのだが，「探究」との関係で1つ留意すべき点がある。すなわち，中教審によれば，「探究」は「総合的な学習の時間」を中心として行われるものであると認識されているということである。すなわち，答申では，あくまでも総合的な学習の時間を「中心として」と述べているだけであり，各教科において「探究」が行われないなどとはまったくいっていないのである。むしろ，各教科においても一定の「探究」が行われることを前提としたうえで，総合的な学習の時間が「探究」の「中心」的な場面となると認識しているのである。

　②高等学校を中心とした「探究」の広がり

　以上のように，総合的な学習の時間が導入された当初から，「探究」との関係性は強く意識されてきたところであるが，近年になって「探究」に対する注目の度合いが一段と増してきたのは，総合的な学習の時間だけによるものではない。とくに，2002年度から始まったスーパー・サイエンス・ハイスクール（SSH）事業などを通して，「探究」に関する学校現場における地道な実践の蓄積があったことは大きいだろう。

　たとえば，2020年のSSH生徒研究発表会で文部科学大臣表彰を受賞した研究テーマは，「チョウの翅の撥水性と微細構造の関係―水接触角・滑落角の観点

から」である。チョウの翅になぜ耐水性があるのかを，電子顕微鏡なども使いながら科学的に「探究」している[3]。そして，鱗粉などを含めたチョウの翅と同じ原理が，傘やレインウェアなどにも用いられていることも解き明かしていく。発表資料のなかには，指導者・協力者として，学校の先生方はもちろん，大学や研究機関の研究者，昆虫館の研究員などの名前が掲載されていることから，学校外を含めた多くのつながりをもちながら活動を進めてきたことが推察される。もちろん，これは文部科学大臣表彰を受けるようなきわめてすぐれた事例ではあろうが，この事例のように，学問的にもしっかりとした裏づけを得ながら，同時に，生徒一人ひとりの関心や問題意識を強く反映して，実生活・実社会との関連性を感じさせるような実践例が積み重ねられてきている。

　こうした高等学校における学習の変化を後押しするように，「探究」を重視する形で学習指導要領が改訂されたり，大学入試などにおけるさまざまな変化が生じたことなども大きい[4]。2018年に改訂された高等学校学習指導要領では，従来の「総合的な学習の時間」を，「総合的な探究の時間」として位置づけたほか，上述のSSH事業による実践の蓄積などをふまえながら，「理数探究基礎」および「理数探究」といった科目が新たに設けられた。また，教科横断的性格を有する「総合的な探究の時間」や「理数探究」などに限られず，伝統的な教科科目において，「探究」が強調されたこともある。すなわち，「古典探究」「地理探究」「日本史探究」「世界史探究」の各科目である。これらの科目については，ややもすれば「暗記科目」と捉えられがちな傾向もあったが，科目の名称に「探究」が用いられたことに加えて，その内容についても，「自ら問いを立てて，課題解決を図る」ことが重視されている。

　大学入試における変化も大きい。近年，一般入試（現，一般選抜）に対するAO・推薦型入試（現，総合型・学校推薦型選抜）の割合が急速に上昇し，すでに大学入学定員の約5割はAO・推薦型の入試によって行われている（図5-1）。さらに，東京大学の推薦入試や京都大学の特別選抜をはじめ，北海道大学のフロンティア入試，お茶の水女子大学の新フンボルト入試や島根大学のヘルン入試など[5]，国立大学も含めて，従来のようなセンター試験と個別入試の合算に

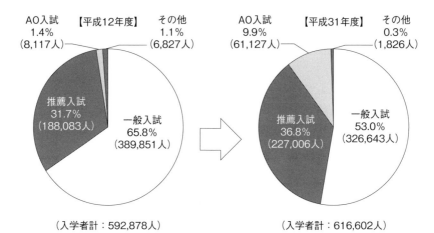

【平成12年度】

AO入試
1.4%
(8,117人)

その他
1.1%
(6,827人)

推薦入試
31.7%
(188,083人)

一般入試
65.8%
(389,851人)

（入学者計：592,878人）

【平成31年度】

AO入試
9.9%
(61,127人)

その他
0.3%
(1,826人)

推薦入試
36.8%
(227,006人)

一般入試
53.0%
(326,643人)

（入学者計：616,602人）

図5-1　平成31年度入学者選抜実施状況の概要（平成12年との比較）
出所：平成31年度国公私立大学・短期大学入学者選抜実施状況の概要

基づいた評価だけでなく，各大学において，よりさまざまな角度から受験生を評価しようとする新しい入試の仕組みを模索する動きが強まっていることも大きい。

　また，大学入試センター試験の後継として2021年から始まった大学入学共通テストにおいても，従来以上に工夫をこらした出題が模索されている。たとえば，センター試験の時代における数学では，実際にどのように数学が活用されるかという観点を捨象した形での出題が中心だったが，共通テストになってからは，陸上競技選手のピッチやストライドに関する分析をテーマにした問題が出されるなど[6]，実生活・実社会との関連性を重視した出題などが模索されている。

　以上のように，高等学校においても，また，大学入試においても，「探究」がより受け入れられる土壌が形成されてきている。振り返ってみると，21世紀初頭から始まったSSH事業の草創期においては，こうした「探究」自体がまだ十分に受け入れられる環境にはなかったともいえる。実際，当時は，「（探究活動を）がんばっても評価されないのではないか」「大学入試に直結しないのではないか」「むしろ入試では不利になるのではないか」といった懸念も指摘されてい

た。ところが，高等学校における変化に対応して，上述のように大学側でも多様な入試機会が設けられるようになり，両者のマッチングが進むという好循環が整いつつある。こうした動きもあり，これまで以上に「探究」に力を入れる高等学校が現れはじめている。たとえば，山形県では，山形東高校や米沢興譲館高校といった伝統校をはじめとして，複数の県立高校に「探究科」や「探究コース」を設置しているが，こうした動きは他県や私立学校においてもみられている[7]。

### (2)「探究」についての理解の揺らぎ

以上のように，「探究」を受け入れる土壌がつくられ，実際に「探究」が活発化してきているからこそ，「探究」がどのように理解されているかについて，改めて問い直すことが大切だろう。そもそも，教師間で「探究」についての共通理解はあるのだろうか。あるいは，生徒自身や保護者，そのほかの関係者は「探究」について十分に理解できているのだろうか。また，入試を行う側の大学は，「探究」について十分に理解できているのだろうか。本章の冒頭で，「探究」をどのように捉えているか生徒に尋ねた事例を紹介したが，おそらくは，「探究」が重要だという多くの方々に尋ねても，「探究」の定義はもちろん，なぜ「探究」学習に取り組もうとするのかという目的すらも，必ずしも一致していないのではないだろうか。

ところが，そうした曖昧さにもかかわらず，こうした「探究」を重視しようとする動きに対して，批判的な論調はほとんどみられない。むしろ，ほとんどの場合には，「探究」活動を進めたり，「探究科」を設置することについて，好意的に受け止められているようである。しかしながら，ここで改めて疑問を提起したいのは，「探究」に対する好意的なイメージがあるとしても，それは，「探究」についての共通理解があってのことなのかという点である。むしろ，「探究」が何を意味するのかという共通理解がない曖昧な状態だからこそ，「何となく良さそう」「新しい雰囲気がある」「少なくともこれまでの教科中心の学習よりはマシなのでは」といった漠然とした印象があるだけなのかもしれない。

じつは，具体的な学習の場面を想定して考えると，それぞれの学習が「探究」に値するものなのかどうかは，論者によっても異なってくる。筆者自身も「これが探究なのか」と疑問に思った授業があることを紹介したが，たとえば，学習評価について世界的に定評のあるG・ウィギンズとJ・マクタイによる『理解をもたらすカリキュラム設計』という本では，以下のような事例が紹介されているので，少し長くなるが引用してみよう。

> 　秋になると毎年2週間，第3学年の児童全員が，リンゴについての単元に参加する。3年生は，このトピックに関連するさまざまな活動に取り組む。言語化では，ジョニー・アップルシードについて読み，その話を描いた短編映画を見る。彼らはそれぞれリンゴに関わる創作物語を書き，テンペラ絵の具を使って挿絵を入れる。美術では，児童は近くの野生リンゴの木から葉っぱを集めえてきて，巨大な葉っぱ模様のコラージュを作り，3年生の教室に隣接する廊下の掲示板に掛ける。音楽の教師は，子どもたちにリンゴについての歌を教える。科学では，違うタイプのリンゴの特徴を，五感を使って注意深く観察して描く。数学の時間，教師は3年生全員に十分な量のリンゴソースをつくるために，レシピの材料を定率で倍にする方法を説明する。
> 　この単元のハイライトは，近所のリンゴ農園への見学旅行である。そこで児童は，リンゴジュースが作られるのを見てから，荷馬車での遠乗りに出かける。単元における山場の活動は，3年生リンゴ祭りという祝典である。そこでは，保護者はリンゴの衣装を着て，子どもたちはそれぞれのステーションを順に回って，さまざまな活動を行う―リンゴソースを作り，リンゴの言葉探しコンテストで競い合い，リンゴ採り競争をし，リンゴに関連する文章題を内容とする数学のスキル・シートを完成させる。その祝典の締めくくりには，カフェテリアの職員が準備したリンゴあめをみんなが楽しんでいるところで，選ばれた児童が自分の書いたリンゴの物語を読む。
>
> （ウィギンズ＆マクタイ，2012）

　ここで紹介されている事例については，よい事例と感じられるだろうか。それとも，違う感想をもたれるだろうか。結論からいえば，この事例は，アメリカにおいて「おなじみ」とされる授業であるとしながらも，けっして肯定的に紹介されているものではない。著者は，同書で次のように述べている。

> 　このような単元は，しばしば児童にとって魅力的なものである。この事例にあ

> るように，そういった単元は，おそらくは，あるテーマを中心に構成され，学際
> 的な関連性を提供するものだろう。（中略）
>
> しかし，このような学業の価値はどうなのかという問題が残っている。

　すなわち，こうした授業のあり方に対して，「学業の価値」という観点からの根本的な疑問が呈せられているのである。この事例では，アメリカらしく「リンゴ」の例が採り上げられているが，「コメ」や「サツマイモ」などに置き換えたら，とくに2000年代初頭の「総合的な学習の時間」の導入当初の時期においては，日本でも同様の事例が多数報告されていたのではないだろうか。そして，今でもウィギンズやマクタイからみれば批判の対象にしかならないような実践が，「探究」の名の下に行われていることがあるのではないだろうか。

　上述の例に限らず，実生活・実社会における課題をテーマにしたり，教科横断型のテーマを扱ったりすることと，学習内容が「探究」的なものになっているかどうかは，まったく次元の異なる問題である。イメージ論が先行しないようにするためにも，「探究」とは何なのか，何のために「探究」を行うのか，そして，「探究」を実現するために必要な条件はどのようなものなのかといったことを，しっかりと特定していく作業が必要となるだろう。

　こうした検討を進めてくると，今，改めて考えなければならない論点が，自ずから浮かび上がってくる。それは，以下の3点である。

> ①「探究」とは何か（定義）
> ②「探究」を導入する目的は何か（目的）
> ③「探究」が成立するために必要な条件は何か（条件）

　逆に，こうした問いについての明確な答えがないままに「探究」を導入しようとしても，それは中身を伴わない形式的な「探究」に陥るおそれがある。

　これらの論点を考えていくうえで参考になるのが，「国際的にどのような議論が行われているのか」ということである。教育については，しばしば国内的な視点からの議論に陥りがちであるが，幸い，現代ではさまざまなネットワークを通じて多くの情報にアクセスすることが可能になっている。「探究」が国際的にどのように受け止められているのか，「探究」を進めていくうえで何らか

の課題が生じているのか，また課題が生じているとして，それにどのように対応しているのかといったことを，国際的な視点もふまえながら考えていくことが重要であり，日本国内での「探究」の今後のあり方についての示唆を与えてくれるだろう。

### (3) 諸外国における「探究」の捉え方

本章の焦点は，OECD における議論において，「探究」がどのように捉えられているのかということである。OECD が行うプロジェクトにおける議論については，次節において中心的に取り上げるが，OECD における議論も，各国における議論を前提にして作りあげられるものであることから，次節に入る前に，いくつかの観点から，諸外国における「探究」の状況を概観してみよう。

#### ①方法としての「探究」

本節(1)で紹介したように，文科省における認識としては，探究は「総合的な学習（探究）の時間」を中心にして行われるとされている。総合的な学習の時間における探究は，「探究のサイクル」と呼ばれる「①課題の設定→②情報の収集→③整理・分析→④まとめ・表現」というステップから構成されるものとされている（文部科学省, 2017）。この「探究のサイクル」は，学習を進めていくうえでの方法論と考えられるが，このように，「探究」を方法論と結びつけて捉える認識は，科学の世界において伝統的に重視されてきたものといえる。少し長くなるが，代表的な例として，アメリカの国立科学アカデミーが「科学的探究（scientific inquiry）」についてどう考えているのかみてみよう。

> 科学的探究（"scientific inquiry"）とは，科学者が自然界を研究し，その成果から得られたエビデンスに基づいて仮説を提唱する多様な方策のことである
> 　探究は多面的な活動であり，以下のことなどを含むものである。
> 　・観察すること
> 　・質問をすること
> 　・既知の事柄を知るために書物などのリソースを調べること
> 　・研究を計画すること
> 　・実験の結果に照らして既知の事柄を見直すこと

・データを集め，分析し，解釈するために道具を使うこと
　　・解や説明，予測を提案すること
　　・実験の結果を伝えること
　　探究には，仮説の確認，批判的・論理的思考力の活用，他の説明の選択肢につ
　いての検討などが必要になる。
　　生徒は探究のうち選択された側面について従事することになる。なぜなら，自
　然界を知るための科学的方法を知るが，同時に，完全な探究を実行するための能
　力を育む必要があるからである。
　　「スタンダード」が探究を強調しているとはいえ，このことは科学の教授にお
　いて単一のアプローチを推奨するものと解されてはいけない。知識や理解，学習
　内容の基準において示されている能力を身に付けるためには，教師は異なる方略
　を用いるべきである。実践的な科学の活動を行ったからといって，必ずしも探究
　が行われるわけではないし，科学について読むことが探究と整合しないわけでも
　ないのである。

　　　　　　　　　　　　　　　　（*National Research Council*, 2000 を筆者翻訳）

　　国立科学アカデミーが作成したレポートにおける「科学的探究」についての
考え方を読むと，そこで考えられている「探究」とは，まさしく専門家として
の科学者がどのようにアプローチするかという方法論をストレートに論じてい
ることがよくわかる[8]。こうした骨太な「探究」の定義と比べると，「教科横断
的」「実生活・実社会との関連性」「オープンエンド」といった性格があるから
「探究」だというだけでは，「探究」についての理解が表面的なものにとどまっ
ていることが改めて認識されるだろう[9]。

　　もう１つ，別の観点からの事例としてアメリカの理科教育の研究者らによる
探究に関する提案を紹介しよう。提案者は，科学的探究の手法をいきなり身に
つけることはむずかしいという前提に立って，「探究」を表 5-1 の４つのレベル
に分けることを提案している（Banchi & Bell, 2008）。

　　これらの４つのレベルの違いは，教師からどれだけの情報が与えられるのか
というところにある。すなわち，①「確認のための探究」（confirmation inquiry）
では，問いや手続きが教師から与えられるだけでなく，その結果がどうなるか
についても生徒たちがわかっている。そのため，既知のことがらを確認したり，
実際に特定の実験を行う経験を生徒に積ませるといったことに意義がある。伝

表5-1 「探究」の4段階と生徒に与えられる情報の違い

| 「探究」のレベル | 問い | 手続 | 解法 |
|---|---|---|---|
| ①確認のための探究（confirmation inquiry）<br>　前もって結果がわかっている場合に，活動を通じて原理を確認する | ✓ | ✓ | ✓ |
| ②構造化された探究（structured inquiry）<br>　与えられた手続きにしたがって，教師が示した問いについて実験する | ✓ | ✓ | |
| ③指導された探究（guided inquiry）<br>　生徒が自分でデザインしたり，選択した手続を用いて教師が示した問いについて実験する | ✓ | | |
| ④オープンな探究（open inquiry）<br>　生徒がデザインまたは選択した手続を用いて，生徒自らが立てた問いについて調査する。 | | | |

出所：Banchi & Bell, 2008 より筆者作成

統的な理科の授業における実験も，「確認のための探究」に該当するものが多かったかもしれない。

　②「構造化された探究」（structured inquiry）は，①に近いものではあるが，生徒たちに与えられるのは問いと手続だけで，その結果がどうなるのかについては知らされておらず，自分たちで見つけていくことになる。

　③「指導された探究」（guided inquiry）になると，教師から与えられるのは「問い」だけであり，具体的にどのような手続をとるかについても生徒自身が考えることになる。そのため，生徒としてもさまざまな実験を行ったり，それらのデータを記録するような経験を積んでいることが求められてくるだろう。

　そして，最後が④「オープンな探究」（open inquiry）であるが，字義どおり，問い立てから含めて生徒自身が考えていくことになる。そのため，「オープンな探究」が最も効果的なのは，①～③のレベルの探究の経験を積んで，自ら実験をデザインしたり，記録したり，さらにはそこから結論を導き出すことができるような場合であるとされている。

このように「探究」をレベルに着目して区分することは，わが国における「探究」を考えるうえでも有用だろう。というのも，とくに日本での「探究」に関する議論では，これらの①〜④のレベルについて区別せずに議論することが散見されるからである。冒頭で紹介した「オープンエンド」な課題に取り組むことが探究であるという認識があるように，論者によっては，④の類型のみを「探究」と考えているケースもあるかもしれない。しかし，この提案においても，④のレベルの「探究」は，あくまでも①〜③のレベルの探究の積み上げのうえに位置づけられているということは，十分に認識されるべきであろう。単に「オープンエンド」な課題に取り組むことを「探究」と捉えるだけでは，しっかりとした方法論を身につけないまま，表面的な「探究」に取り組むことにもなりかねない。

　②能力としての「探究」

　上記の２つの事例は，「探究」を方法論として捉えているものと考えられるが，一方では，「探究」を，子どもたちが身につけるべき資質・能力の観点から捉えているケースもみられる。はじめに紹介するのが，欧州を中心に発展を遂げ，近年になってから，わが国でも参加校が増加している国際バカロレア（International Baccalaureate：IB）のプログラム[10]における「探究」の取扱いである。

　国際バカロレア機構（International Baccalaureate Organisation：IBO）では，IBのカリキュラムを履修する生徒が実現すべき生徒像（Learner profile）を設定している。具体的には，"Knowledgeable（知識のある人）"や"Communicator（コミュニケーションできる人）"，"Open-minded（心を開く人）"などの10の要素が示されているのだが（表5-2），そのなかの１つとして，"Inquirer（探究者）"があげられている。IBOによると，"Inquirer"とは，「自然な好奇心を育てる人。探究やリサーチを行うのに必要なスキルを身に付け，自律した学習を行うことができる人。積極的に学習を楽しみ，生涯にわたってそれが持続する人」とされている。「学習者像（Learner Profile）」という言葉からも明らかなように，IBにおいては，「探究」を生徒が身につけるべき能力・態度の１つとして位置づけているのである。

表 5-2　IB の学習者像（IB Learner Profile）

**探究する人　inquirers**
私たちは、好奇心を育み、探究し研究するスキルを身につけます。ひとりで学んだり、他の人々と共に学んだりします。熱意をもって学び、学ぶ喜びを生涯を通じてもち続けます。

**知識のある人　knowledgeable**
私たちは、概念的な理解を深めて活用し、幅広い分野の知識を探究します。地域社会やグローバル社会における重要な課題や考えに取り組みます。

**考える人　thinkers**
私たちは、複雑な問題を分析し、責任ある行動をとるために、批判的かつ創造的に考えるスキルを活用します。率先して理性的で倫理的な判断を下します。

**コミュニケーションができる人 communicators**
私たちは、複数の言語やさまざまな方法を用いて、自信をもって創造的に自分自身を表現します。他の人々や他の集団のものの見方に注意深く耳を傾け、効果的に協力し合います。

**信念をもつ人　principled**
私たちは、誠実かつ正直に、公正な考えと強い正義感をもって行動します。そして、あらゆる人々がもつ尊厳と権利を尊重して行動します。私たちは、自分自身の行動とそれに伴う結果に責任をもちます。

**心を開く人　open-minded**
私たちは、自己の文化と個人的な経験の真価を正しく受け止めると同時に、他の人々の価値観や伝統の真価もまた正しく受け止めます。多様な視点を求め、価値を見いだし、その経験を糧に成長しようと努めます。

**思いやりのある人　caring**
私たちは、思いやりと共感、そして尊重の精神を示します。人の役に立ち、他の人々の生活や私たちを取り巻く世界を良くするために行動します。

**挑戦する人　risk-takers**
私たちは、不確実な事態に対し、熟慮と決断力をもって向き合います。ひとりで、または協力して新しい考えや方法を探究します。挑戦と変化に機知に富んだ方法で快活に取り組みます。

**バランスのとれた人　balanced**
私たちは、自分自身や他の人々の幸福にとって、私たちの生を構成する知性、身体、心のバランスをとることが大切だと理解しています。また、私たちが他の人々や、私たちが住むこの世界と相互に依存していることを認識しています。

**振り返りができる人　reflective**
私たちは、世界について、そして自分の考えや経験について、深く考察します。自分自身の学びと成長を促すため、自分の長所と短所を理解するよう努めます。

出所：国際バカロレア機構ウェブサイトより

　同様の事例として、ニュージーランドの事例も紹介しておきたい。同国の教育省が作成している文書、「ニュージーランド・カリキュラム（New Zealand Curriculum）」では、カリキュラムにおいて重視すべき価値観として、卓越性（excellence）や多様性（diversity）、公平性（equity）、地域・参画（community and participation）などと並んで、イノベーション・探究・好奇心（"innovation, inquiry and curiosity"）があげられている（図5-2）。そして、この「探究」は、イノベーションや好奇心と並んで、「批判的、創造的、省察的に考えることで」（by thinking critically, creatively, and reflectively）育成されるとしている（Ministry of Education, New Zealand, n.d.）。ここでも、「探究」は子どもたちが学習していくうえで身につけるべき要素として扱われている。

### （4）"inquiry" と「探究」

　ところで、日本における「探究」への注目度からすれば、諸外国の教育においても、当然「探究」が重視されていると考えられそうである。ところが、たとえば、ノルウェーにおける直近のカリキュラム改革の基本文書となった「未

来に向けた学校」（"The School for the Future"）というレポートは，全体で 118 ページに及ぶものである[11]）にもかかわらず，そのなかには「探究（"inquiry"）」という言葉は一度も出てこないのである。

　ただ，日本で考えられているような「探究」の要素は含まれていないのかというと，そうではない。このレポートでは，「教科横断的テーマ（interdisciplinary themes）」の重要性について，かなりの分量を割いて言及されており，たとえば，持続可能な開発や環境，多文化社会，ウェルビーイングなどのテーマについて，教科横断的に考

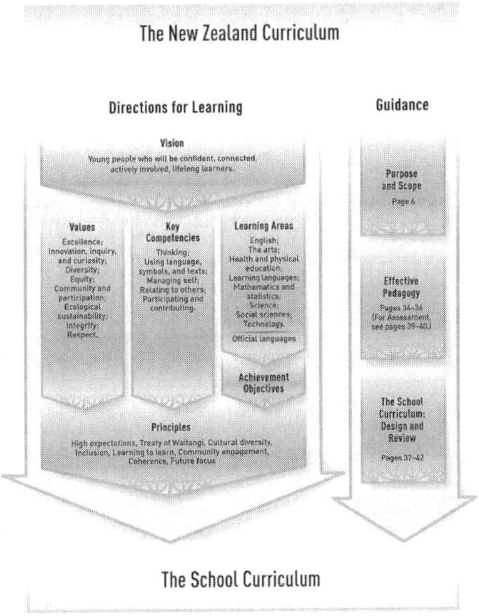

図 5-2　ニュージーランド・カリキュラム
出所：ニュージーランドカリキュラムオンライン https://nzcurriculum. tki. org. nz/The-New-Zealand-Curriculum

えていくことが重要とされているのである（Ludvigsen et al, 2013）。すなわち，"inquiry"という言葉は使っていないが，日本の「探究」で重視されている「教科横断」という概念自体は盛り込まれているのである。

　もう 1 つ，PISA 調査において，毎回高いパフォーマンスを出して注目されているシンガポールのケースをみてみよう。シンガポール教育省の文書にも，「探究（"inquiry"）」という言葉はほとんど登場しない。しかしながら，2004 年に導入された「より少なく教え，多く学ぶ（"Teach Less, Learn More：TLLM"）」イニシアティブについて，シンガポール教育省は以下のように説明している。

　　（TLLM は，）教育における「量」から「質」への転換である。「より高い質」とは，革新的で効果的な指導を通じた，学級におけるインテラクション，発表の機会，生涯使うようなスキルの学習，人格の形成といった観点である。「より少ない量」とは，丸暗記学習，反復的テスト，既に書かれた答えや作られた公式に従

うこと，といった観点である。

　そして，こうした質の高い学習を実現していくために，シンガポール教育省
が重視したのが，教師に振り返りの時間を確保することであった。そのための
手段として，教師を増員するほか，非常勤講師や日本の部活動支援員に相当す
るサポートスタッフを雇ったり，教育課程を削減したのであるが，こうした政
策の効果は，もちろん教師だけに影響するものではない。生徒にとっては，全
体としての学習時間を減らし，その一方で興味のある分野を深掘りしていく
（explore）時間を確保していくことにつながるとされている（Tan et al, 2008）。
すなわち，ここでも"inquiry"という言葉こそ出てこないものの，ねらいとされ
ているのはわが国でいうところの「探究」に重なるといえる。

　以上のようにみてくると，日本における「探究」の解釈について，もう一度
考える必要があることに気づかされる。すなわち，日本語の「探究」は，英語
の"inquiry"あるいは"inquiry-based learning"[12]に相当するものとして捉えられ
てきたが，実際には，"authentic learning（真正の学び）"，"interdisciplinary
learning（教科横断的な学び）"，"active learning（アクティブ・ラーニング）"，
"project-based learning（PBL：プロジェクト型学習）"など，ほかの言葉によって
表されている場合もしばしばみられるのである（図5-3）。

　さらに，ここに例示した概念についても，授業のスタイルに関するもの（ア
クティブ・ラーニング，プロジェクト型学習）から，教科の枠組みのあり方に関す
るもの（教科横断的な学び），学習内容に関するもの（真正の学び）まで，必ずし
も同一の次元で並列的に捉えられるものではない[13]。そうした広義性ゆえに，
「探究」がさまざまな概念を包含する，ある種の「マジックワード」となり，支
持が広がっているのだとも考えられる。

　しかしながら，問題はここからである。そうした曖昧な形で「探究」が広が
れば広がるほど，いざ，その授業や学習の実態をみると，「これは自分が考えて
いるような『探究』ではない」「こんな表面的な『探究』では意味がない」「学
習の成果が十分身についていない」といった批判にもつながりかねない。

それでは，こうした「探究」の概念について，PISAをはじめとして教育分野における影響力を増しているOECDにおいては，どのように捉えられているのだろうか。この点が本章の主たるテーマとなるのだが，次節においてみていきたい。

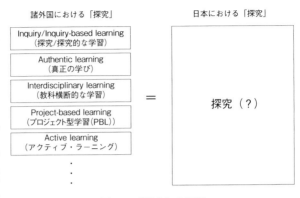

諸外国における「探究」

Inquiry/Inquiry-based learning
（探究/探究的な学習）

Authentic learning
（真正の学び）

Interdisciplinary learning
（教科横断的な学習）

Project-based learning
（プロジェクト型学習（PBL））

Active learning
（アクティブ・ラーニング）

日本における「探究」

探究（？）

図 5-3 「探究」の解釈

## ③ OECD における「探究」に関連する議論

OECD においては，PISA（Programme for International Student Achievement：生徒の学習到達度調査）や TALIS（Teaching and Learning International Survey：国際教員指導環境調査），Education2030（OECD Future of Education and Skills 2030）などの国際的なプロジェクト，また各国のさまざまな政策を対象にした政策レビュー（policy reviews）などを中心としながら，常時，大小さまざまな規模のプロジェクトが同時並行的に進められてきている。本章では，主として OECD 教育スキル局を代表するプロジェクトである PISA，その理論的根拠とされているDeSeCo（Definition and Selection of Competencies）の後継プロジェクトである Education2030，教師の指導法や勤務環境などに焦点を当てた国際比較を行っている TALIS の 3 つのプロジェクトを対象として，それらの議論において，「探究」がどのように捉えられているのかを考えてみることとしたい。

なお，先に結論を述べると，OECD の各プロジェクトにおいても，「探究」それ自体に焦点を当てたものは，管見の限りでは存在しない。ただし，それぞれのプロジェクトにおいて，日本で考えられている「探究」に関連する考え方や

概念などはさまざまな形で見つけることができる。


### (1) PISA における探究
#### ①数学的リテラシーにおける精緻化 (elaboration)

「探究」が何を意味するかはいったんおくとして，いわゆる知識詰込み型・知識再生産型の学習が「探究」的であるという意見は考えにくいだろう。むしろ，日本において「探究」が好意的に受け止められている背景の1つには，知識を詰め込み，その再生を問うような古典的な学習のあり方に対するアンチテーゼという側面もあると考えられる。

この点，PISA2003 において，「記憶（memorisation）」と対照的な形で用いられた概念が「精緻化（elaboration）」という学習方略であり，「探究」に近い概念であると考えられる。PISA の数学的リテラシーの分析枠組みでは，生徒がどのように学んでいるかという学習方略[14]について，生徒質問紙に基づいた分析を行っている。PISA では，学習方略の3つの類型として「記憶方略（memorisation strategies）」「精緻化方略（elaboration strategies）」「制御方略（control strategies）」という3つを設定している。それぞれの方略の定義と，それぞれの方略がどの程度用いられているのかを把握するための質問については，以下に掲げるとおりである（OECD, 2010）。

■記憶方略

記憶方略は，それ以上精緻化したり処理したりすることなしに，学習者が頭のなかにある情報を取り出すことが求められるような場合に適しているとされている。具体的には，事実を覚えたり，例題を反復するような学習方略のこととされている。たとえば，一問一答形式のクイズや，短い問題を繰り返して解くような小テストの場合には有効とされている（OECD, 2010）。

PISA では，記憶方略がどの程度用いられているかを測定するために，以下の4つの質問項目を用いている。

①いくつかの数学の問題は繰り返し解いているので，眠っている間にでも解ける

> ように感じる（睡眠）
> ②数学を勉強するときには，問題の答えを丸暗記しようとしている（暗記）
> ③数学の問題の解法を覚えるために，例題に繰り返し当たっている（例題）
> ④数学を学習するために，手続の１つひとつのステップを覚えようとしている
> 　（手続）

　なお，ここでは「記憶方略」と呼ばれているが，単純な「丸暗記」あるいは「知識詰込み」と同視されるものではないことには留意が必要である。たとえば，質問項目②はいわゆる丸暗記に相当するとしても，③や④は，より深い理解に至るためのプロセスの１つとみることもできるだろう。また，後述するように，PISA スコアが上位の国々においても，この「記憶方略」自体は活用されていることにも注意したい。

■精緻化方略

　精緻化方略とは，知識と知識を紐づけることによって，新しいことがらを理解することである。PISA における精緻化方略に関する指標は，以下の５つの質問に対して「同意する」「強く同意する」を選んだ生徒の割合に基づいている。

> ①【新しい解法の模索】数学の問題を解く際には，いつも正解を導くための新しい方法を考えている。
> ②【日常生活との関連づけ】学習した数学を日常生活のなかでどのように使うかを考えている。
> ③【既知の知識との関連づけ】数学の新しい概念を既知の事柄と関連づけることによって理解しようとしている。
> ④【応用】数学の問題を解いているときには，そこで用いる解法が，ほかの興味をひかれる問題に対してどのように適用されるかをしばしば考えている。
> ⑤【他教科】数学を学ぶ際に，そこで学ぶ事柄と他教科ですでに学んだ事柄を関連づけようとしている。

　上記の精緻化方略に関する質問項目をみると，日本で抽象的に理解されている「探究」との重なりあいをみることができるだろう。たとえば，①は「オープンエンド」な性格に，②は「実生活・実社会上の課題」との関連性につながるものである。また，⑤は文字どおり「教科横断」性を表す項目である。ひと

まずは，この精緻化方略が，日本における「探究」と親和的であると理解してよいだろう。

■制御方略

制御方略とは，目的を設定したり，目標に向かう自分の進捗状況を把握するなどとして，自分の学習をコントロールしているケースのことであるとされている。PISAの質問項目のなかでは，以下の5つの項目が制御方略に関連づけられている。

①数学のテストに向けて学習するときには，最も重要な部分に力を入れるようにしている（重要性）
②数学の学習をする際には，既習事項を覚えているかどうかを確認するようにしている（記憶の確認）
③数学の学習をする際には，どの概念を十分に理解していないかを把握するようにしている（概念）
④数学で何か理解できなかった場合，その問題を明確化するために，より多くの情報にあたるようにしている（明確化）
⑤数学を学ぶときには，学ぶ必要があるものからぴったりと学びはじめる（正確性）

さて，以上の枠組みは，PISAにおける数学的リテラシーの分析において用いられたものであるが，「探究」と親和性の高そうな「精緻化方略」に注目して考えてみよう。たとえば，上述のように，①【新しい解法の模索】などは，さまざまな解法の可能性を考えるという意味では「オープンエンド」な性格に親和的である。また，②【日常生活との関連づけ】や⑤【他教科】などの質問項目は，わが国の「探究」で意識されている「教科横断」「実社会・実生活との関連性」といった点と親和的といえるだろう。

それでは，「精緻化方略」については，OECDはどのように評価しているのだろうか。直感的には，この方略を活用している国や生徒集団のほうが，「記憶方略」に依存しているよりもPISAの高スコアにつながりそうな印象をもちそうである。ところが，実際にはそのようなわかりやすい結論は得られていない。より詳細にみていくと，「精緻化方略」が数学的リテラシーのテストスコアにど

の程度影響しているのかについては、国によってばらつきがある。すなわち、同じ東アジアの国々をみても、香港や上海では「精緻化方略」とテストスコアの間に正の相関がみられたのに対して、日本、シンガポール、台湾では明確な関連性はみられなかったというし、韓国では、むしろ負の相関がみられているという（Wu et al, 2019）。

　では、「精緻化方略」は、学習するうえで本当に意味のないものなのだろうか。この点について、ニュージーランド教育省が作成したレポートでは以下のように指摘している。

---

　各国において、精緻化方略の導入と数学の結果については組織的な関連性は見られない。しかし、だからと言って、精緻化方略が生徒がより良くなることを助けるものではないということではない。単に、精緻化方略を採用している生徒が、他の生徒よりも良い結果を出していないというだけなのである。ニュージーランドでは、マオリの生徒と女子生徒について、精緻化方略と数学の成績との間に負の相関関係が見られている。このことは、より弱い状況にある生徒が、おそらくは他の制約を補う手段として精緻化方略を用いるより強い傾向があるということを示唆している。

（Ministry of Education, New Zealand, 2009）

---

　「示唆」のレベルではあるが、少なくともニュージーランドにおいては、ヨーロッパ系の生徒よりも制約が大きい状況にあると推察されるマオリの生徒や、男子生徒よりも制約が大きい状況にあると推察される女子生徒のほうが、「精緻化方略」を用いているというのである。すなわち、「精緻化方略」をより使っている生徒集団のほうが、もともと、より厳しい状況におかれている可能性がある。だからこそ、そうした状況を打破するために「精緻化方略」を用いている可能性があると指摘しているのである。もしそうだとすると、話は変わってくるかもしれない。当然のことだが、恵まれている環境にある生徒も含めて、より多くの生徒が「精緻化方略」を積極的に活用することができれば、全体としてよりすぐれた成績につながってくる可能性が考えられる。

　なお、上述のように、PISA調査においては、これらの3つの方略を定義づけるものとして、それぞれに異なる質問セットを用意したうえで回答を得ている。

しかしながら，これらの方略を明確に区分することはむずかしいだろうし，生徒たちもこれらの方略のどれか1つのみを用いているというよりは，さまざまな方略を柔軟に用いているとも考えられる。実際，東アジア諸国が数学的リテラシーで好成績を出している理由として，「記憶方略」とほかの方略を併用していることがあげられるとの指摘もある（Wu et al, 2019）。したがって，ここであげた3つの方略のなかで，「探究」に最も親和的なのは「精緻化方略」であるとしても，「精緻化方略」に偏った学習がPISAの好成績を担保するものではないということについては，十分に留意する必要がある。

②科学的リテラシーにおける「探究的な授業」

つぎに，科学的リテラシーについてみてみよう。2015年のPISAでは，科学的リテラシーが調査の中心分野となったが，この際の生徒質問紙調査においては，「科学の学習」において「探究的な指導（"enquiry-based teaching"）」が行われているかどうかについての生徒の認識について尋ねている。具体的には，以下の9つの質問項目が設けられており，質問に回答する生徒は「いつもそうだ」「たいていそうだ」「たまにある」「まったく，又はほとんどない」の4つの選択肢から回答を選択することが求められている。

①生徒には自分の考えを発表する機会が与えられている
②生徒が実験室で実験を行う
③生徒は，科学の問題について議論するよう求められる
④生徒は，実験したことからどんな結論が得られたかを考えるよう求められる
⑤先生は理科で習った考え方が，多くの異なる現象（例：物体の運動，似た性質を持つ物質など）に応用できることを教えてくれる
⑥実験の手順を生徒自身で考える
⑦調査についてクラスで議論する
⑧先生は，科学の考えが実生活に密接にかかわっていることを解説してくれる
⑨生徒は，アイデアを調査で確かめるよう求められる

これらの項目についてまとめた結果が，表5-3である。これらの項目が，「探究的な授業」を的確に捉えているかどうかについては議論もありうる。実際，これらの項目を提示したうえで，「アクティブ・ラーニング型の授業」であるか

どうかを問うたとしても，おそらく，それほどの違和感は生じないと思われる。その意味でも，「探究」の定義としてどのようなものを想定するかが再度重要になるし，上述のように，たとえば，「②生徒が実験室で実験を行」っているとか，「⑦調査についてクラスで議論」しているといった形式のみに着目するようなことには，十分に慎重であるべきだろう。

　とはいえ，少なくとも PISA における調査の枠組みにおいては，これらの質問項目に対する肯定的な回答の割合が高いほど，生徒が「探究的な授業」であると認識していることを意味するものとして定義されている。そして，PISA で好成績を出している日本や韓国，中国（北京・上海・江蘇・広東），台湾などについては，OECD 平均と比べても「探究的な授業」を行っているという認識が低いものとなっている。

　ひょっとしたら，アジア諸国にみられる授業形態自体が，PISA が定義するところの「探究的な授業」と，そもそも親和性が低いのかもしれない。しかしながら，「探究的な授業」が少ないとされる東アジア諸国が，ほかの国々と比べて高いパフォーマンスを出していることには留意が必要であるし，むしろ，PISA のスコアと「探究的な授業」が結びついていないとすれば，その原因を突き詰める必要があるだろう。たとえば，アメリカは「探究的な授業」を行っているとの認識がアジア諸国よりも強く示されているが，より「探究的な授業」ではない日本や韓国，台湾がいずれも PISA で好成績を出しているという事実は見過ごされるべきではないだろう（OECD, 2016；国立教育政策研究所, 2016）。

　さらに，個別の項目をみていくと，たとえば，「②生徒が実験室で実験を行う」についてはエストニアが，「⑥実験の手順を生徒自身が考える」についてはフィンランドが，アジア諸国よりも低い数値をみせているなど，項目によっては国によるばらつきがみられる。単純に「探究型授業」などまとめてしまうと，こうした個別の状況が不鮮明になってしまうので，こうした個別データについても丁寧に検証していくことが重要である。

表 5-3 「探究を基にした理科の授業に関する生徒の認識」指標

| 国名 | 「探究を基にした理科の授業に関する生徒の認識」指摘 2015年 | | 次のことについて「いつもそうだ」または「たいていそうだ」と回答した生徒の場合 | | | | | | | | |
|---|---|---|---|---|---|---|---|---|---|---|---|
| | 平均値 | 標準誤差 | 生徒には自分の考えを発表する機会が与えられている | 生徒は実験室で実験を行う | 生徒は、科学の問題について議論するよう求められる | 生徒は、実験したことからどんな結論が得られたかを考えるよう求められる | 先生が理科で習った考えが、多くの異なる現象(例:物体の運動,似た性質を持つ物質など)に応用できることを教えてくれる | 実験の手順を生徒自身で考える | 調査についてクラスで議論する | 先生は、科学の考えが実生活に密接に関わっていることを解説してくれる | 生徒は、アイデアを調査で確かめるよう求められる |
| 日 本 | -0.64 | (0.03) | 47.3 | 14.8 | 12.2 | 33.0 | 39.8 | 10.4 | 8.7 | 33.0 | 12.4 |
| オーストラリア | 0.18 | (0.01) | 73.8 | 23.7 | 24.3 | 55.5 | 69.9 | 13.3 | 21.9 | 57.9 | 37.0 |
| カナダ | 0.27 | (0.01) | 77.1 | 28.7 | 30.0 | 53.0 | 73.0 | 21.0 | 25.1 | 61.9 | 35.7 |
| エストニア | -0.07 | (0.02) | 70.3 | 9.0 | 15.0 | 29.7 | 57.8 | 11.6 | 30.5 | 56.8 | 14.6 |
| フィンランド | -0.30 | (0.02) | 71.6 | 20.8 | 15.0 | 36.7 | 53.7 | 6.2 | 12.3 | 48.3 | 12.8 |
| フランス | 0.15 | (0.02) | 73.7 | 29.3 | 45.2 | 65.0 | 66.5 | 22.0 | 24.0 | 37.3 | 21.2 |
| ドイツ | 0.06 | (0.02) | 70.0 | 21.6 | 30.1 | 58.7 | 56.0 | 12.8 | 38.0 | 37.5 | 28.7 |
| アイルランド | 0.01 | (0.02) | 63.3 | 26.8 | 25.6 | 54.9 | 63.0 | 6.3 | 13.1 | 53.6 | 29.1 |
| イタリア | -0.20 | (0.02) | 74.9 | 14.8 | 27.8 | 24.3 | 44.9 | 13.0 | 23.9 | 39.3 | 14.1 |
| 韓 国 | -0.61 | (0.03) | 43.8 | 10.2 | 12.5 | 13.6 | 55.1 | 12.5 | 12.8 | 43.1 | 12.7 |
| オランダ | -0.25 | (0.02) | 52.9 | 29.4 | 18.8 | 38.5 | 45.7 | 11.3 | 14.7 | 39.2 | 16.7 |
| ニュージーランド | 0.16 | (0.02) | 73.6 | 21.9 | 31.4 | 49.1 | 68.3 | 13.0 | 21.4 | 57.2 | 36.4 |
| イギリス | -0.01 | (0.01) | 73.9 | 18.6 | 17.7 | 48.5 | 60.6 | 9.4 | 14.6 | 48.0 | 29.7 |
| アメリカ | 0.34 | (0.03) | 74.3 | 38.6 | 30.6 | 60.5 | 67.4 | 25.3 | 29.2 | 54.6 | 43.2 |
| OECD 平均 | 0.00 | (0.00) | 68.6 | 20.9 | 20.7 | 41.5 | 59.1 | 16.7 | 28.2 | 50.0 | 25.8 |
| 北京・上海・江蘇・広東 | -0.28 | (0.03) | 64.3 | 11.4 | 20.8 | 25.8 | 49.5 | 13.2 | 11.6 | 36.3 | 16.8 |
| 香 港 | 0.10 | (0.02) | 57.5 | 33.1 | 24.2 | 39.8 | 54.0 | 19.5 | 22.7 | 49.1 | 34.0 |
| 台 湾 | -0.45 | (0.02) | 57.7 | 10.8 | 12.0 | 13.2 | 34.6 | 10.5 | 13.0 | 35.1 | 13.9 |
| シンガポール | 0.01 | (0.01) | 69.9 | 21.6 | 21.9 | 49.5 | 60.3 | 13.4 | 15.2 | 47.3 | 25.0 |

出所:国立教育政策研究所『生きるための知識と技能 vol.6』

## (2) Education2030 プロジェクトにおける「探究」に関する議論

　Education2030 プロジェクトは，2015 年から OECD が始めたプロジェクトである。その主な目的は，2003 年に最終報告が出された DeSeCo プロジェクトを，2030 年という時代にあった形で見直すとともに，理論的すぎて実行性に欠けるとの批判もあった同プロジェクトの反省から，単なるコンピテンシー枠組みだけでなく，カリキュラムや教授法，学習評価なども含めた検討を行っていくことにあるとされていた。この Education2030 プロジェクトでは，2030 年に向けた世界においては，より一層 VUCA（Volatile, Uncertain, Complex and

Ambiguous；変わりやすく，不確か，複雑で曖昧）になるとしたうえで，VUCA な世界を生き抜いていくために求められる力として，「エージェンシー」を基軸としながら，変革をもたらすコンピテンシーとして「新たな価値を創造する力」「対立やジレンマに対処する力」「責任をとる力」の３つを定義している。そして，こうした力の基盤となる領域（ドメイン）として，知識，スキル，態度および価値観の３つを示している（白井，2020）。

2019 年に出された OECD Education2030 プロジェクトのコンセプト・ノートと呼ばれる一連の報告書においても，「探究（"inquiry"）」や「探究型学習（"inquiry-based learning"）」といった言葉は，直接的には記述されていない[15]。しかしながら，プロジェクト型学習（PBL）や実社会・実生活との関連性を重視した学習（真正の学び：authentic learning）の重要性については，カリキュラムをデザインしていくうえで考えるべき原理の１つとして提案されている（白井，2020）。

また，カリキュラムに関する６つのテーマから構成されるレポート群[16]においては，「探究（"inquiry"）」に関する言及があるので，どのような文脈で用いられているのか，関連する主な記述についてみていきたい。

①カリキュラム・オーバーロードに関する記述

カリキュラム・オーバーロードとは，一般に，カリキュラムが過大なものとなっており，教師にとっては十分に準備する余裕がなかったり，子どもたちにとっても十分に理解していくことが困難になったりする状況のことをさす。OECD が 2020 年に刊行した *Curriculum Overload: A Way Forward* と題するレポートは，このオーバーロードの問題をテーマとしているが，このなかで，「探究（"inquiry"）」についてふれられている箇所がいくつかみられる。いずれも，各国におけるオーバーロードの問題を解消していくための対策や提言として取り上げられている（OECD，2020a）。

■アメリカにおける取り組みの例

ノーベル賞受賞者をはじめとしたアメリカの科学者が議論して策定したものが，「8 ＋ 1（エイト・プラス・ワン）」という考え方である。8 とは科学に関する

8つの基本的概念であり，たとえば，「すべての物質は原子からできている」「細胞は生命体の基本単位である」といったものである（図5-4）。「探究」に関連するのは，このうちの「プラス1（プラスワン）」の部分であり，字義通り，"inquiry"のことを意味するとされている。すなわち，ここで示されているのは科学における基本的な概念（ビッグ・アイデアなどと呼ばれることもある）を示すとともに，そうした基本的な概念を理解していくために"inquiry"（探究）を用いていくことが推奨されているのである。

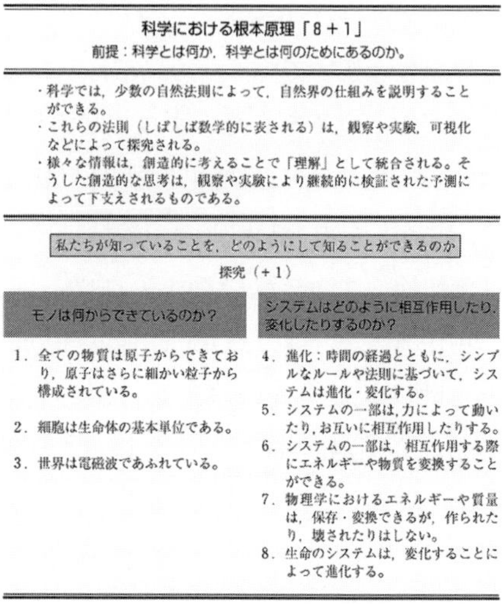

**科学における根本原理「8＋1」**
前提：科学とは何か，科学とは何のためにあるのか。

- 科学では，少数の自然法則によって，自然界の仕組みを説明することができる。
- これらの法則（しばしば数学的に表される）は，観察や実験，可視化などによって探究される。
- 様々な情報は，創造的に考えることで「理解」として統合される。そうした創造的な思考は，観察や実験により継続的に検証された予測によって下支えされるものである。

**私たちが知っていることを，どのようにして知ることができるのか**
探究（＋1）

**モノは何からできているのか？**

1. 全ての物質は原子からできており，原子はさらに細かい粒子から構成されている。
2. 細胞は生命体の基本単位である。
3. 世界は電磁波であふれている。

**システムはどのように相互作用したり，変化したりするのか？**

4. 進化：時間の経過とともに，シンプルなルールや法則に基づいて，システムは進化・変化する。
5. システムの一部は，力によって動いたり，お互いに相互作用したりする。
6. システムの一部は，相互作用する際にエネルギーや物質を変換することができる。
7. 物理系におけるエネルギーや質量は，保存・変換できるが，作られたり，壊されたりはしない。
8. 生命のシステムは，変化することによって進化する。

図5-4　科学についての基本的考え方「8＋1」
出所：白井，2020より転載

■日本における取り組みの例

　社会におけるさまざまなニーズに対応するために，新しいコンテンツを盛り込むよう求められることはしばしば生じている。たとえば，日本で近年拡充されている英語やプログラミングなども，社会のニーズを反映したものといえるだろう。新しいコンテンツに対する教育ニーズが生じた場合に，たとえば，「環境」や「食育」などそうしたニーズに応じた教科を導入したり，コンテンツを採り入れることは，当然，いたちごっことなる可能性があり，カリキュラム・オーバーロードを進める要因となる。こうした問題への対応策の1つとして，OECDのレポートでは，日本における「総合的な学習（探究）の時間」の導入が好事例として取り上げられており，以下のような記述がみられる。

　多くの国や地域が社会のニーズに応える形でのコンテンツの拡大の危険性を認識しており，そうした拡大に対応するため，新しくて，伝統的でない，あるいはアカデミックでない教科を創設してきた。たとえば，日本は多くの他教科をオ

> ーバーロードさせることなく，新しいカリキュラムのコンテンツを導入すること
> ができる特定の教科を作ってきた。こうした形でカリキュラムにスペースを残
> すことで，頻繁に抜本的見直しを行う必要なしに，常に変わっていく社会的ニー
> ズに対応していくことが可能になるのである。(p.68)

　すなわち，ここでは自由度の高いカリキュラムの例として，「総合的な学習
（探究）の時間」があげられている。

　■ ニュージーランドやシンガポールにおける取り組みの例

　ニュージーランドやシンガポールにおけるカリキュラム改革も，オーバーロ
ードへの対応策の1つとして取り上げられているが，いずれの事例でも，「探
究」の機会を確保するために，学校の裁量を増やしていくことが重視されてい
る。とりわけ，第2節(4)でもふれた，シンガポールにおいて2005年から始ま
った TLLM ("Teach Less, Learn More") イニシアティブはよく知られている。
TLLM は，カリキュラムの内容を減らすことによって，教師によっても生徒に
とっても十分な「探究」の時間を確保することで，学習の改善を測ろうとする
ものである。

　②タイム・ラグに関する記述

　カリキュラムにおけるタイム・ラグの問題とは，カリキュラムを作成してか
ら，実施していくうえで生じる時間差（time lag）のことである。学習指導要領
の改訂[17]のようなカリキュラムの変更にあたっては，当然，新しい内容を十分
に理解し，実践に移していくための長期間にわたる準備が必要になるが，その
過程では，さまざまなラグが生じる。たとえば，社会の変化などに対応してカ
リキュラムを変える必要があると「認識」するだけでも一定の時間がかかるし，
「認識」できたとしても，カリキュラムを「改訂」するまでにも時間がかかる。
さらに，カリキュラムを変更したあとも，実際に先生方が準備して，学校現場
で円滑に実施していくためにも時間がかかるし，その成果が出るのにも時間が
かかる。これがタイム・ラグ問題であり，いかにして，こうしたラグを短いも
のにしていくかが重要となる。

　OECD が 2020 年に刊行したタイム・ラグの問題をテーマとするレポート，

"*What Students Learn Matters: Towards a 21st Century Curriculum*"では，カリキュラムの変更を柔軟に進めていくための方策の１つとして，「探究」があげられている。いくつかの具体的な事例が紹介されているので，順次みていく（OECD, 2020b）。

■日本の例

ここでも日本の「総合的な学習（探究）の時間」の例が紹介されている。このレポートにおいては，伝統的な数学や理科などの教科とは別に，「総合的な学習（探究）の時間」のような教科横断的な学習機会を用意することで，カリキュラム全体の根本的な見直しをする労力やコストをかけることなしに，カリキュラム全体にかかわるコンピテンシーを育成することができる事例として紹介されている[18]。

■カナダ（サスカチュワン州）の例

カナダのサスカチュワン州の事例も紹介されているが，こちらのほうが「探究」の本質にかかわってくる事例だろう。ここでは，個別のコンテンツにとらわれるのではなく，探究的な学習を深めることによって，各教科のビッグ・アイディア[19]を把握したり，質問を通して本質的な部分を理解していくことをより重視しようという取り組みの事例として紹介されている。カリキュラムをより本質的な部分に精選していくことで，タイム・ラグもより解消しやすくなる。

③公平（Equity）に関する記述

OECD が 2021 年に刊行した"*Adapting Curriculum to Bridge Equity Gaps: Towards an Inclusive Curriculum*"は，カリキュラムにおける「公平」をテーマにしている。このレポートでは，カリキュラム上の工夫によって教育における公平を実現していくための方策として，デジタル化されたカリキュラム，個別化されたカリキュラム，教科横断的またはコンピテンシー・ベースのカリキュラム，柔軟なカリキュラムの４つがあげられている。このうち，教科横断的なカリキュラムを実施するうえでのアプローチの１つとして，「探究型学習」（enquiry-based learning）があげられている[20]。

なぜ「探究型学習」が，教育における「公平」につながるのだろうか。ここ

では,「探究型学習」が,さまざまな生徒をやる気にさせ,より深くかかわった形で,実践的で負荷の高い学習体験につなげることができるからだとされている。もっとも,「探究型学習」の場合には,学校や教室ごとに学習状況が大きく変わりうることから,教師側にもより周到な準備が求められることにもなる。教師の準備状況によっては,逆に「公平」が阻害される可能性があることには注意する必要もあるとも指摘されている。

なお,前述のとおり,PISA の科学的リテラシーの調査結果によると,探究型学習を行うことと PISA の成績との間には必ずしも相関関係がみられないということには留意したい。ただし,探究的な学習を行ってきた生徒の場合には,よりしっかりとした科学に対する考え方をもつことになったり,また,データによると,学校教育を終えて 30 歳になったときに,科学に関連した職業についている可能性が高いという結果が出ているという(OECD, 2021c)。「探究的な学習」を考えるうえで,PISA のスコアも,もちろん重要なベンチマークとなるが,その一方では,中長期的にどのような形で学習の効果を評価していくかという視点をもつことも必要となる。

### (3) TALIS プロジェクトにおける「探究」に関する議論

TALIS(Teaching and Learning International Survey:国際教員指導環境調査)は,教員の勤務環境や学校における学習環境に焦点を当てた調査である。TALIS の調査項目においては,教員をとりまく「環境」に焦点がおかれているが,「探究」に関連する内容も含まれている。

たとえば,「指導・学習に関する教員の個人的な信念」について尋ねる質問があり,ここでは,教員が抱いている「個人的な信念」として「探究」に関する項目が含まれている。選択肢には,「教員としての私の役割は,生徒自身の探究を促すことである」という項目があるのだが,これについて,日本では 93.8% の教員が「当てはまる」または「非常によく当てはまる」と回答している。この割合は,参加国平均の 94.3% と概ね同程度の水準である(TALIS, 2013)。

教員の「個人的な信念」については,上記の問い以外にも 3 つの質問が設定

表5-4　指導・学習に関する教員の個人的な信念

| 国　名 | 教員としての私の役割は、生徒自身の探究を促すことである | | 生徒は、問題に対する解決策を自ら見いだすことで、最も効果的に学習する | | 生徒は、現実的な問題に対する解決策について、教員が解決策を教える前に、自分で考える機会が与えられるべきである | | 特定のカリキュラムの内容よりも、思考と推論の過程の方が重要である | |
|---|---|---|---|---|---|---|---|---|
| | % | S.E. | % | S.E. | % | S.E. | % | S.E. |
| オーストラリア | 92.9 | (0.5) | 71.2 | (1.2) | 89.3 | (1.0) | 79.6 | (1.2) |
| ブラジル | 89.2 | (0.6) | 85.6 | (0.6) | 87.9 | (0.5) | 69.5 | (0.8) |
| ブルガリア | 99.0 | (0.3) | 81.8 | (1.1) | 93.9 | (0.5) | 88.5 | (0.8) |
| チリ | 94.8 | (0.7) | 89.6 | (1.0) | 86.4 | (1.1) | 88.3 | (1.0) |
| クロアチア | 94.6 | (0.4) | 86.1 | (0.6) | 94.6 | (0.4) | 90.4 | (0.5) |
| キプロス | 94.8 | (0.5) | 89.0 | (0.9) | 93.5 | (0.6) | | |
| チェコ | 91.2 | (0.5) | 90.5 | (0.7) | 96.0 | (0.4) | 86.7 | (0.7) |
| デンマーク | 97.7 | (0.3) | 91.9 | (0.7) | 96.1 | (0.5) | 82.9 | (1.0) |
| エストニア | 94.2 | (0.4) | 74.9 | (0.9) | 95.4 | (0.4) | 88.9 | (0.6) |
| フィンランド | 97.3 | (0.3) | 82.2 | (0.7) | 93.8 | (0.4) | 91.0 | (0.6) |
| フランス | 92.0 | (0.5) | 91.3 | (0.6) | 89.1 | (0.7) | 71.1 | (0.9) |
| アイスランド | 98.1 | (0.4) | 90.9 | (0.8) | 91.3 | (0.7) | 90.5 | (0.9) |
| イスラエル | 94.6 | (0.4) | 88.3 | (0.7) | 96.5 | (0.4) | 91.4 | (0.6) |
| イタリア | 91.5 | (0.5) | 59.3 | (1.0) | 69.4 | (1.0) | 87.4 | (0.7) |
| **日本** | **93.8** | **(0.4)** | **94.0** | **(0.4)** | **93.2** | **(0.5)** | **70.1** | **(0.9)** |
| 韓国 | 97.5 | (0.3) | 95.1 | (0.4) | 97.2 | (0.3) | 85.9 | (0.6) |
| ラトビア | 97.4 | (0.5) | 88.8 | (1.0) | 96.9 | (0.4) | 85.6 | (1.0) |
| マレーシア | 89.9 | (0.7) | 74.3 | (0.9) | 93.8 | (0.6) | 85.7 | (0.9) |
| メキシコ | 93.5 | (0.5) | 86.0 | (0.8) | 94.6 | (0.5) | 72.9 | (0.9) |
| オランダ | 97.9 | (0.4) | 84.7 | (0.8) | 96.5 | (0.6) | 64.0 | (1.5) |
| ノルウェー | 94.5 | (0.6) | 52.6 | (1.3) | 94.1 | (0.6) | 78.0 | (1.1) |
| ポーランド | 94.3 | (0.4) | 86.6 | (0.6) | 93.2 | (0.5) | 84.5 | (0.7) |
| ポルトガル | 93.1 | (0.5) | 89.4 | (0.6) | 97.0 | (0.4) | 91.1 | (0.6) |
| ルーマニア | 92.0 | (0.6) | 90.4 | (0.5) | 93.6 | (0.6) | 83.0 | (0.8) |
| セルビア | 96.9 | (0.3) | 83.8 | (0.7) | 94.3 | (0.4) | 83.3 | (0.7) |
| シンガポール | 95.0 | (0.4) | 88.7 | (0.5) | 97.5 | (0.3) | 95.0 | (0.4) |
| スロバキア | 94.0 | (0.4) | 86.6 | (0.7) | 95.0 | (0.4) | 89.5 | (0.6) |
| スペイン | 90.7 | (0.5) | 83.5 | (0.8) | 83.4 | (0.9) | 85.4 | (0.7) |
| スウェーデン | 83.3 | (0.7) | 44.9 | (1.3) | 82.2 | (0.7) | 82.1 | (0.9) |
| 地域として参加 | | | | | | | | |
| アブダビ（アラブ首長国連邦） | 96.0 | (0.5) | 89.7 | (0.7) | 96.1 | (0.4) | 89.5 | (0.9) |
| アルバータ（カナダ） | 95.8 | (0.7) | 82.5 | (1.2) | 94.0 | (0.6) | 87.3 | (1.1) |
| イングランド（イギリス） | 96.3 | (0.4) | 85.7 | (0.8) | 95.5 | (0.6) | 73.7 | (1.0) |
| フランドル（ベルギー） | 98.9 | (0.2) | 84.5 | (0.9) | 92.9 | (0.5) | 70.7 | (0.9) |
| 参加国平均 | 94.3 | (0.1) | 83.2 | (0.1) | 92.6 | (0.1) | 83.5 | (0.1) |
| アメリカ | 94.6 | (0.6) | 81.7 | (1.1) | 92.6 | (0.6) | 84.5 | (1.0) |

出所：OECD, 2014, Table6.13.

されている。そこでは「探究」という言葉自体は用いられていないが，内容的には「探究」に関連する項目である。具体的には，「生徒は，問題に対する解決策を自ら見いだすことで，最も効果的に学習する」「生徒は，現実的な問題に対する解決策について，教員が解決策を教える前に，自分で考える機会が与えられるべきである」「特定のカリキュラムの内容よりも，思考と推論の過程の方が重要である」という問いである。日本の場合には，「生徒は，問題に対する解決策を自ら見いだすことで，最も効果的に学習する」という問いについての肯定

的な回答の割合が94.0%と参加国平均の83.2%よりも大幅に高く,「生徒は,現実的な問題に対する解決策について,教員が解決策を教える前に,自分で考える機会が与えられるべきである」という問いについては概ね参加国平均並みの93.2%,「特定のカリキュラムの内容よりも,思考と推論の過程の方が重要である」という項目については,参加国平均の83.5%より大幅に少ない70.1%となっている(表5-4)。

## 4 日本における「探究」への示唆

前節までで,OECDや諸外国などにおける「探究」に関連する議論を概観してきた。この第4節では,これらの議論をふまえたうえで,日本における「探究」についてどのような示唆が得られるのかについて検討してみたい。

### (1) 探究の定義

すでに繰り返し述べてきたように,日本における「探究」概念は,かなり曖昧な形で用いられている。その曖昧さが「探究」の普及を後押ししている側面もあると思われるが,反面,「探究」の本質が十分に理解されず,質の低い学習であっても「探究」の実践事例として広まるようになると,「這いまわる経験主義」や「ゆとり教育」批判が再燃することにもなりかねない。

「探究」の定義を考える際に,そもそも「探究」を方法として捉えるのか,あるいは能力として捉えるのか,表5-1でみたように,一口に「探究」といっても,さまざまなレベルがあるなかで,どのレベルの「探究」を想定するのか,あるいは諸外国において「教科横断型学習」「真正の学び」「プロジェクト型学習」などと表現されていることがらなのか,といったことをまず考えなければならないだろう。

その意味では,「探究」という言葉を用いる際に,私たち一人ひとりがどのような意味で「探究」を用いているのかについて自覚的になる必要がある。

## (2) 探究を推進する目的

「探究」の定義自体に揺らぎがあるということは,「探究」を推進する目的にも揺らぎがあるということに他ならない。たとえば,ある論者は,現在の教育が知識の詰込み・再生であるというイメージをもっていて,「探究」がその突破口になると考えているのかもしれない。別の論者は,普段の学習内容が実社会・実生活とのかかわりから切り離されていると感じており,何とか両者のつながりを子どもたちに理解してもらうようにしたいと思っているかもしれない。さらに別の論者は,学校で教えられる内容が画一的なので,もっと自分の関心をふまえた学習こそが大事と考えていて,「探究」ならばそれができると思っているかもしれない。それらは,一定の重なりはもちながらも,じつは,それぞれが異なる目的をもつものである。

なぜ探究を推進するのかという目的意識が明確でないと,単にPBLを行ったり,教科横断的な学習を行えばよいという結論になりかねない。まずは,何のために探究を行うのかについての意識の共有が必要であるが,この点については,次項(3)とも関連してくる。

## (3)「探究」が成立する条件

OECDにおける議論において,とくに重視されているのが教育を「エコシステム(eco-system)」として捉えることである(白井,2020)。たとえば,「探究」的な学びを充実するために,どのような政策が必要かを考える際に,一般に注目を集めるのは,日本の学習指導要領に相当するような,国や州政府などが策定するカリキュラムの改訂である。しばしば,カリキュラムがどう変わるのかということが焦点化されがちであるし,その背景にあるのが,「カリキュラムさえ変えれば何とかなる」といった誤解である。

たしかに,国が示すカリキュラムの意義は重い。日本の学習指導要領にしても,文部科学大臣が示す告示として,法的拘束力をもつものとされている。しかしながら,一方では学習指導要領は「大綱的な基準」であり,学校や教師には多くの裁量も認められている。その意味では,学校や教師の理解を得ない状

態であっては，学習指導要領を変更しただけで意図するような変化が実現する
わけではないのは当然である。また，教師の理解だけではなく，子どもたちや
保護者，学校関係者の理解を得ることも必要である[21]。実際，上述のように，
SSH の創設期においては，受験に不利になることを心配する生徒や保護者の声
が聞かれたのであり，いかに「探究」がすばらしいことを強調しても，入試シ
ステムなどの変更がないかぎりは，限界があるだろう。

　「探究」を真に根づいたものとしていくためには，たとえば，教師の理解や準
備，適切なコンテンツや教材の提供，大学や研究機関・企業などによる協力体
制の構築，通知表や入試における評価のあり方との連動性，児童生徒や保護者，
社会一般による理解など，じつに多くのことを併せて考えなければならない。
こうした「エコシステム」全体のなかで，どこか 1 つでも欠けることがあれば，
「探究」が期待される成果を十分に出すことはむずかしい。

　図 5-5 は，OECD の Education2030 プロジェクトで用いられたカリキュラム
分析の枠組みである。「意図されたカリキュラム」とは，カリキュラム政策の立
案者が策定するカリキュラムで，日本でいえば学習指導要領がこれにあたる。
「実施されたカリキュラム」は，教師が授業で実践するカリキュラムであり，ま

| Intended Curriculum (意図されたカリキュラム) | Implemented Curriculum (実施されたカリキュラム) | Attainted Curriculum (達成されたカリキュラム) |
|---|---|---|
| ○カリキュラムの質及び量<br>・教科の専門的知見<br>・新しい社会的ニーズへの対応<br>・知的好奇心，チャレンジ精神<br>・焦点化，適当な分量<br>・順序性，年齢相応性 | ○教師の資質能力<br>・採用，育成、研修<br>○教師の指導法<br>・アクティブ・ラーニング<br>○教師を取り巻く環境<br>・定数，働き方改革<br>・免許制度<br>・教科書，教材，指導者<br>・ICT環境<br>○教師に期待される役割<br>・保護者からのニーズ<br>・子どもの安全管理 | ○授業を通した評価<br>・●成的評価<br>・通知表，指導要録，調査書<br>○標準化テストによる評価<br>・全国学力・学習状況調査<br>・各自治体による学力調査<br>・PISA，TIMSS<br>○入学者選抜<br>・中学入試，高校入試<br>・大学入試 |

図 5-5　コンピテンシー育成に向けたカリキュラムの 3 つの局面

出所：白井，2020

た，「達成されたカリキュラム」は，生徒が実際に身につけるカリキュラムということにある。仮に「意図されたカリキュラム」がすぐれたものであるとしても，たとえば，教員養成課程が十分でない，先生方が忙しすぎて準備の時間がとれないといった学校や教室のレベルでの課題があれば，「意図されたカリキュラム」のねらいは十分には達成できない。また，最終的には生徒がどのような力をつけていくか，また，それを適切に評価できるかといった「達成されたカリキュラム」も問題になってくる。「探究」を，単なるカリキュラムの文言の改変だけで終わらせたり，学校における先生方の努力のみに頼ることがあってはならないのであり，本当の意味での「探究」を実現していくためには多くのコストを伴うのであり，それに対する社会全体による理解と支援が必要になってくる。

　以上の前提のうえで，個別の論点についてさらに詳しくみていこう。

①教師の新たな役割についての理解

　また，教師が「探究」について理解すると同時に，教師自身のマインドセット（構え）を更新していくことも必要だろう。探究を積み上げていって，「オープンな探究」に向かっていくと，教師にとっても未知の領域に入ってくることも頻発すると考えられる。たとえば，テレビ番組で「昆虫博士」や「お城博士」と呼ばれるような子どもたちが抱いているような個別の関心に応えられる先生は，いるとしてもきわめて少数だろう。その意味では，多様な関心をふまえながら，子どもたちの「探究」を指導していくためには，教師にはこれまでとはやや違ったスキルが求められる。そこで求められるスキルとは，たとえば，「昆虫」や「お城」について教師自身が専門家として詳しく知っているということではない。むしろ，教師としては，教科書や教材などはふまえながらも，それを超えた課題について，一緒に向き合いながら考えたり，資料を探したり，より詳しい専門家につないだり，論理構成や文献の引用方法についてアドバイスするといったスキルが重視されてくるだろう。すなわち，必ずしも教師自身が解を示すのではなく，どのように探究を進めていくかという方法論を示していくことこそが，これからより重要になってくるのではないだろうか。もちろん，

教師として，自らが専門とする内容については十分に知っておくべきではあるが，それを超える個々の関心事については，「それは自分もわからないから，一緒に調べてみよう」「このことについては，大学の先生に聞いてみたらどうかしら」「出典はちゃんとついているかな」「この点は人権に配慮した記述にする必要があるよ」といった指導スタイルを身につけることも重要になってくるだろう。

　②必要なリソースの確保

　探究を進めていくうえで必要になってくるのが人材や費用，時間といったリソース（資源）である。現在の日本では，小学校における35人学級の取り組みや，とくに地方における少子高齢化・過疎化の進行などによって，クラスサイズは減少してきている。しかしながら，そうはいっても，なお30人を超えるクラスサイズの学級もまだまだ多くみられるところであるし，とりわけ，普通科の高等学校においては，学級における生徒数が50人近いケースもある。そのような状況では，担当する教師だけでは受け止められないようなテーマが提案されることも容易に想定される。たとえば，専門教科の異なる教師間で連携することはもちろん，さらには，大学や官公庁，企業，NPOなどとの幅広いネットワークと子どもたちを結びつけていくなど，リソースを学校外に求めていくことが重要となるだろう。

　しかしながら，学校外のリソースの活用を図るとしても，きめ細かく一人ひとりの探究課題に応じた指導をしていくうえでは限界もあるだろう。こうしたリソースの不足について，TALIS2018の結果をみると，質の高い教育を妨げているリソースの不足について，前期中等教育段階の学校（日本の場合は中学校がこれに相当）の校長に対する調査を行い，以下のような結果となっている（表5-5）。回答が多かったものとしては下記の事項があげられており，つまり人材・時間・環境といった各側面についてのリソース不足の声があがっているところである。

---

　・支援人員の不足
　・特別な支援を要する生徒を教える力のある教師の不足

- ・教育指導を行う時間の不足または不適切
- ・物理的なインフラの不足または不適切
- ・生徒と一緒にいる時間の不足または不適切
- ・指導のための余裕（space）の不足または不適切
- ・指導のためのデジタル技術の不足または不適切

　こうしたリソースの不足に対する対応策がないままに，ただ「探究」を進めようとしても，それは画餅にすぎなくなる。この点，このリソースの問題に関して，1つの事例として注目に値するのが第2節で紹介したシンガポールのTLLM（"Teach less, learn more"）イニシアティブの事例である。

　シンガポールでは，日本と近い時期に，カリキュラムの内容を大幅に削減しているのだが，その際，教師や部活動などの支援にあたる人員を増員するなど，教師が授業を研究する余裕を確保するように配慮している。すなわち，必要な

表5-5　TALIS2018 Chapter3　リソースの不足（resource shortages）[22]

■中学校の校長が，質の高い指導を提供を可能にするうえで，「非常に」「ある程度」妨げとなっていると考えるリソースの不足

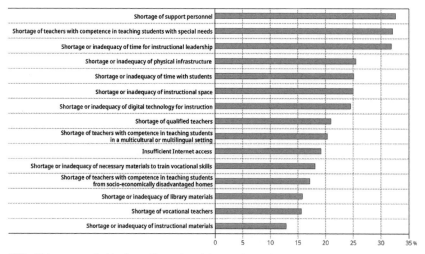

出所：*Values are ranked in descending order of the prevalence of shortages of school resources.*
　　　Source: OECD, TALIS 2018 Database, Table I. 3. 63. *StatLink*　http://dx.doi.org/10.1787/
　　　888933932399

リソースとしての「時間」と「人材」を確保するためにしっかりと投資をするという，きわめてシンプルな政策を行っているのである。なお，日本の1999年の学習指導要領改訂は，周知のとおり，その後に方向転換することを余儀なくされたが，シンガポールにおけるTLLMは現在に至るまで続いており，加えて，同国のPISA調査におけるスコアは，日本を上回る世界トップレベルの水準を維持している[23]ことも注目に値するだろう[24]。

### ③倫理的・道徳的基盤の必要性

探究を深めていくうえで不可欠な視点が，倫理や道徳である。たとえば，実験結果の適切な記録や管理をはじめとした研究上の倫理，他者の論文などを引用する場合の資料の適切な参照の仕方や著作権，他者のプライバシーなどの人権，社会における倫理的規範などについての理解といったことである。「探究」は単なる自由な活動ではなく，そこには一定のルールがある。残念ながら，大学生によるレポートの「コピペ」などもしばしば問題なるが，研究者であっても他者の論文の盗用・剽窃や実験結果の捏造などの問題が生じることもある。こうした行為は，学術の世界においては絶対に許されないことであり，小学生や中学生，高校生の段階から学んでいく必要がある。こうした観点は，自ら論文やレポートを作成していく機会の多い「探究」的な学びにおいては，これまで以上に重要になってくるだろう。

もちろん，それは実験結果の記録や文献の引用といった，「探究」を進めるうえでの学問的な方法論に限ったことではない。実際に生徒が取り組む探究の内容面についても，たとえば，人種やジェンダー，同和問題，生命倫理などに関する事象を取り上げる際には，人権についての十分な配慮を行うことや，倫理的規範に基づいたものであることが求められる。こうした点への配慮に欠けた探究を行おうとしているような場合には，たとえ子どもたちが希望しているとしても，慎重に考えなければならない。「探究」の名の下に，どのようなテーマであっても自由な活動が許されるわけではなく，「探究」に取り組む側にも，より一層の責任が問われることについても，併せて学んでいくことが必要である。

OECDが進めているEducation2030プロジェクトでも，倫理的基盤や責任の

重要性が強調されているが（白井，2020），生徒の主体的な判断で探究のテーマを選択する余地が大きい場合には，そのぶん生徒が適切な判断ができるような指導の着実な積み上げが必要となるし，何よりも，倫理的な問題に対する生徒自身の自覚が問われることになる。

④公平性の確保

探究的な学びを進めていくためには，一般に，より多くのコストがかかるのは当然である。たとえば，埼玉県に住む柴田亮さん（当時，小学6年生）が，外来の樹木であるシマトネリコに集まるカブトムシの生態を研究した成果が，アメリカの学術専門誌"Ecology"に掲載されたということが報道されたことがあった。柴田さんの関心を受け止めることができる小学校の先生は，普通はいないだろうし，そうした専門家は地域にもいないだろう。実際，柴田さんは山口大学の講師で昆虫生態学を専門とする小島渉さんと共同で調査をすることになった[25]のだが，この事例のように，研究者など専門性の高い人材によるサポートが必要なケースも出てくるだろう。

「探究」を後押ししていくためには，学校内のリソースだけでなく，社会全体からのサポートを受けることも必要になってくるだろう。しかしながら，たとえば地域における人材リソースについても，大学や研究機関，企業などが集まる都市部と，過疎化が進む地方では，もともと大きな格差がある。教育内容がより多様化し，子どもたちが学校外に積極的に出ていくようになれば，必然的にそうしたリソース面での格差も顕在化してくる。地域によっては，地域の人材が学校と連携して，さまざまな形で学校を支援しているケースがある。ところが，地域とのつながりが弱かったり，あるいは過疎化が進んでいたりして，そもそも地域に人材自体が少ないという場合もあるだろう。たとえば，大学や研究機関との連携を考えても，地方では大学や研究機関自体の数が少なく，学部によっては存在しなかったりするケースもある。そのような場合には，都市部との間での格差が生じてくることは否定できない面がある。

こうした課題を克服し，「公平性」を担保していくためには，ICTを活用することに大きな可能性が見いだせる。もともと，GIGAスクール構想などが始ま

るはるか以前から，局所的ではあっても，ICT 環境の整備について，へき地の学校のほうが進んでいるケースも散見されていた。たとえば，2010 年の時点で，当時筆者が勤務していた徳島県の山間部にあるへき地の中学校を訪問した際に，すでに生徒がタブレット PC（iPad）などを使いこなしていたことを思い出す。地域の資源に限りがあるへき地では，ICT を活用して教育に多様性をもたらそうとする努力が以前から行われていたのである。ICT を活用することで，大学や研究機関などへのアクセスがむずかしい地域であっても，たとえばオンラインで研究者から話を聞いたり，バーチャルに研究所を訪問して実験などを疑似体験することも可能になってくる。

　もっとも，こうした ICT がもたらす可能性の一方で，リアルでないことによる課題や限界も当然にある。現時点では，オンラインでは熱気やムード，匂い，質感などを感じるようなことには限界がある。実際，ビジネスや研究の世界を含めて，なお多くの場面で「対面」や「リアル」が重視されているように，ICT を絶対視せずに，ICT のメリット，デメリットについて客観的な視点をもちながら，「公平」について考えていくことが必要だろう。

　⑤評価手法についての共通理解

「探究」が各学校で根づいていくためには，「探究」の定義やねらいだけでなく，その成果をどのように評価するかについても，生徒や保護者を含めた共通理解を得ることが必要になる。「探究」の内容が多様になればなるほど，ペーパーテストによる統一的な評価が困難になり，その評価尺度も，さまざまな学問分野（ディシプリン）の考え方をふまえた多様なものにならざるを得ない。たとえば，同じ「探究」であっても，「地域の商店街の活性化方策」と，「蜘蛛の巣の張り方の原理」を公平に比較することは非常にむずかしい。教師と生徒・保護者の双方が納得できるような評価の方法についても併せて考えないと，「探究」を熱心に進める学校や教師ほど，生徒や保護者への説明に追われることにもなりかねない。また，「探究」の評価においては，ルーブリックが利用される場合も多いが，段階ごとに差異を設けるルーブリックづくり自体が形骸化しているのではないか，ルーブリックづくり自体が教師にとっての大きな負担とな

っているといった批判的な意見にも留意する必要がある。

　とりわけ，厳格な公平性・客観性が要求される入試においては，さまざまな「探究」的活動をどのように評価するかについての共通理解がより重要になってくる。たとえば，大学入試や高校入試において，「探究」的な問題を出題するとしても，何が「公平」な評価となるかはきわめてむずかしい。一般に，テーマが多岐にわたるほど，また，専門性が高くなればなるほど，異なる専門分野の評価者がそれぞれに評価せざるを得なくなるだろうが，そのことは，評価者間の調整をむずかしいものとし，「公平」な評価の基盤を揺るがしかねない。

　「探究」については，成果物だけでなくプロセスの評価が大事だという指摘もあるが，その際，「探究」が，必ずしも受験者本人だけではなく，教師やクラスメイト，外部の研究者などの協力を得ながら行われることには十分に留意する必要がある。現実問題として，優秀なクラスメイトからの助言やアイデアを得ながら，新たな発見にたどり着く場合もあれば，そうした仲間を得られずに孤軍奮闘する生徒が出てくることも考えられる。あるいは，たとえば大学の研究者などに幅広いネットワークをもっていて，生徒を上手に外部のリソースにつなぐことができる教師もいれば，そもそも，そのようなネットワークをもたない教師もいるだろう。

　万が一，生まれ育った地域の違い，あるいは進学した高等学校における教育環境の差などが受験に直結するようなことになれば，たとえ「探究」それ自体がよいことであっても，社会的な理解を得ていくことはむずかしい。もちろん，オンラインの活用によって，地域間・学校間の格差を一定程度は解消できるかもしれないが，それをもって足りると判断するかどうかは，慎重に考えなければならない。

## 5　「探究」の本質

　算数や国語といった教科を地道に学習していくよりも，たとえば，「昆虫」や「お城」といった，自らが関心をもつことがらについて，さまざまな角度から調

べたり，考えたりすることが楽しいのは当然である。その意味では，より自由度の高い「探究」活動が，生徒にとって魅力的な活動であることは間違いない。

　ただ，問題はとなるのは，そうした活動に本当に学問的な意味があるのかということである。自分の関心あるテーマを調べたり考えたりするだけであれば，自分の時間に自分でやればよいのであって，必ずしも学校で行う必要はない。イギリスの教育学者であるマイケル・ヤングは，学校では「パワフルな知識（Powerful Knowledge）」を教えるべきと提唱している。ヤングの定義によれば，「パワフルな知識」とは，学術的に最先端の知識であって，家庭でふだん生活しているだけでは身につけることができない知識ということになる（白井，2020）。学校で行われている「探究」を，この「パワフルな知識」という視点から見直してみることも1つの視点だろう。

　また，「探究」を学問として行う以上，そこには学問的な方法論がなければならないはずである。そうした方法論を身につけるけるためには，一定の指導を受けて，トレーニングを積んでいく必要がある。たとえば，水泳にしても，スキーにしても，バレーボールにしても，競技を楽しむことができるようになるまでには，基礎的・基本的なところから始めて，方法論をしっかりと身につけるための努力が必要になる。

　「探究」の方法論を学ぶ，最も実践的な場面は，算数や国語といった各教科である。その時間は，必ずしも楽しいというだけでは済まない時間でもあるだろうが，喩えてみれば，それは水泳やスキー，バレーボールなどのスポーツでも同様だろう。プロ選手をはじめとして，これらのスポーツに親しんでいる人でも，最初のころは苦戦したり，ときには我慢の時間を過ごしたのではないだろうか。しかしながら，いったん方法論を身につけることができれば，これらのスポーツを自由に楽しみ，さらには自分なりの応用までできるようになるはずである。「探究」についても，しっかりとした方法論を身につければ，その世界も一気に広がっていくはずであるし，逆に，方法論の伴わない「探究」では，学問的な価値がないばかりか，次へのステップにもつながらないだろう。

　「探究」が，単なる自由な活動の時間であると捉えられた場合，それは「這い

まわる経験主義」に過ぎなくなる。ウィギンズやマクタイが批判しているとおり，子どもたちにとっては楽しいかも知れないが，そこには十分な学問的な意味が欠落している。大事なのは，何のための「探究」なのかという目的を共有しながら，「探究」とは何なのかという本質を，教師と生徒はもちろん，教育に関心をもつ者が十分に理解することである。教育にたずさわる私たち一人ひとりが，「探究」という言葉を使うことに自覚的でなければならない。

[白井　俊]

## [注]

1) 藤原さと氏のブログでの表現を参考にしている。
2) 後述するように，英語の"inquiry"と日本語の「探究」を必ずしも同義と解することはできないと思われるが，ここではいったん"inquiry"の訳語を「探究」としておきたい。
3) 神戸大学附属中等教育学校 6 年生（当時）中山和奏さんの発表より。https://www.edu.kobe-u.ac.jp/kuss-top/curriculum/kp/
4) 探究を導入していくためにはカリキュラムを変えるだけでなく，探究をとりまく諸条件（教師の準備，教科書や教材，ICT，大学や企業などによる支援，入試や通知表，企業の採用などにおける評価）をエコシステムとして捉えていく必要がある。
5) たとえば，ここにあげた例のうち，お茶の水女子大学の新フンボルト入試について，同大学ウェブサイトでは以下のように説明されている。「本総合型選抜は論理的思考力，探究力，コミュニケーション能力，独創性など，従来型のペーパーテストでは測定することのできない側面や，これまでの活動や学習の成果も含めて受験者の潜在的な力（ポテンシャル）を丁寧に見極めるユニークな入試です。文系学科志願者は『プレゼミナール』で大学の授業をじかに体験し，レポートなどにより第 1 次選考を行います（理系学科志願者にはプレゼミナールは課さず，出願書類にて選考）。続く第 2 次選考は，文系の『図書館入試』，理系の『実験室入試』により単なる知識量の多寡ではなく，その知識をいかに『応用』できるかを問います。多くの人に，この風変わりな，しかし受験することで『何かをえられる』入試にトライして欲しいと願っています。」
6) 令和 3 年度大学入学共通テスト（本試験）数学 I・A 第 3 問〔2〕参照
7) 福井県（若狭高校など）や山口県（宇部高校など）などでも，複数の高等学校に探究科を設置する動きが進んでいる。
8) こうした科学などの各ディシプリンに対するアプローチの仕方については，

OECD においては「エピステミックな知識」と呼ばれている（白井, 2020）。また，日本の学習指導要領においては，「見方・考え方」がこれに近い概念になるだろう。

9）後述する「8 + 1」という考え方においても，同様に理科の学習における"inquiry"（探究）の重要性が盛り込まれている。

10）日本における学校教育法第一条に規定する学校で，IB の認定を受けた学校は 53 校・園となっている（2021 年 9 月 30 日現在，文部科学省 IB 教育推進コンソーシアム HP より）。

11）英語版が公表されている。なお，118 ページは英語版のページ数である。

12）Inquiry や inquiry-based learning 自体も，広義あるいは曖昧に解釈されている場合もあるだろう。

13）たとえば，「教科横断的な学び」を，「真正の学び」を追求しながら，「プロジェクト型学習」を用いて，「アクティブ・ラーニング」によって進めることも可能だろう。

14）学習方略とは，一般に「学習の効果を高めることをめざして意図的に行う心的操作あるいは行動」（辰野, 1997）と定義される。

15）"scientific inquiry"という言葉が 1 カ所に参考程度に現れるにとどまっている。

16）本章執筆時点では，OECD（2020a），OECD（2020b），OECD（2021）の 3 つが完成しているため，これらを対象とした記述とする。

17）日本の学習指導要領改訂においても，事前の検討に 4〜5 年，指導要領が改訂されたあとでも解説の作成や教科書の作成・検定・印刷などの期間として 3〜4 年程度を要している。

18）実際，カリキュラム分析に関するレポート集の「概要パンフレット（Overview Brochure）」においては，カリキュラムのデザイン原理の 1 つとされている"interdisciplinarity"（教科横断性）の具体的事例として，日本の総合的な学習（探究）の時間が紹介されている。

19）ビッグ・アイデアについては，必ずしも定まった定義はないが，一般に，各教科の基本となる重要概念などをさす。

20）このように，「探究」を「教科横断」との関係で捉える考え方は，これまでの日本の認識と近いものだろう。

21）このことは，1998・1999 年の学習指導要領改訂で総合的な学習の時間が導入された際にもみられた現象と考えてよいだろう。総合的な学習の時間は，まさに「教科横断的」で「オープンエンドな課題」に取り組む場として想定されていたが，実態として，そのようにならなかったことにはさまざまな背景が指摘されている。

22）Figure I.3.15.Shortages of school resources that hinder quality instruction

23) PISA2018 では中国（北京・上海・江蘇・浙江）がシンガポールを上回っているが，国単位での参加としてはシンガポールが 3 分野とも 1 位となっている。

24) 前述（第 3 節）のように，PISA による分析では，PISA スコアと精緻化方略との間に明確な相関性は見いだせないとのことであったが，シンガポールのように，探究的学習と PISA スコアを両立させている国があることにも留意が必要である。

25) 山口大学によるプレスリリース参照（http://www.yamaguchi-u.ac.jp/library/user_data/upload/Image/news/2021/21041604.pdf）

## [参考文献]

教育課程審議会（1998）「幼稚園，小学校，中学校，高等学校，盲学校，聾学校及び養護学校の教育課程の基準の改善について（答申）」

国立教育政策研究所（2014）『教員環境の国際比較— TALIS 2013 年調査結果報告書』

　　—（2016）『生きるための知識と技能— OECD 生徒の学習到達度調査（PISA）2015 年調査国際結果報告書』

白井俊（2020）『OECD Education2030 プロジェクトが描く教育の未来』ミネルヴァ書房

辰野千尋（1997）『学習方略の心理学』図書文化社

中央教育審議会（2008）「幼稚園，小学校，中学校，高等学校及び特別支援学校の学習指導要領等の改善について（答申）」

藤原さと（2020）『探究する学びをつくる』平凡社

G・ウィギンズ，J・マクタイ／西岡加名恵訳（2012）『理解をもたらすカリキュラム設計』日本標準

Heather Banchi & Randy Bell（2008）*The Many Levels of Inquiry*, Science and Children

Kelvin H. K. Tan, Charlene Tan and Jude S. M. Chua（2008）, *Innovation in Education: The "Teach Less, Learn More" Initiative in Singapore Schools*, in Innovation in Education, Nova Science Publishers, Inc.

Ministry of Education, New Zealand（n.d.）*New Zealand Curriculum*

Ministry of Education, New Zealand（2009）, *Students' Learning Approaches for Tomorrow's World*；https://www.educationcounts.govt.nz/__data/assets/pdf_file/0006/63087/PISA-2003-Student-learning-approaches.pdf（accessed on 25 September, 2021）

National Research Council（2000）, *Inquiry and the National Science Education Standards: A Guide for Teaching and Learning*, Washington, DC: The National Academies Press.

OECD（2010）*Mathematics Teaching and Learning Strategies in PISA*, OECD Publishing

—— （2014）*TALIS 2013 Results: An International Perspective on Teaching and Learning*, TALIS, OECD Publishing

—— （2019）, *Conceptual learning framework: Skills for 2030*, Future of Education & Skills 2030 Concept Note, Paris；http: //www. oecd. org/education/2030-project/teaching-and-learning/learning/skills/skills_for_2030_concept_note.pdf（accessed on 7 September, 2021）.

—— （2020a）, *Curriculum Overload: A Way Forward*, OECD Publishing, Paris

—— （2020b）, *What Students Learn Matters: Towards a 21st Century Curriculum*, OECD Publishing, Paris, OECD Publishing, Paris

—— （2021）, *Adapting Curriculum to Bridge Equity Gaps: Towards an Inclusive Curriculum*, OECD Publishing, Paris.

Sten Ludvigsen, Eli Gundersen, Sigve Indregard, Bushra Ishaq, Kjersti Kleven, Tormod Korpås, Jens Rasmussen, Mari Rege, Sunniva Rose, Daniel Sundberg, Helge Øye（2013）*The School of the Future Renewal of subjects and competences*, Official Norwegian Reports NOU 2015: 8

Yi-Jhen Wu, Claus H. Carstensen & Jihyun Lee（2019）: *A new perspective on memorization practices among East Asian students based on PISA2012*, Educational Psychology,

# 第6章

# UNESCO と人づくり

　本章は，「UNESCO と人づくり」と題して，多様な開発アプローチと人づくりに関する歴史的俯瞰をふまえ，そのなかで役割を果たしてきた UNESCO における人づくりについての議論を整理する[1]。UNESCO における人づくりの取り組みは，教育の段階，教育の平等と公正に向けた取り組み，持続可能な社会を創る教育のテーマ，教育環境の整備に関する議論など多岐にわたっている。

　本章では，UNESCO における人づくりについて概観したうえで，近年の国連プログラムであった「国連・ESD の 10 年」(2005-2014) とその関連プログラムについて取り扱う。これまでの「国連・ESD の 10 年」の知見を共有するとともに，続く「グローバル・アクション・プログラム (GAP)」とその後の「ESD for 2030」の実施に向けたベルリン会議における論点を述べるほか，『SDGs のための教育—学習目的 (*Education for Sustainable Development Goals, Learning Objectives*)』(UNESCO, 2017) で指摘されている「UNESCO 持続可能性キー・コンピテンシー」と「社会・情動的知性 (SEI)」を述べることとしたい。さらには，2021 年に UNESCO が出版した『教育のための社会契約 (*Reimagining our futures together: a new social contract for education*)』(UNESCO, 2021) と，実践的知見としての UNESCO 未来共創プラットフォームにおけるダイアログをふまえ，「探究」の意味合いを考察することとする。

## 1　多様な開発アプローチと人づくり

### （1）平和で，公正で，持続可能性な社会の担い手づくりの 2 つの起源

　序章でも述べたとおり，佐藤 (2020) は，平和で，公正で，持続可能な社会を支えるさまざまな開発アプローチには，「貧困・社会的排除問題」の解決に向け

た経済・社会・人間開発のアプローチと,「地球環境問題」の解決に向けた持続可能な開発のアプローチの2つの流れがあると指摘している（図0-2）。人づくりの国際的議論も,この2つの流れと連動しており,それは,「国連・ESDの10年」の国際実施計画（IIS；UNESCO, 2005）において,その指摘がなされている。国際実施計画には,「国連・ESDの10年」の背景には2つの起源があるとし,1つは人間開発アプローチ,質の高い基礎教育,アクセスのユニバーサル化と教育機会の平等達成,もう1つは持続可能な開発と教育であると指摘している（佐藤・阿部, 2007；佐藤・阿部, 2008；佐藤, 2016）。「人間開発アプローチ,質の高い基礎教育,アクセスのユニバーサル化と教育機会の平等達成」に関する歴史的流れは,1948年の世界人権宣言,1989年の子どもの権利条約からの流れを受け,その後の「人間開発アプローチ」と国際的な教育論議に続いている。他方,「持続可能な開発と教育」は,1972年の国連人間環境会議（ストックホルム会議）や,1987年の持続可能な開発に関する『われら共有の未来』（ブルントラント・レポート）の発表,そして,1990年代の環境と開発に関連する一連の国際会議の流れを受けている。そして,2つの流れの合流点が,1992年に開催され

図6-1 「国連・ESDの10年」・GAP・「ESD for 2030」とその2つの起源
出所：UNESCO（2005）DESD – IIS に基づき筆者作成

た「国連環境開発会議（UNCED；通称，リオ会議）」であるといわれている（図
6-1）。

　1992年に開催されたリオ会議におけるアジェンダ21第36章では，持続可能
性に配慮をした教育の重要性がうたわれており，「国連・ESDの10年」は，こ
のような国際的な議論の大きな2つの流れを受けたものになっていることがう
かがえる。今日の人づくりの国際的議論は，このような，一連の経済・社会・
人間開発アプローチに基づく人づくりと，持続可能な開発アプローチに基づく
人づくりが連動したものであり，換言すれば，"平和で，公正で，持続可能性な
社会の担い手づくり（持続可能性のための人間開発）"であることを読み取ること
ができる。


## (2) 経済・社会開発アプローチと人づくり

　まず，平和で，公正で，持続可能性な社会の担い手づくりを支えてきた，経
済・社会開発アプローチと人づくりについて，振り返ることとしたい。北村・
佐藤（2019）は，その論考のなかで，経済・社会開発アプローチと人づくりの歴
史的背景を以下のように述べている。

> 　…第二次世界大戦後の1940年代から1950年代においては，「経済成長が社会
> 変化を促す」という考え方の下，経済開発重視の政策が世界的に採用されてきた。
> 「成長，資本，生産，トリクルダウン（富める者が富めば貧しい者も利益を得る）」
> といったキーワードと共に，地域づくり，人づくりにおいても経済成長が優先さ
> れてきた。1960年代からは，人的投資が経済成長の先行条件として位置づけら
> れるが，「経済成長」が目標であることには変わりがなかった。1970年代を迎え，
> ベーシック・ヒューマン・ニーズ（BHN）の充足を図るべく，「社会開発アプロー
> チ」として，農村開発や再分配の議論が深められた時代となった。…

「開発」という言葉のイメージを，経済・社会開発アプローチとして捉えてい
る読者も多くいると思われる。経済・社会開発アプローチにおける人づくりは，
江原（2001）の言葉を借りれば，「経済開発の副産物」「経済開発の前提条件」「社
会開発の重要要素」（図6-2）であるといえるだろう。工業化・産業化に基づく
経済成長が主であり，経済効率性の追求を重視したなかでの人づくりであると

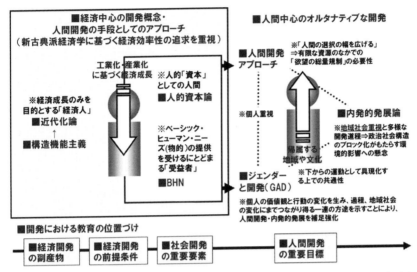

図6-2　経済・社会中心から「人間中心のオルタナティブな開発アプローチ」としての人づくり
出所：江原（2001）に基づき，筆者作成（佐藤，2020）

捉えることができる。

## (3) 人間開発アプローチと人づくり

つぎに，平和で，公正で，持続可能性な社会の担い手づくりを支えてきた人間開発アプローチについて，振り返ることとしたい。北村・佐藤（2019）は，その論考のなかで，人間開発アプローチと人づくりの歴史的背景を以下のように述べている。

> …1990年代からは，経済，社会を支える「人間開発アプローチ」という言葉が使われ始め，人間中心の理念に基づく教育・能力開発の重要性が，「万人のための教育（EFA）」やジェンダー，文化，貧困解消，などのキーワードと共に認識されるようになった。1990年代以降に強調された「人間開発アプローチ（human development approach）」は，"人"の能力形成に重要性が置かれており，MDGsの個々の開発アジェンダの基礎を成している点を理解する必要があるだろう。…

1990年代からその重要性がでてきた人間開発アプローチは，前述の経済効率

性の追求を重視してなかでの人づくりではなく，人間中心の理念に基づいている。国連プログラムとしての「国連・識字の10年（UNLD；2003-2012）」や，「万人のための教育（EFA）」などが実施・展開されるとともに，これらの人間中心の理念が，ミレニアム開発目標（MDGs；2001-2015）の基礎を支えている。江原（2001）の言葉を借りれば，「人間開発の重要目標」であるといえるだろう。途上国の課題解決を主としたMDGsであるが，その背景には，人間中心の開発アプローチがあることを捉える必要があるだろう（図6-2）。

### （4）経済・社会・人間開発アプローチにおける人づくりの俯瞰

　これらの経済・社会開発アプローチと人間開発アプローチに基づく人づくりについて，佐藤（2020）は，江原（2001）の論考に基づいて図6-2を提示している。この図からは，経済中心の開発概念から人間中心の開発概念へとシフトしていることが読み取れる。人間中心のオルタナティブな開発には，本章で取り扱う人間開発アプローチのほか，ジェンダーと開発（GAD），内発的発展論なども位置づけられており，帰属する地域や文化を軸にしていることが読み取れる。持続可能な開発目標（SDGs）においても，人権に基づくアプローチ（human rights based approach）が重視されており，人間開発アプローチが軸の1つにあることが読み取れよう。

### （5）持続可能な開発アプローチと人づくり

　さらに，平和で，公正で，持続可能性の社会の担い手づくりを支えてきた持続可能な開発アプローチについて，振り返ることとしたい。北村・佐藤（2019）は，その論考のなかで，持続可能な開発アプローチと人づくりの歴史的背景を以下のように述べている。

> 　…SDGsの背景には，1980年代後半に提示された「持続可能な開発」の概念（前述）が影響しており，「人間開発アプローチ」，「人権に基づくアプローチ」だけでなく，人類の生存基盤である自然環境を有する地球の環境収容力（carrying capacity）や「自然生存権」への配慮が重要になってきていることや，パートナー

> シップやガバナンスといった，"人と人"が共に社会に関わり，共に治めていく（協治）という開発アプローチが強くなっている点に特徴が見られる。…

「持続可能な開発」という用語は，1970年代に提示されているものの，1980年代のブルントラント・レポートの影響が大きい。これまでの，人権に基づくアプローチだけでなく，「地球の限界（planetary boundaries）」に配慮をした「地球中心の開発アプローチ」をみることができる。「地球中心の開発アプローチ」に関する指摘は，今日になって指摘されはじめたものではなく，1972年の国連人間環境会議（通称，ストックホルム会議）とそれに続くUNESCOとUNEP（国連環境計画）が主導した国際的な環境教育の議論の流れや，環境倫理のなかで一連と指摘されてきており，その文脈における人づくりの重要性も同様にこれまで指摘されてきている点をふまえる必要がある。

佐藤（2016）は，「国連・ESDの10年」の振り返りにおいて，国連人間環境会議（1972年）とそれに続く教育計画としての国際環境教育計画（IEEP）をレビュー[2]し，考察を深めている。

> …IEEP（国際環境教育計画）が開始された環境教育専門家ワークショップ（1975年）における「ベオグラード憲章」では，人間と環境の均衡と調和ということを満足させ，貧困，飢餓，文盲，汚染，搾取，専制といったものを根本的になくし，世界の資源は，万人の利益になるように，また万人の生活の質の向上に役立つような開発をすすめることが必要なことを明確に述べている（UNESCO-UNEP 1976）。しかしながら，生態学的持続可能性に加えて社会的公正の視点が強く反映されたのは，ブルントラント・レポートによる「持続可能な開発」の概念創出（1987年）とUNCED（1992）のアジェンダ21第36章における位置づけが大きい。

> IEEP前半期で構築された環境教育概念は，1990年代の「持続可能な開発」概念の普及に伴い，テサロニキ宣言（1997年）における「持続可能性のための教育（educating for a sustainability, EfS）」（阿部・市川ら 1999）や，その後のEPD実施ガイドラインにも反映され，ESD概念の基礎を作りだしたとも言えよう。とりわけ，IEEP前半期において，(1) 第一段階：環境教育の認知拡大（1975-1977年)，(2) 第二段階：環境教育の概念的・方法論的進展（1978-1980年)，(3) 第三段階：環境教育の公教育における教育実践と訓練の内容，方法，教材開発

（1981-1985 年）という 3 つの段階的特徴がある（UNESCO 1985）。環境教育・訓練に関する国際会議（モスクワ会議, 1987 年）では,「1990 年代の環境教育と訓練のための国際的行動戦略」が発表され, IEEP 後半期に向けて, IEEP の進捗の共有と行動の呼びかけによる, 実践色の強い文書となっている。

　戦後の経済中心の開発アプローチが主流であったなかで, 国連により主要な取り組みが行われてきたこともあり,「地球中心のオルタナティブな開発アプローチ」は, その重要性は 1970 年代から指摘されつつも, 主流の開発アプローチへの影響は少なかったといえる。今日の「SDGs 時代」の文脈は, まさに,「地球の限界（planetary boundaries）」に配慮をした,「地球中心の開発アプローチ」であり, これまでの人権に基づくアプローチ（human rights based approach）に加えて, その重要性を読み取ることができよう。「地球の限界（planetary boundaries）」に配慮をし, 環境保全なしに, 社会開発, 経済開発が成り立たないことを提示している「SDGs ウェディングケーキ・モデル」（Rockström, 2016）[3]

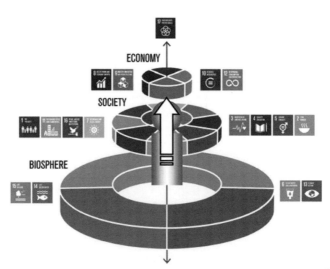

図 6-3　「地球の限界（planetary boundaries）」に配慮をした「地球中心のオルタナティブな開発アプローチ」としての人づくり
出所：SDGs ウェディングケーキ・モデル（Rockström, 2016）を筆者一部改変

に基づいて考えると，「地球中心のオルタナティブな開発アプローチ」における人づくりは，人類も自然（生物圏）の一部であることの認識を深め，人権だけでなく，自然生存権にも配慮をした人づくりであるということができよう（図6-3）4)。

<br>

## **2**　UNESCO における人づくり

### （1）UNESCO の成り立ちと発展経緯

　UNESCO（United Nations Educational, Scientific and Cultural Organization：国際連合教育科学文化機関）は，諸国民の教育，科学，文化の協力と交流を通じて，国際平和と人類の福祉の促進を目的とした国連の専門機関であり5)，個別の規約，加盟国，予算，審議機関を有する分権的な組織でもある。UNESCO への日本加盟は 1951 年であり，第二次世界大戦後に主権を回復（1952 年）したあとの国連加盟（1956 年）よりも前に参加していることからも，UNESCO の有する分権的な組織の特徴を読み解くことができよう。UNESCO の組織としては，教育，科学，文化という分野を包括する大規模な国際組織であり，UNESCO 本部，地方事務所だけでなく，加盟国に設置されている「ユネスコ国内委員会」との連携のなかで，取り組みが展開されている。民間の国際 NGO や高等教育機関などとも協力関係を有しており，日本では，日本ユネスコ協会連盟6)やユネスコ・アジア文化センターなどが積極的な役割を担ってきている。UNESCO はこのような組織的特性を有しながら，各国における政治・経済のレベルを超えて，平和の理念として「UNESCO 平和の精神」を提示している。これは，表6-1 に示す「UNESCO 憲章」7)から読み取ることができる。とりわけ，「人類の知的および精神的連帯」「教育・科学・文化を通じた国際平和と人類福祉」が「UNESCO 平和の精神」として位置づけられよう。

　本章冒頭にも述べたとおり，UNESCO における人づくりの取り組みは，幼児教育，基礎教育，高等教育，職業技術教育・訓練（TVET）など教育の段階もさまざまであり，教育の平等と公正に向けた取り組みとしても，マイノリティ，

表6-1　UNESCO憲章

> 　この憲章の当事国政府は，その国民に代って次のとおり宣言する。
> 　戦争は人の心の中で生れるものであるから，人の心の中に平和のとりでを築かなければならない。
> 　相互の風習と生活を知らないことは，人類の歴史を通じて世界の諸人民の間に疑惑と不信をおこした共通の原因であり，この疑惑と不信のために，諸人民の不一致があまりにもしばしば戦争となった。
> 　ここに終りを告げた恐るべき大戦争は，人間の尊厳・平等・相互の尊重という民主主義の原理を否認し，これらの原理の代りに，無知と偏見を通じて人間と人種の不平等という教義をひろめることによって可能にされた戦争であった。
> 　文化の広い普及と正義・自由・平和のための人類の教育とは，人間の尊厳に欠くことのできないものであり，且つすべての国民が相互の援助及び相互の関心の精神をもって果さなければならない神聖な義務である。
> 　政府の政治的及び経済的取極のみに基く平和は，世界の諸人民の，一致した，しかも永続する誠実な支持を確保できる平和ではない。よって平和は，失われないためには，人類の知的及び精神的連帯の上に築かなければならない。
> 　これらの理由によって，この憲章の当事国は，すべての人に教育の充分で平等な機会が与えられ，客観的真理が拘束を受けずに探究され，且つ，思想と知識が自由に交換されるべきことを信じて，その国民の間における伝達の方法を発展させ及び増加させること並びに相互に理解し及び相互の生活を一層真実に一層完全に知るためにこの伝達の方法を用いることに一致し及び決意している。
> 　その結果，当事国は，世界の諸人民の教育，科学及び文化上の関係を通じて，国際連合の設立の目的であり，且つその憲章が宣言している国際平和と人類の共通の福祉という目的を促進するために，ここに国際連合教育科学文化機関を創設する。

ジェンダー，インクルーシブ教育，ノンフォーマル教育と多岐にわたる。持続可能な社会を創る教育としても，健康，福祉，環境，経済，文化，社会などが取り扱われており，教育環境の整備においても，教職の専門職性の向上，社会教育・生涯学習，効果的な学習環境，地域社会における社会的学習なども取り扱われている[8]。また，これらの取り組みは，UNESCOのみで行っているものではなく，各国政府，国連関係機関，政府間組織，国際NGO，高等教育機関，地域組織などとの連携・協働によって実施されていることが多い。

## (2) UNESCO による教育の役割と学習のあり方についての提言

　上述のように UNESCO は，その成り立ちと発展経緯をふまえ，世界的で多様な取り組みを実施・展開しつつ，1972 年にフォール報告書「Learning to Be（邦題，未来の学習）」，1996 年には，ドロール報告書「Learning: The Treasure Within（邦題，学習：秘められた宝）」という国際報告書を発表し，教育の役割と学習のあり方について提言を行っている。2021 年には，"Reimaging Our Futures Together：A New Social Contract for Education"を発表し，今日直面している VUCA（変動性，不確実性，複雑性，曖昧性）社会に対応し，平和で，公正で，持続可能な社会の未来に向けた教育の役割と学習のあり方について提言を行っている（第4節参照）。

　UNESCO の 21 世紀教育国際委員会が発表したドロール報告書では「学習の4本柱」が提唱され，人々が生涯を通して学び続けることの重要性を指摘したうえで，そうした「学び」は，①知ることを学ぶ（learning to know），②為すことを学ぶ（learning to do），③（他者と）ともに生きることを学ぶ（learning to live together），④人間として生きることを学ぶ（learning to be）ために行うのだと強調している（ユネスコ「21 世紀教育国際委員会」，1997）。さらに，「国連・ESD の 10 年」の知見として，「個人変容と社会変容の学びの連関（learning to transform oneself and society）」という学びのあり方を提言している（UNESCO, 2014）。ドロール報告書において，学びが，知識や技能，多文化共生，価値といった側面で考察されているだけでなく，「国連・ESD の 10 年」の知見として，自身の変容に貢献するだけでなく，社会とのかかわりのなかで社会の変容を促し，また，その社会の変容へのかかわりを通して自身の変容を促すものである点が強調されている。このような「学び」の姿が，「SDGs 時代」として現在直面している VUCA（変動性，不確実性，複雑性，曖昧性）社会に，強く求められているといえよう。

とりわけ，「国連・ESD の 10 年」を通して得られた知見は，教育分野にとどまらず，社会変容に向けた協働のあり方，協働を通した学びの構築（社会的学習）に大きな貢献をもたらしている。前述のとおり，「国連・ESD の 10 年」の国際実施計画（UNESCO, 2005）では，その背景には 2 つの起源があるとし，それは，①人間開発アプローチ，質の高い基礎教育，アクセスのユニバーサル化と教育機会の平等達成，②持続可能な開発と教育であると指摘しており（図 6-1），SDGs へと続くさまざまな開発アプローチのなかでそれらがつながり，人づくりが位置づけられてきていることを読み取ることができる。「国連・ESD の 10 年」の終了後は，5 年間のグローバル・アクションプログラム（GAP）と，SDGs 達成年（2030 年）に向けた「ESD for 2030」へと国際プログラムが継続しており，5 つの優先領域（政策，機関包括型アプローチ，教育者，ユース，コミュニティ）が一貫して提示されている。本節では，「国連・ESD の 10 年」を通して得られた知見を述べるとともに，そのあとに続くグローバル・アクション・プログラム（GAP）と，「ESD for 2030」について述べることとしたい。

### (1)「国連・ESD の 10 年」の知見[9]

「国連・ESD の 10 年」では，前半期で ESD に関する概念の整理が深められただけでなく，その中間年会合（2009 年，ボン）で「ボン宣言」（21 世紀の ESD）が発表され，ESD における行動の重要性がより強調されたものとなった[10]。この中間年会合では，ドロール報告書の示す「学習の四本柱」（learning to be, to know, to do, and to live together）に加え，"learning to transform oneself and society（個人変容と社会変容の学びの連関）"が「新しい学習の柱」として位置づけられている（UNESCO, 2009；図 6-4）。教育はこれまで，すべての人の学ぶ権利を保障し，その学びの質を高めるという文脈で取り扱われてきた。その一方で，ESD では，すべての人の学ぶ権利を保障し，学びの質の向上に貢献しつつ，"個人が変わる（自己も他者も）こと"と，"社会を変えること"を連動させた学びの形

態であることが読み取れる。

「国連・ESD の 10 年」では，このような新しい「学習」のあり方（図 6-4）が提示されただけでなく，①環境・社会・文化・経済の統合的思考，②協働と対話のプロセス，③機関包括型アプローチとしてのホールスクール・アプローチ，④カリキュラ

図 6-4　ESD の捉え方〜"個人変容と社会変容の学びの連関"

ムの刷新と実施，⑤行動的で参加型な学習プロセス[11]，⑥知識伝達型を超えた，体験型，態度・行動型，省察・内発型の学習アプローチ，⑦協働しながら学びを深める学習アプローチ（社会的学習）[12]，⑧個人変容と社会変容の学びの連動性，⑨地球市民としての自覚，⑩実践の質的向上を促す 4 レンズ（統合的，文脈的，批判的，変容的）などの知見が蓄積された（佐藤，2021）。

## (2)「ESD for 2030」─求められる「行動・協働」と「構造的変容」

「国連・ESD の 10 年」とその後のグローバル・アクション・プログラム（GAP）を通して，今日では，SDGs 達成年（2030 年）に向けた国際プログラムである「ESD for 2030」が進行中である。この「ESD for 2030」では，ESD は SDGs 目標 4「質の高い教育をみんなに」に資するものとしてだけでなく，SDGs 全体を達成することに貢献するものとして位置づけられている（UNESCO，2020）。まさに，ESD が社会変容に貢献しつつ，個人変容にも貢献するという，"社会変容と個人変容の連動性"の特徴を読み取ることができる。「ESD for 2030」では，気候変動，生物多様性，ユースの面が強調された，地球環境への強い危機感と，ユースの主体的な参画を促す点に特徴がみられる。さらに，変容を促すアクション（transformative action），構造的変容（structural changes），技術革新（technological future）という用語を提示し，教育・学習の文脈を超え，多様な主体の参画に基づく行動・協働の重要性や，取り組む際の構造変容の重

要性を読み取ることができる[13]。

### (3)「UNESCO 持続可能性キー・コンピテンシー」と「社会・情動的知性 (SEI)」

「国連・ESD の 10 年」が終了し，UNESCO は，その経験に基づき，社会とのかかわりのなかで，その資質・能力を高めていく「UNESCO 持続可能性キー・コンピテンシー」(UNESCO, 2017)[14]を発表した。「UNESCO 持続可能性キー・コンピテンシー」は，知識獲得や論理的思考，コミュニケーションなどの従来の資質能力を否定するものではなく，むしろそれらを基礎的コンピテンシーとしたうえで，この分野横断的な 8 つのキー・コンピテンシーを身につけることで，複雑で変動的な状況に対応し，より統合的な問題解決を促していく力を構成していくことが大切だと考えられている。さらに，「UNESCO 持続可能性キー・コンピテンシー」は個人単位で獲得するのではなく，他者とのかかわりのなかで獲得できるものであるとし，「学習」と「協働」の連動性の重要性が指摘されている。資質・能力の捉え方を，これまでの個人が獲得すべきものという文脈を超えて，集団やチーム，場の力の結果として獲得されるという認識も高めていく必要があるだろう[15]。以下に，集団やチーム・場の力を活かし，獲得すべき資質・能力として「UNESCO 持続可能性キー・コンピテンシー」を紹介し，筆者の見解（佐藤，2021）を述べることとしたい。そして，これらのキー・コンピテンシーを支える知性として，近年「社会・情動的知性」（マインドフルネス，共感，寄り添い，批判的探究）の重要性が指摘されている。

> ■システム思考（system thinking）：サステナビリティを考える際，社会，環境，経済などの分野，地域から世界までの様々な視野，現代世代と未来世代への配慮などが組み合わさった複雑性の捉え方が求められる。サステナビリティの課題の克服には，従来は相反すると思われていた経済と環境の新しい関係をつくったり，経済合理性だけでなく社会や文化の側面にも配慮したりするなど，従来の問題解決にはない難しさがある。"複雑な問題"を扱うのが難しいのは，要素に分解し，単純化する従来の要素還元型の問題解決法が，相互作用，意味の多面性，時間の中での変化などを組み込むことが苦手ということに起因している。"複雑な問題"の要素を個別分解するのではなく，要素間の相互作用を理

解し，表面的な問題から奥にある構造や文脈までを総合的に捉える能力が求められている。

■ 予測（anticipatory）：ミレニアム開発目標（MDGs：2001-2015）時代までは，我々の"ありたい未来"を描いていればよかった。しかしながら，近年は，気候変動の影響による干ばつや洪水，森林火災など，さまざまな問題が同時多発的に起き，様々な「貧困・社会的排除問題」と「地球環境問題」が密接に結びつきつつある。今後は，VUCA 世界（変動性，不確実性，複雑性，曖昧性）のなかで，様々な"ありうる未来"も考えていく必要がある。VUCA 世界で未来像を分析し，予測するには，今日の経済社会，環境問題の構造や要素の相互関係性を踏まえて，時間的な変化を取り入れ，そこに生じるリスクと潜在的な機会を見出すことが必要となる。様々な変化が大きく加速していく中で，"ありうる未来"を理解した上で，複雑性の認識のもとで"ありたい未来"を描く力が求められる。

■ 規範（normative）："複雑な問題"は，見方によって異なる正しさがあることを意味する。正解のない状況，正解が複数ある状況のなかでの選択や決断には，倫理観，哲学が強く問われる。また，国や地域に根付いた多様な文化や風習，宗教の価値観，政治思想などを理解し，それを尊重することも必要であろう。経済成長を最優先して考えるのではなく，私たち一人一人が地球市民であることを自覚し，公平，公正，安全，幸福などを深く考えることが必要である。多様な価値観を持つ人がお互いの価値観を尊重しながら，コミュニケーションを深めることが必要になる。哲学・倫理・モラルに関する対話のプロセスは，世代内や世代間のコミュニケーションを深めるうえでもとても重要であろう。

■ 戦略（strategic）：持続可能性を高める行動を広げるには，問題の複雑な構造を理解し，ありうる未来を考え，何が自分にとって大切か考えた上で，実際にことを成し遂げるまでの道筋を描き，それを実現することが求められる。しかし，実社会ではさまざまな関係性と状況があり，正論が壁にぶつかることが多くある。新しい事への抵抗感，既得権益，政治力学なども考慮する必要がある。関わる人の情報や理解度，使える資源や機会，組織や地域の文化や文脈，自分の強みなどを理解した上で，協力者を増やし，どこから動かせば大きな波及効果が生まれるかを考えなければならない。複雑な状況では，当初の計画通りにはいかないものである。共に動きながら洞察を深め，共に動きながら修正していくことも必要とされている。

■ 協働（collaborative）：サステナビリティは関わる人それぞれの立場によって異なって見えている"複雑な問題"であるため，現状を認識し，状況を把握する段階から多様な専門や立場の人たちの協働を進めていく必要がある。異なるバックグラウンド，属性，問題意識を持つ人たちが協働する過程の中で，お互いの異なる視点や認識を学び合うことができれば，問題の洞察がより深まり，よ

り最適な解決策を生み出していくことができるようになる。そこでは，事前に定めた仕様や役割を変えない"固定的な協働"ではなく，状況に応じて内容や役割を変化させていく"動的な協働"が必要になる。さらに，サステナビリティにおける協働は，目的達成への実行手段としてだけでなく，目的，権利も含めた協働の多義性を理解して進めていく必要がある。

■ 批判的思考（critical thinking）：サステナビリティの実現には，20世紀から続く普通や常識を変えていく必要がある。まず，自分自身が日常的に当たり前にしている行動や考え方を省みて，手段や方法，活動の目的などを見直していく必要があるだろう。また，大量に流れてくる情報や知識を鵜呑みにせず，批判的に検証していくことも大切である。"複雑な問題"は多面的であり，情報や知識には，発信者や受け手のバックグラウンド，信条，経験などによって異なる解釈が生じている。物事を根拠や証拠に照らし合わせながら論理的に考え，他者の意見に振り回されずに自身の考えを吟味，省察する必要がある。AI（人工知能）の時代がますます進展する今日において，自ら考え，自身のこれまでの経験を得られた情報や知識を解釈に活かしてこそ，多様の人々との協働や学びに貢献することができる。

■ 自己認識（self-awareness）：サステナビリティに取り組むには，自身も持続可能性を担う一員であることを自覚し，自分自身の考え方や行動を変えていく必要がある。問題解決に向き合うには，問題にどう向き合うか，どのような価値観をもって行動するのか，自分には何ができ，誰と協働をすればいいかなど，自分との対話が必要である。つまり，"do（何をするか）"の前提にある"be（あり方）"を認識することが必要である。さらには，今後予想される社会の大きな変化や逆境の中で，自身の考えや感情，行為を制御していくには「自己効力感」が大切と考えられている。自己効力感は，自分は適切な行動ができるという確信の度合いと考えられる。自分自身を知り，"自分はどうありたいか"を考え，その実現に向かって実践することが，社会のサステナビリティの実現につながると言えよう。

■ 統合的問題解決（integrated problem solving）：SDGs の17ゴールは個別に存在する問題ではなく，目標同士が相互に関係し，影響しあっている。異なる専門・領域を別のものと捉えるという線形的・個別対応としての発想を超えて，他の専門・領域にも関心を持ち，異なる専門・領域の間でどのように相互に連関しているかを考える発想が求められる。それには，多様な主体とのコミュニケーションが大切であり，共に行動・協働し，お互いから学び合う社会的学習が大切である。問題解決・価値共創のプロセスに参画する過程を通して"持続可能性キー・コンピテンシー"が身に付き，統合力を高めることで，持続可能な世界の担い手へと変容していくことができるだろう。

## 4　VUCA 社会における新しい教育の役割と学びのあり方

### （1）『私たちの未来を共に再構想する』刊行の背景

　UNESCO は，「Reimagining Our Futures Together：A new social contract for education（私たちの未来を共に再構想する―教育の新たな社会契約）」を 2021 年 11 月に刊行した（UNESCO, 2021）。当該文書は，フォール報告書「Learning to Be（未来の学習）」(1972)，ドロール報告書「Learning：The Treasure Within（学習：秘められた宝）」(1996) などとともに，教育の役割や学びのあり方について方向性を示す重要な報告書[16]として位置づけられている。当該文書の作成にあたり，UNESCO は 2020 年に国際諮問委員会を立ち上げ，2021 年に報告書を刊行している。当該文書では，世界規模の気候変動やグローバル感染症などの課題をふまえ，VUCA（変動性，不確実性，複雑性，曖昧性）社会を捉えることや，平和で，公正で，持続可能な未来を想像・創造していくことの重要性を指摘している。さらに，ESD や行動的な地球市民性，持続可能なライフスタイルなどの用語も出ており，個人変容と社会変容の連動性の重要性をうかがうことができよう。当該文書の目次構成は，表 6-2 を参照されたい。

### （2）「教育のための社会契約」の意味合いと基盤となる原理

　丸山らは，UNESCO（2021）の概要版（和訳）「私たちの未来を共に再構想す

表 6-2　『私たちの未来を共に再構想する―教育の新たな社会契約』の目次構成

| |
| --- |
| 第 1 章　より公正な教育の未来<br>第 2 章　混乱と新たに出現しつつある変容<br>第 3 章　協力と連帯のためのペダゴジー<br>第 4 章　カリキュラムと進化する知識のコモンズ<br>第 5 章　教師たちの変容する職業<br>第 6 章　保護する場・変容する場としての学校<br>第 7 章　研究とイノベーションへの呼びかけ<br>第 8 章　グローバルな連帯と国際協力への呼びかけ |

出所：UNESCO（2021）をもとに筆者作成

る―教育の新たな社会契約」を発表している[17]。ここでは,「教育の新たな社会契約」の意味合いと基盤となる原理についての邦訳を抜粋することとしたい（下線は筆者）。

[「教育の新たな社会契約」の意味合い]
…教育は一種の社会契約―共通の利益に向かって協働するメンバーの間で, 暗黙に交わされた合意―としてみることができます。社会契約は, 単なる取引以上のものです。なぜならそれは, 法に定められ, 同時に文化的にも深く埋め込まれた, 規範や参加責任や原理原則を反映しているからです。そのため, 社会契約の出発点は, 教育の公的な目的についての展望を, 皆で共有することからはじまります。この契約は, 教育に関する諸制度を構成する基本原理と, それらの制度を構築し, 維持し, 改善するために必要な分配型の業務から構成されています。
20世紀のあいだ, 公教育は, 子どもや若者への義務教育をとおして, かの人たちの市民権を保障し, 様々な社会開発政策を支援することを, 主目的としてきました。しかし今日, 私たちは, 人類の未来と生命体としての地球に関わる重大な危機に瀕しています。私たちは, 人類共通の課題に取り組むために, 一刻も早く新たな教育を考案しなければなりません。この, 再構想という行為は, 私たちが相互に影響を与え合いながら共有する未来を, 共に創造していく作業を意味します。「教育の新たな社会契約」は, 世界中の様々な取り組みのもとに私たちを結束させ, 新たな知識と革新をもたらすでしょう。それらが, 社会・経済・環境に関わる正義に深く根差した, 持続可能で平和な未来を実現するために必要なのです。そのためには, この報告書に示されるように, この「契約」は, 教師の役割をしっかりと応援するものでなければなりません。…

[基盤となる原理]
…いかなる新たな社会契約も, 人権―すなわち, 包摂, 公正, 協力, 連帯, そして連帯責任と相互関連性―を支える一般原理に基づいて構築されなければならず, そして以下の2つの基盤となる原理に従って統治されなければなりません。
生涯を通じて質の高い教育の権利が保障されること：世界人権宣言第26条に定められているように, 教育を受ける権利は,「教育の新たな社会契約」の基盤であり続けなければなりません。そして, 質の高い生涯教育への権利も含まれるよう, 解釈が拡大されなければなりません。また, 教育の権利は, 情報や文化や科学に対する権利も網羅しなければならず, 同様に, 知的共有資源（ナレッジ・コモンズ）―すなわち, 何世代にもわたって蓄積され, かつ継続的に変容し続けている, 人類の集合知―にアクセスしたり, そこに貢献したりする権利も含まれなければなりません。

> <u>公共の取り組みまたは共通善として教育を強化すること</u>：ひとつの社会的な取り組みとして，<u>教育は，社会全体の共通目的を設定し，個人と共同体をともに育ててくれます。</u>「教育の新たな社会契約」は，教育に対する公的資金を確保するだけではなく，<u>教育についての公共的な議論の場にすべての人々が参加できるような，社会全体の関与が含まれていなければなりません。</u>このように人々の参加が推進されることによって，共通善—皆で選択し，皆で実現した，<u>共通のウェルビーイングのかたち</u>—としての教育が強化されるのです。
>
> これらの基盤的な原理は，これまで教育を通して人類が達成してきたものの上に成り立っていますが，同時にこの原理は，教育が未来世代に力を与えることを確実なものにしてくれます。2050 年とその先へと私たち人類が進む際，未来世代が改めて自らの未来を構想し，自らの世界を刷新できるようになるのです。…

　上記からも，平和で，公正で，持続可能な未来に向けた人づくりは，「グローバルな共通善」としての社会的な取り組みであり，未来を民主的な社会にするための方略であり，個人と共同体を育てることを意味することが読み取ることができるだろう。当該文書では，教育と開発に関する「人間中心主義」が強調されているものの，その「人間中心主義」の意味合いが社会的意味合いだけでなく，生態学的な意味合いを考察している点にも特徴がみられる。これは，前述した「地球中心の開発アプローチ」との接点を読み取ることができる。一貫して，公正さ（equity）と包摂（inclusion）を取り扱っており，人と地球の持続可能性（human and planetary sustainability），知の生産とアクセス，ガバナンス（knowledge production, access and governance），市民性と参加（citizenship and participation），仕事と経済的安全保障（work and economic security）のほか，ジェンダーや文化，技術などの分野・領域についても教育・学習と関連づけて検討を深めている。

　本書で取り扱う「探究」も，①質の高い生涯教育への権利であり，人類の集合知としての知的共有資源（ナレッジ・コモンズ）であること，②学校教育の文脈を超えた「グローバル共通善」としての社会的取り組みに貢献しうる潜在性と可能性を有しているといえるだろう。

## **5** UNESCO 未来共創プラットフォーム・ダイアログに基づく論点と「探究」との接点

　文科省は，2021 年に迎えた UNESCO 加盟 70 周年を機に，UNESCO 未来共創プラットフォームを創設（事務局：SDGs プラットフォーム；筆者は当該事業の運営協議会座長）した。本事業の一連として，2020 年と 2021 年には，「UNESCO 未来共創プラットフォーム・リレートーク／ダイアログ」を開催し（以下，ダイアログ；筆者はコーディネーターとして対話セッションの論点を整理した），UNESCO 活動に深くかかわる関係主体との議論を通算 10 回（2 回の全国セミナー含む）にわたる対話を深めてきた。本節では，これまでの国際的な議論に加えて，実践的知見としての UNESCO 未来共創プラットフォームにおけるダイアログ[18]を取り扱い，筆者が担当した一連の論点整理に基づき，「探究」の意味合いを考察することとしたい。

### （1）本ダイアログの概要

　本ダイアログでは，UNESCO の取り組みと特性の理解を深めつつ，国内外の教育，科学，文化に関する実践的な取り組みの共有と，異なる主体の対話を通して，これからの平和で，公正で，持続可能な未来を描くことを目的としたものであった。ダイアログ登壇者は，UNESCO の邦人職員や日本ユネスコ国内委員会関係者ほか，UNESCO 組織（UNESCO パリ本部，UNESCO ジャカルタ・オフィス，UNESCO 無形文化遺産研究センターなど），UNESCO 関係組織（日本ユネスコ協会連盟，ユネスコ・アジア文化センター，日本ジオパークネットワーク，ユネスコスクール事務局，日本自然保護協会など），企業間組織や企業（日本青年会議所，リコー，三承工業株式会社など），NGO（国境なき医師団日本，仙台ユネスコ協会，SDGs 市民社会ネットワークなど），大学関係者（横浜国立大学，奈良教育大学，金沢工業大学など），ユースや大学生（大学のユネスコクラブ所属学生，杉並ユネスコ協会青年部スタッフ，広島県立広島高校生，本事業インターンなど），地域関係者（白山一里野温泉観光協会おかみの会など），本事業の運営協議会の委員などであった。

## (2) 2020年度全国セミナーにおける論点

2020年度のダイアログの総括として開催された2020年度全国セミナー（2021年2月27日開催）では，3回にわたるダイアログの振り返りを行いつつ，教育，科学，文化の各分科会で議論が深められ，最後に協働に関する議論が深められた。

［分科会（教育）］では，UNESCOの取り組みとして，ユネスコスクールなどの取り組みが紹介された。今後の取り組みとして，①教育を広く捉え（学校教育，社会教育，生涯学習），学びのスパイラルを生み出すこと，②地域における魅力・問題発見，③自身の認識の限界をふまえた学ぶ姿勢の変化，④力をもちよる協働の重要性，⑤社会変化の兆しを捉え，ありたい自分を描き，協働する力を高めることの重要性，⑥個性が活き・活かされる居場所づくり，社会の受け入れる力の向上が強調された。

［分科会（科学）］では，UNESCOの取り組みとして，エコパーク，ジオパークの取り組みが紹介され，自然を守り，人の暮らしを守るエコパークの意義，地質遺産保護，自然環境・地域文化の理解をめざすジオパークの意義が共有された。さらには，議論を通して，①ユース・多様な人が参加できる場づくり，強みを活かせる場づくり，②地域特性を活かした学び合いの場と協働の場の連動性が指摘された。

［分科会（文化）］では，UNESCOの取り組みとして，文化遺産保護と継承に関する取り組みが紹介され，議論を通して，文化の保護・継承とつながりを生み出す地域社会の重要性が指摘された。人の意志や人と人との共感が文化保護・継承につながる点や，体験，実験，共同生活を通した文化の理解を深めることの重要性が指摘されただけでなく，当たり前の地域文化を意味づけ，社会背景の認識を深め，問いかけによる地域の内在的価値の可視化をすることが地域づくり（自分ごと化，地域ごと化）に資するものである点が強調された。

［全体会（協働）］では，深刻化・複雑化する日本の社会課題をふまえ，①行動・協働を支える自身のあり方の変容の重要性，②協働を生み出す環境整備・捉え方のシフト，③協働・対話・学びの場とプロセスのデザインの重要性が指

摘された。これらの議論をふまえ，UNESCO の精神（表 6-1）が，協働の核になれる潜在性と可能性を有している点が強調された。

### (3) 2021 年度全国セミナーにおける論点

2021 年度のダイアログの総括として開催された 2021 年度全国セミナー（2021 年 12 月 4 日開催）では，①「学び」と「協働」の連動性，②活動特性を活かした内発的な参加・協働・対話の場づくり，③環境・経済・社会・文化の統合，④持続可能な社会・リスク社会にむけた連帯強化，⑤異なる視座・視点での価値づけ，⑥求められるつなぎ役・しくみ化について論点が提示された。本書で取り扱っているように，「学び」自体が独立したものではなく，他者との協働のなかで社会変容にかかわりながら，自己の変容をもたらす点も強調されている。さらには，これらの取り組みには，「内発性」が重要とあることが提示され，「内発性」なしの「学び」と「協働」では，その自立発展性，学びの深さ，協働の強さを確保することがむずかしい点が強調されている。近年の VUCA（変動性，不確実性，複雑性，曖昧性）社会についても指摘がなされ，「学び」と「協働」は，社会課題解決のための手段としてだけではなく，VUCA 社会のなかで，他者の視点を学びつづけ，有事にも対応するためにも協働していくことの重要性が指摘された。一連の分科会（地域資源を活用した地方創生，国際化・異文化理解・多様性，地球・地域の環境と私たちの生活・仕事・事業）の議論を通して，①外部目線・内的文脈・多角的意味づけ，②傾聴と受容，積極性，③学習・協働プロセスとストーリー，④つながりを感じ・可視化する，⑤コミュニケーション（対話）と伝わるしくみ，⑥参加のしくみ，⑦個性と共通言語，⑧求められる受援力・求援力，⑨日本の課題と地域課題との連動性，⑩活き・活かされる社会の生態系，⑪内発性（原体験，愉しい，美味しい，学び，協働），⑫協働の多義性（目的，手段，権利）について，その重要性が指摘された。

### (4) 各ダイアログと「探究」との接点

「探究」に関する指摘も，一連のダイアログを通して，多数指摘がなされてい

る。

　第1～3回ダイアログ（2021年1月27日／2月8日／2月16日開催）では，UNESCOの取り組みの過去を振り返り，その取り組みと特性について議論が深められた。UNESCO憲章（表6-1）でも提示されているように，「人類の知的および精神的連帯」「教育・科学・文化を通じた国際平和と人類福祉」という取り組みの方向性が再確認されるとともに，UNESCOの特性として，①倫理的規範としてのユネスコ精神（心の中の平和のとりで），②しくみとしてのユネスコ（国連専門機関，国内委員会，地域ネットワーク）が強調された。さらに，今日の課題認識・社会背景として，①問題間の相互作用，構造の共通化が進む世界，②VUCA（変動性，不確実性，複雑性，曖昧性）世界，③世界的な緊張・文化的対立が進む社会，④行動・協働（動き方）と価値・多文化共生（あり方）を連動性，⑤教育，科学，文化の果たす役割，⑥学校教育と社会教育の果たす役割（平和で，公正で，持続可能な未来の担い手づくり，主体形成）が指摘された。今日的なUNESCOの意味合いについても，戦後において日本人と近いUNESCO（国際社会復帰，民間ユネスコ運動）が，近年では，日本人とは遠いUNESCO（国際協力として）になっており，今後のグローバル化された社会において，改めて日本人に近いUNESCO（国際協調，地球市民性，地域協働として）としての世界観の醸成と関係性の向上が指摘された。最後に，UNESCO未来共創プラットフォームは，日本人に近いUNESCO（国際協調，地球市民性，地域協働として）を支えるプラットフォームとしての期待が出された。

　第4回ダイアログ（2021年7月28日開催）では，UNESCO勤務者・経験者とユース・学生との対話に基づくセッションであった。UNESCOの活動にかかわることにより，自身の変容がなされた点（地球益，世界的視座，地球市民性など），変容がされなかった点（和の尊重，コミュニケーション重視，人のためにしている自覚，組織論理を超えた現場重視，謙虚さ，中長期的にかかわる姿勢，双方にとってよい関係性など）が勤務者・経験者から共有された。さらに，多様な価値観や文化的対立を超えた姿勢とコミュニケーションの重要性が指摘されただけでなく，国際機関と地域は協働しあう関係性であることが強調された。さらに，

立場・世代・組織を超えた"SDGs の自分ごと化",連帯の重要性が指摘され,UNESCO の精神との接点がある点が強調された。

　第 5 回ダイアログ (2021 年 8 月 30 日開催) では,UNESCO が重視する「平和」について取り扱い,医師・NGO 従事者,企業関係者,ユース・学生の対話セッションであった。本セッションでは,多角的な平和への視座と取り組みが共有され,意味づけられただけでなく,平和について (about),平和のなかで (in),平和のために (for),平和として (as),伝え,学び,行動・協働していくことの重要性が強調された。「平和の自分ごと化」は,SDGs の自分ごと化と同義であり,他者・外部をつくらないという,地球市民性の発想が重要である点が強調された。今後,余裕がなくなる社会のなかで,「正しさの衝突の時代」がくることが指摘され,より対話(信念・感情のやりとり)と越境コミュニケーションを深めていくことの重要性が指摘された。

　第 6 回ダイアログ (2021 年 9 月 30 日開催) では,本事業のインターンや学生スタッフにより,ユース・学生目線から,平和で,公正で,持続可能な未来づくりに向けた,参加の動機,行動に至った経緯,プロセスについて議論が深められた。小中学校における総合学習やキャリア教育,教科における学びが,社会でのボランティア活動などが,好奇心と憧れを生み,一歩踏み出す勇気をもつことにより,社会活動への関与や自己実現の実感,成長意欲へつながっている点が指摘された。周りからの支えとともに,自身のありのままをさらけ出すこと,他者との共感などが,行動・協働を強めていった点が指摘された。

　第 7 回ダイアログ (2021 年 10 月 25 日開催) では,地域における協働主体としての「企業」に焦点をあてるものであった。大学関係者,企業関係者,地域活動を実施する NGO,ユース・学生による対話セッションであった。本セッションでは,これまでの地域における企業活動の貢献とデメリットが共有されただけでなく,これからの VUCA(変動性,不確実性,複雑性,曖昧性)社会において,企業の行動変容が指摘され,地域の NGO,自治体においても,その行動変容の重要性が共有された。地域の変容を促すアプローチとして,地域の「場」の力を活かし,かかわる主体の強み・機会を活かし,互いを補うといった力をもち

よる実践共同体・学習共同体の構築が指摘されたほか，多様な主体との連携による協同的探究プロセスと越境コミュニケーションの重要性が強調された。

　第8回ダイアログ（2021年11月26日開催）では，UNESCOジオパーク（例：白山手取川ジオパーク）の関係者との議論を通して，地域の学習教材として，「探究」の場としての可能性が指摘された。豊かな資源と機会があるから，それらを関連づけて課題解決を図る「システム思考」で考えがちであるが，地域社会のありたい姿を「デザイン思考」で考えることの重要性も指摘された。さらには，地域住民だけでなく，来訪者がどの地域のファンとなり，行動・協働する主体になりうるのかについても議論が深められ，そこには，「体験の場づくり」と「対話の場づくり」「越境コミュニケーション」の重要性が指摘された。

　一連のダイアログの知見として，「探究」を捉える際には，平和で，公正で，持続可能な未来の構築に向けて，VUCA社会の認識を高め，地域という「場」を活かし，「学び」と「協働」の連動性を高め，知的で精神的連帯に基づくグローカルな協働の主体としての地球市民性を高めることの重要性を読み取ることができる。


　本章は，「UNESCOと人づくり」と題して，多様な開発アプローチと人づくりに関する歴史的俯瞰をふまえ，そのなかで役割を果たしてきたUNESCOにおける人づくりと「探究」との接点についての議論を深めてきた。平和で，公正で，持続可能な未来に向けた担い手づくりは，VUCA（変動性，不確実性，複雑性，曖昧性）社会の文脈で取り扱われるべき点が，本章を通して読み取ることができるだろう。そして，UNESCOの提示する関連文書や取り組みを通して，社会課題解決と価値共創に向けて，学習と協働の連動性を高めることの重要性を読み取ることができる。本書で主軸としている"複雑な問題"に向き合い，学習と協働を連動させる「探究」は，「SDGs時代」において，VUCA社会を認識し，分野・領域・世代を超えて，取り組むべき姿を提示しているといえよう。

［佐藤　真久］

## [注]

1) 第6章は，北村友人・佐藤真久 (2019)「SDGs 時代における教育のあり方」北村友人・佐藤真久・佐藤学編著『SDGs 時代の教育—すべての人に質の高い学びの機会を』学文社，2-25 頁／佐藤真久 (2021)「家庭科教育からの ESD ／SDGs —「国連・ESD の 10 年」の経験を活かし，SDGs の本質に対応する」『日本家庭科教育学会誌』日本家庭科教育学会，64 (3)，163-174 頁／佐藤真久 (2020)「SDGs はどこから来て，どこへ向かうのか—サステナビリティの成り立ちから SDGs の本質を捉える」佐藤真久・広石拓司『SDGs 人材からソーシャル・プロジェクトの担い手へ—持続可能な世界に向けて好循環を生み出す人のあり方，学び方，働き方』みくに出版，41-62 頁を統合し，大幅な加筆修正に基づいて作成されている。

2) 千葉 (2000) は，IEEP の貢献として，①環境教育の重要性，必要性についての国際的認識を高めたこと，②環境教育の概念・内容を明確にし，教材開発・教授法の改善について世界的な指針を確立したこと，③各国の政策，カリキュラム，教員養成の改善に対して直接的，具体的に貢献したことの 3 点をあげている。詳細は，千葉杲弘 (2000)「国際環境教育プログラム (IEEP)」田中春彦編『環境教育重要用語 300 の基礎知識』明治図書出版，39 頁を参照されたい。

3)「SDGs ウェディングケーキモデル」は，スウェーデンの首都ストックホルムにあるレジリエンスセンターのヨハン・ロックストローム氏らによって 2016 年に提唱された。https://www.stockholmresilience.org/research/research-news/2016-06-14-the-sdgs-wedding-cake.html5797608/sdgs-food-azote.jpg

4) UNESCO (2021) では，当該文書において，人間中心の発想から地球中心の考え方（例：教育と人間中心主義の関係性の問い直す指摘や，人間は社会的 (social) な存在であるだけでなく，生態学的 (ecological) な存在でもあるとの指摘，人間を特別な存在や個人的存在と捉えるのではなく，世界や自然のなかで集合的かつ関係的な存在であると理解することの重要性に関する指摘など）を提示しているが，その指摘は，国際環境教育計画 (IEEP) とそれに続く国際的議論のほか，環境倫理においてもその重要性が長年指摘されてきている。環境倫理の文脈でこれまで指摘されている「自然生存権」や「宇宙船地球号」は，これまでの国連を中心で指摘されてきた「人権」を超えた権利論であり，地球中心のオルタナティブな開発アプローチの議論には，50 年以上の議論の蓄積があることを認識する必要がある。

5) 文部科学省「ユネスコとは」https://www.mext.go.jp/unesco/003/001.htm

6) 日本における「仙台ユネスコ協力会」の創設 (1947 年) に伴い，「UNESCO 平和の精神」を有する民間活動として，大きな貢献をもたらしている。今後，国際的な動きと日本の国内の動きを連動させるうえでも，UNESCO，ユネスコ国内委員会，民間活動との連動性が期待されている，

7）「ユネスコ憲章」ユネスコ未来共創プラットフォーム https://unesco-sdgs. mext.go.jp/whatisunesco

8）SDGs 目標 4「質の高い教育をみんなに」におけるターゲットと関連づけた教育の取り組みについては，北村友人・佐藤真久・佐藤学編著（2019）『SDGs 時代の教育』学文社を参照されたい。

9）「国連・ESD の 10 年」については，佐藤（2016；2020）により，歴史的背景，国連プログラムの概要，国連 10 年を通した知見について整理がなされている。

10）「国連・ESD の 10 年」の中間年会合における「ボン宣言」や「21 世紀の ESD」，「国連・ESD の 10 年」国際実施計画との比較考察については，佐藤（2011）を参照されたい。

11）DESD における学習の特徴については，UNESCO（2011）*Education for Sustainable Development: an Expert Review of Processes and Learning*, UNESCO, Paris, France. に詳しい。

12）「社会的学習」の歴史的変遷，協働しながら学ぶを深めるアプローチについては，佐藤真久・Didham Robert（2016）「環境管理と持続可能な開発のための協働ガバナンス・プロセスへの「社会的学習（第三学派）」の適用にむけた理論的考察」『共生科学』日本共生科学会，7，1-9 頁に詳しい。

13）詳細については，「ESD for 2030」の開始に向けたベルリン世界大会（2021 年 5 月）において，「ベルリン宣言」（https://en.unesco.org/news/unesco-declares-environmental-education-must-be-core-curriculum-component-2025）を参照されたい。

14）UNESCO が提示した"持続可能性キー・コンピテンシー"は，Wiek らの概念研究などが基礎となっている。Wiek らの概念研究については，佐藤真久・岡本弥彦（2015）「国立教育政策研究所による ESD 枠組の機能と役割—「持続可能性キー・コンピテンシー」の先行研究・分類化研究に基づいて」『環境教育』日本環境教育学会，25（1），144-151 頁に詳しい。

15）さらに UNESCO は，近年の ESD や地球市民教育（GCED）の議論において，これらの資質・能力に加えて，社会・情動的知性（Social & Emotional Intelligence：SEI）の重要性を強調している。SEI は，持続可能な世界へのパラダイム・シフトを進めるには，論理的な思考や物事の進め方の限界を自覚し，感情や関係性というこれまで非合理的とされてきた領域にまでを視野に入れることの大切さを指摘しているものと考えられる。

16）本文で示す"Learning to be: the world of education today and tomorrow"（Faure Report, 1972），"Learning: the treasure within"（Delors Report, 1996）のほかに，"Seven complex lessons in education for the future"（Edgar Morin, 1999），"Rethinking education: towards a global common good?"（UNESCO, 2015）などがある。

17）当該文書の翻訳文は，丸山英樹編（2021）「私たちの未来を共に再構想する─教育の新たな社会契約　概要版（和訳）」がある。

18）2020-2021 年度に開催された UNESCO 未来共創プラットフォーム・ダイアログに関する資料は，https://unesco-sdgs.mext.go.jp/ を参照されたい。

## ［引用・参考文献］

阿部治・市川智史・佐藤真久・野村康・高橋正弘（1999）「環境と社会に関する国際会議：持続可能性のための教育とパブリック・アウェアネスにおけるテサロニキ宣言」『環境教育』日本環境教育学会，8（2），71-74 頁

江原裕美（2001）『開発と教育─国際協力と子どもたちの未来』新評論，380 頁

北村友人・佐藤真久（2019）「SDGs 時代における教育のあり方」北村友人・佐藤真久・佐藤学編著『SDGs 時代の教育─すべての人に質の高い学びの機会を』学文社，2-25 頁

佐藤真久（2011）「ESD 中間会合（ボン会合）の成果とこれから─ボン宣言の採択と DESD 中間レビューに基づいて」中山修一・和田文雄・湯浅清治編著『持続可能な社会と地理教育実践』古今書院，252-260 頁

──（2016）「国連 ESD の 10 年（DESD）の振り返りとポスト 2015 における ESD の位置づけ・今後の展望─文献研究と国際環境教育計画（IEEP）との比較，ポスト 2015 に向けた教育論議に基づいて」『環境教育』，日本環境教育学会，61（25-.3），86-99 頁

──（2020）「SDGs はどこから来て，どこへ向かうのか─サステナビリティの成り立ちから SDGs の本質を捉える」佐藤真久・広石拓司『SDGs 人材からソーシャル・プロジェクトの担い手へ─持続可能な世界に向けて好循環を生み出す人のあり方，学び方，働き方』みくに出版，41-62 頁

──（2021）「家庭科教育からの ESD/SDGs ─「国連・ESD の 10 年」の経験を活かし，SDGs の本質に対応する」『日本家庭科教育学会誌』64（3），163-174 頁

佐藤真久・阿部治（2007）「国連持続可能な開発のための教育の 10 年の国際実施計画とその策定の背景」『環境教育』日本環境教育学会，17（2），78-86 頁

──（2008）「国連持続可能な開発のための教育の 10 年（2005〜2014 年）国際実施計画（DESD-IIS）─ DESD の目標と実施にむけた 7 つの戦略に焦点をおいて」『環境教育』日本環境教育学会，17（3），60-68 頁

ユネスコ「21 世紀教育国際委員会」編／天城勲監訳（1997）『学習：秘められた宝─ユネスコ「21 世紀教育国際委員会」報告書』ぎょうせい

UNESCO and UNEP（1976）Belgrade Charter, *Connect*, 1（1），UNESCO, Paris, France.

──（1985）*Activities of the UNESCO-UNEP International Environmental Education Programme (1973-1985)*, UNESCO, Paris, France.

── (2005) *United Nations Decade of ESD (2005-14) International Implementation Scheme*, UNESCO, Paris, France.

── (2009) *Bonn Recommendation*, UNESCO World Conference on Education for Sustainable Development, 31st March- 2 April 2009, Bonn Germany.

── (2014) *Aichi-Nagoya Declaration on Education for Sustainable Development*. UNESCO World Conference on Education for Sustainable Development (http://unesdoc.unesco.org/images/0023/002310/231074e.pdf [Retrieved on August 28, 2018])

── (2017) *Education for Sustainable Development Goals, Learning Objectives*, Paris, France

── (2020) Education for Sustainable Development, *A Road Map*, UNESCO, Paris, France.

── (2021) *Reimaging Our Futures Together: A New Social Contract for Education*, Paris, France.

# 終 章

## SDGs 時代の探究モードの拡充に向けて──課題と展望

　本章では各章の論点を整理しつつ，課題と展望について述べたい。

　序章でも述べたとおり，探究活動は，学校種を超えたものとして，生涯を通して求められる生涯学習プロセスである。さらに，"複雑な問題"に向き合い，課題解決と価値創造に向けて取り組む他者との協働プロセスでもあるといえよう。このように，生涯学習プロセスとしての「時間軸」，持続可能な社会の構築に向けて多様な主体の参加を促し，力をもち寄る協働プロセスとしての「包摂性，参加性，協働性」の側面がある。本章では，まず，各章の論点を整理する。つぎに，探究活動が求められている今日的な時代認識・状況認識についての指摘を整理することとしたい。その後，探究の意味合い，探究に求められる資質・能力・知性，探究を機能させる条件について指摘を整理する。これらをふまえ，本書でみられる探究の多義性について，手段，目的，権利の側面から整理を行うことを通して，今日的な探究活動の意味合いを掘り下げることとしたい。

## 1　各章の論点の整理

### （1）序章「SDGs 時代の教育改革，人事改革，地域における人づくり」

　序章では，「SDGs 時代」の意味合いについて，その開発アプローチの歴史的変遷，近年の社会における状況認識，先行研究における探究の捉え方，多様なステークホルダーにおける今日的ニーズについて述べている。とりわけ，筆者は，戦後の開発アプローチについて，「経済開発」「社会開発」「人間開発」「持続可能な開発」という用語を用いて，歴史的に重視されてきた開発アプローチに考察を加えつつ，1980 年代末葉から始まる「経済のグローバル化」，1992 年

に開催された国連環境開発会議（UNCED）の開催による多様な開発アプローチの統合の流れ，2000年代に整理された「地球憲章」，その後の「ミレニアム開発目標（MDGs）」と「持続可能な開発目標（SDGs）」の内容と社会背景，特徴を考察している。これらの考察を通して，本書全体を，「SDGs時代」として読み解く際の手がかりを提供している。さらには，VUCA社会（変動性，不確実性，複雑性，曖昧性の高い社会）という用語を用い，今日のリスク社会化，レジリエンスとの関連のなかで，今日の探究活動の背景にある社会的文脈を提示している。

### (2) 第1章「複雑な問題に向き合い，自律と協働を連動させる探究へ」

第1章では，新しい時代に求められる人材像とその能力について，社会の変化をふまえて考察をしている。筆者は，社会の職業の推移をみたうえで，未来に生きる子どもに必要な学力は，単に知識を暗記するのではなく，実社会で活用できる能力，社会を構成し運営する能力が求められているとし，国内外における能力育成の議論（例：OECDのキー・コンピテンシー，21世紀型スキル，人間力戦略研究会提言，社会人基礎力）も参考にしながら，その重要性を指摘している。そして，実社会で活用できる資質・能力を育成するには，当事者が全力で真剣に取り組み，本気になって学びに向き合う探究の活動が重要であると指摘している。とりわけ，探究にはプロセスが重要である点が強調されており，子どもが各教科の知識や技能を活用し，それを確かなものにしながら，問題解決的な活動を実行していくことの意義を指摘している。そして，探究の質の向上には，協働的な学習が不可欠であり，多様な情報の獲得，多角的理解，地域社会への関与，学習活動の可能性の拡大などの側面において，その意義を主張している。さらに，2017年の学習指導要領改訂をふまえ，探究を中心的に担う総合的な学習（探究）の時間の潜在性と可能性について考察を深めている。

### (3) 第2章「教育改革と探究モードへの挑戦」

第2章では，日本の学校教育において探究的な学びが持続可能で効果的に成立する可能性や条件について，これまでの学習指導要領の経緯をふまえて考察

をしている。筆者は，2017年改訂を探究モードの「4度目の正直」と述べ，70年前の「はいまわる経験主義」「学力低下」，50年前の「新幹線教育」「詰め込み教育」，20年前の「『ゆとり教育』批判」「PISAショック」という，探究的な学びを学校教育において展開，充実していくうねりに対して，批判する世論をふまえたものであると指摘している。そして，筆者は，学習指導要領の展開と探究的な学びについて，①大正教育運動の輝きと挫折（戦前期），②脱「はいまわる経験主義」と探究的学び（1947年試案〜1968年改訂），③「ゆとりと充実」「新学力観」「ゆとり教育」（1977年改訂〜1998年改訂），④「脱ゆとり」と探究的な学び（2008年改訂），⑤各教科等の見方・考え方を働かせた「深い学び」の重視（2017年改訂）という5つの展開フェーズに基づき歴史的変遷を述べ，さらには，今日的な状況をふまえた意味合いを考察している。そのうえで，教育DXのなかで問われる学校の存在意義については，Society5.0が前提とするサイバー空間の急速な拡大による社会の構造的変化のなかで，個別最適化された学びを実現すること，ICTを含めた学習環境を公正に確保すること，協働や対話などの多様な学習活動の機会が公正に提供されること，子どもたちの生活を支える福祉との融合による「教育福祉」という視点も重視することなど，多角的な考察をしている。最後に，社会的合意のなかで持続可能な探究的学びを実現するには，①「主語を子どもにした学び」の実現，②探究的な学びの質の転換に向けた大人自身の変容，③教科の本質をおさえることの必要性，④持続可能な探究的な学びにとって求められる成果の評価の確立，⑤教育は学校の専売特許であるという発想からの脱却などの条件が求められる点を強調している。

### (4) 第3章「社会変容と探究モードへの挑戦」

第3章では，社会の変化と未来予想などから，教育が変わることの重要性を考察している。さらに，社会経済の持続的発展に結びつく教育の姿，求められる人材像，新しい社会の姿を提言している。求められる学びの個別最適化や学びのSTEAM化，Edtech，GIGAスクール構想などに関して，筆者は，経済産業省の考え方や理念を具体的な施策，具体的な実践事例と関係づけながら，

SDGs とのつながりも意識してそこに位置づく「探究」の意味や価値を考察している。

　本章では，世界のなかでの日本について，経済や産業の実力を表す経済指標を「その国の人材がつくり出す組織の実力」として捉え，教育の成果と課題とを関連づけて捉えることの重要性を指摘している。とりわけ，経済指標から読み取れる労働生産性問題は，日本がかかえる相当大きな社会課題であるとし，今日の急激な社会の構造変化において，世界のなかの日本の立ち位置が大きく変化してきていること，社会そのものの前提が大きく変化してきている点を指摘している。このような状況のなかで，日本の若年層が有する「社会を創る当事者意識」がとても低い要因として，主体的に判断して行動するという訓練の機会が少ないこと，教育と社会変容の連動性が低いことを指摘している。これらをふまえ，2017 年学習指導要領改訂で色濃く出た探究モードは，社会全体で支えるものであると指摘している。また，探究モードは政策立案にも求められるものであると指摘し，自身の経験に基づきその意味合いを深めている。さらには，持続可能な社会の構築，リスク社会への対応において，大人においてもシゴトと学びの往還のなかで探究モードが重要である点，大人でも探究モードへとシフトできるような組織体制の構築の重要性を，事例紹介を通して考察している。


### (5) 第 4 章「地域協働と探究モードへの挑戦」

　第 4 章では，「地域協働」という視点から，地域における「学び」あるいは「探究」のあり方に焦点をおきながら，日本における地域と地域協働の歴史と現状を整理し，これからの展望について論じている。

　本章では，「地域協働」について定義をしたうえで，21 世紀の日本で地域協働が注目される歴史的，社会的背景として，日本社会が「縮小」の局面に入ったことを理解することの重要性を指摘している。そして，縮小社会化の現象は，地域社会のあり方に大きな影響をもたらすとし，日本におけるまちづくりの歴史的概観をふまえたうえで，21 世紀のまちづくりは，「地域協働」をめぐる公共

性のあり方において，動的で包括的，民主的な合意形成や秩序形成などの意味合いを有する「地域ガバナンスの視点」が重要であるとし，20世紀とは異なる新しい局面を迎えている点を指摘している。さらに，「持続可能な地域社会」について，「地方消滅」論の再考，環境・経済・社会的な持続可能性の構築，ケアをめぐる変化，ケアの基盤を支える世代性，関係人口とソーシャル・キャピタル（社会関係資本），コミュニケーションと学びなどの側面から考察を深めている。それらをふまえ，地域協働における教育の役割について，フォーマル教育，ノンフォーマル教育を超えた，自治，協働，学習を連動させた地域の「共育」の重要性を指摘している。さらに，ESDに関する議論もふまえたうえで，自生的な学習・共育活動の重要性を，実践的事例（例：ふるさと創造学—福島県双葉郡，過疎地域の高校における探究の実践—島根県立隠岐島前高等学校）に基づいて考察を深めている。最後に，地域とともにある探究として，課題と展望を述べている。

### (6) 第5章「OECDにおける『探究』の考え方」

　第5章では，まず，日本とOECD加盟諸国における「探究」の捉え方の違いについて言及している。近年の日本における「探究」は，比較的，教科横断的でオープンエンド，実生活・実社会上の課題と結びつけて捉えられる傾向が強く，その背景には，「総合的な学習の時間」においてとくに強調されてきたという歴史的経緯による側面が大きいと指摘している。これに対して，OECDや諸外国においては，むしろ，「教科」学習と結びつけて捉えられる傾向があるとし，「探究」が形式的，表面的に捉えられることが，本質的な理解を深めることを阻害し，誤った理解につながる可能性があることを懸念している。

　本章では，諸外国における「探究」の捉え方を参考にしながら，日本がめざすべき「探究」とは何なのかについて考察を深めている。まず，諸外国における「探究」の捉え方を，①方法としての探究，②能力としての探究という2つの側面から事例に基づき考察をし，その後，OECDにおける「探究」に関する国際プロジェクトとして，PISA（生徒の学習到達度調査），Education2030プロジ

ェクト，TALIS プロジェクト（国際教員指導環境調査）を取り扱い，各プロジェクトにおける国際的議論に基づいて考察をしている。これらの考察に基づき，筆者は，①「探究」という言葉を用いる際に，その意味合いについて自覚的になることの必要性，②目的意識の明確化，③探究を支える諸条件の整備とエコシステムの構築（例：入試システムなどの社会制度の整備，教師自身のマインドセットの更新，必要なリソースの確保，倫理的・道徳的基盤の構築，公平性の確保，評価手法について共通理解）の重要性を強調している。

### (7) 第6章「UNESCO と人づくり」

第6章では，多様な開発アプローチと人づくりに関する歴史的俯瞰をふまえ，そのなかで役割を果たしてきた UNESCO における人づくりについて考察をしている。

平和で，公正で，持続可能な社会を支えるさまざまな開発アプローチには，「貧困・社会的排除問題」の解決に向けた開発アプローチと，「地球環境問題」の解決に向けた開発アプローチがあるとし，人づくりの国際的議論も，この2つの流れと連動している点を強調している。そして，UNESCO における人づくりについて，その成り立ちと発展経緯をふまえつつ，UNESCO には，組織的特性と倫理的規範（UNESCO 憲章に基づく）がある点を指摘している。さらには，UNESCO による教育の役割と学習のあり方について，主要な報告書を紹介することを通して，その特徴を提示している。後半部分では，UNESCO が主導機関として実施をした「国連・ESD の10年」の取り組みとその知見を紹介し，SDGs における ESD の位置づけ，UNESCO 持続可能性キー・コンピテンシー，社会・情動的知性，国際プログラム「ESD for 2030」の特徴や，近年の重要文書（UNESCO，2021）における今日的な教育と学習の意味合いについて考察を深めている。最後に，実践的知見として，日本の UNESCO 加盟70周年を記念した UNESCO 未来共創プラットフォームにおけるダイアログに基づく探究との接点について考察をしている。

## **2** 時代認識・状況認識に関する指摘の整理

　上述した各章の論考には，今日的な探究を捉える際の時代認識・状況認識に関する指摘が多くなされている。本節では，今日的な探究を捉えるうえでの時代認識・状況認識についての指摘を整理することとしたい。

　佐藤（序章）は，今日的な時代認識・状況認識として，①SDGs の有する世界観（地球惑星的世界観，社会包容的世界観，変容の世界観），②VUCA 社会（変動性，不確実性，複雑性，曖昧性の高い社会），③21 世紀における緊張・文化的対立の克服（世界的なものと地域的なものとの緊張，普遍的なものと個人的なものとの緊張，伝統と現代性の緊張，長期的なものと短期的なものとの緊張，競争原理と機会均等の配慮との緊張，知識の無限の発展と人間の同化能力との緊張，精神的なものと物質的なものとの緊張，人工知能と人間知性との緊張）（図 0-3 参照），④資質・能力論を超えた社会・情動的知性（マインドフルネス，共感，寄り添い，批判的探究）の醸成が求められているなどについて指摘している。

　田村（第 1 章）は，今日的な時代認識・状況認識として，劇的で激しい社会の変化（グローバル化，情報化，少子高齢化，知識基盤社会化）があるとし，反復系の手作業は減り，反復系の認識を伴う仕事までもが減少すること，非反復系で分析を伴う職業，非反復系で双方向性を必要とする職業のニーズが拡大すること（じっくり考える仕事，適切性を判断し決断する仕事，他者と異なる立場で話し合いアイデアを生み出し創造する仕事など）などについて指摘をしている。

　合田（第 2 章）は，今日的な時代認識・状況認識として，①以前からも行われていた探究（大正自由教育運動，社会科と自由研究，公害に関する学び，各教科における言語活動や発達段階に応じた思考力を育成する具体的な手立て，社会変化や科学技術の進展に伴い学校や学年間で知識・技能をあえて反復するなど）としつつ，②VUCA 時代に求められる日々の「探究の土壌」（岩本, 2020, 中央公論）の重要性や，これらの探究を深めるうえでも，③「正解主義」や「同調圧力」からの脱却の重要性を指摘している。さらに，DX の時代認識として，④縦割り・自前主義の発想が成長の致命的な桎梏であるとし，レイヤー構造による横断性，課

題重視，抽象化して共通する構造で捉える，複数の解決パターンを駆使することなどに，状況を打破する糸口があると指摘している。学校においても，⑤すべての自前主義から，社会全体のDXのなかでレイヤー構造の「水平分業」への転換（学校機能の構造的変化）の重要性などについて指摘をしている。

　浅野（第3章）は，今日的な時代認識・状況認識として，①日本における労働生産性の低下（OECD加盟37か国中26位，2019年），②デジタル時代における世界の金融市場の大幅な変化（1989年，2019年比較），③工業化社会における「戦後の高度経済成長」「昭和の産業構造・社会構造」をひきずる今日的状況，④責任ある社会の一員，当事者意識の低下，⑤所属する組織のあり方や前例・慣習・制度を「自力では変えられない所与の前提」だと思う傾向，⑥主体的に判断して，行動する訓練の機会が圧倒的に不足していること，⑦空気を読んで主張を抑え，規律に従うことを美徳としがちな社会，⑧組織のタテ割を超えて，アジャイル（機敏）に課題解決をする習慣の不足（激甚災害対応に基づく）などについて指摘をしている。

　田渕（第4章）は，今日的な時代認識・状況認識として，①日本社会が「縮小」の局面（例：人口減少，経済的縮小，行政効率性の低下など）に入っていること，②21世紀のまちづくりは，「地域協働」をめぐる公共性のあり方において，動的で包括的，民主的な合意形成や秩序形成などの意味合いを有する「地域ガバナンスの視点」が重要であること，③地域社会の持続可能な発展という文脈で，地域住民や地域にかかわる人々の福祉（well-being）やあるいは生活の質（quality of life）の維持や向上が問われているなどについて指摘をしている。

　白井（第5章）は，今日的な時代認識・状況認識として，①日本における「探究」は教科横断的でオープンエンド，実生活・実社会上の課題と結びついていること，②OECDや諸外国における「探究」はむしろ数学や理科などの「教科」の学習と結びつけて捉えられている場合が多いこと，③各教科において一定の「探究」が行われることは前提であり，総合的学習の時間が「探究」の中心的な場面になること，④高校における「探究」の取り組みと大学入試における「探究」を受け入れる土壌の醸成がもたらす好循環の仕組みができつつあることな

どについて指摘をしている。

　佐藤（第6章）は，今日的な時代認識・状況認識として，①歴史的変遷のなか
で持続可能な開発のための人間開発アプローチ（経済・社会・人間開発アプロー
チ，持続可能な開発アプローチの統合）が求められていること，②教育の公益性を
共有することの重要性（社会契約としての教育），知的共有資源へのアクセス，貢
献できる権利，グローバルな共通善としての教育に参加と協働ができる場づく
りなどについて指摘をしている。

## 3　「探究の意味合い」に関する指摘の整理

　探究の意味合いについて，各章からもさまざまな言及がなされている。序章
では，これまでのSDGs時代の文脈をふまえた探究的営みに関する先行研究を
踏まえ，今日的な探究には，①「テーマの統合性，文脈性，批判性，変容性」
に配慮が求められていること，②その探究を深める「場」のデザインが重要で
あること，③持続可能な社会の構築に向けて，思考と経験を反復させ，自身の
視点を得て，視座を高めるというスパイラルアップの構造のなかで「プロセス」
への配慮が求められていること，④学習と協働を連動させるための「仕組みづ
くり」が重要であることを指摘している。

### (1)「探究の目的」に関する指摘

　「探究の目的」については，①貧困・社会的排除問題と地球環境問題の同時的
解決，持続平和で，公正で，持続可能な社会の構築と社会的レジリエンスの強
化，8つの緊張・文化的対立を超えた知の模索（序章），②教育の個別最適化の先
にある創造性と公正や尊厳といった価値が両立する社会を実現するという目的
自体が学校の存在意義であることを再確認し，社会的自立と持続可能な社会の
担い手づくりをめざす（OECD2030との整合性：価値創造，責任行動，対立・ジレ
ンマ対処）（第2章），③探究的な学習は，教育の「公平性」に貢献する。生徒を
やる気にさせ，より深くかかわった形で，実践的で負荷の高い学習体験につな

げることができる（第 5 章）などの指摘がみられる。

## (2)「探究の内容」に関する指摘

「探究の内容」については，①“複雑性”に向き合う（序章），②現代的の諸課題に対応する総合的・横断的な課題（国際理解，情報，環境，福祉・健康など）／地域や学校の特色に応じた課題（地域の人々の暮らし，伝統と文化など）／児童の興味・関心に基づく課題／職業や自己の進路に関する課題（第 1 章），③教科の本質をふまえた探究的な学び（第 2 章），④公正さと包摂／人と地球の持続可能性／知の生産とアクセス／市民性と参加／仕事と経済的安全保障（第 6 章）などの指摘がみられる。

## (3)「探究の方法」に関する指摘

「探究の方法」については，①学習と協働の連動性の強化／自身の内省からの答えの追求／学習と協働を通して，問いをかかえながら状況を見つづけ，自身の考えの検証し，日々の最適解の更新する／“正しさの衝突”を超えた学び直し，学びほぐし／統合的，文脈的，批判的，変容的なアプローチ（序章），②主体的な学び，対話的な学び，深い学び／「課題の設定」「情報の収集」「整理・分析」「まとめ・表現」／一人ひとりの子どもが自ら課題を見つけ，自ら学び，自ら考え，主体的に判断し行動しながら，身の回りの問題状況の解決に向けて学び続ける／探究の過程に体験活動と言語活動を適切に位置づける／自己肯定感の向上（自分で考え，判断して，行動する力）（第 1 章），③習得・活用・探究の学習プロセス／人間としての強みを発揮（構造を読み取る力，多面的・多角的に捉える力，歴史的事象を因果関係で捉える，科学的な探究，対話と協働を通して新しい解や納得解・最適解を得る）／各教科等における見方・考え方を総合的に活用して，広範な事象を多様な角度から俯瞰して捉え，実社会や実生活の文脈で自己の生き方と関連づけて問いつづけること（第 2 章），④学びの STEAM 化─幼児教育段階から身近な生活課題や大きな社会課題をイメージさせて，その解決に向けてチャレンジする機会を与え，そのために必要な科学的・論理的思考や必要になる

教科知識を学びたくなるような環境づくり，教科を横でつなげる「ヨコ糸の学び」／経験（＝創る）と教科（＝知る）が循環する学びの実現／さまざま EdTech を活用した「教育 DX」の展開（第 3 章），⑤学習と協働の連動性，コミュニケーション，フィールド調査，「言葉にし得ないもの」にかかわる，試行錯誤（未知の状況に取り組む，やってみる）（第 4 章），⑥「問い」「手続き」「解法」の連動性のなかで求められる段階的な探究アプローチ（確認のための探究，構造化された探究，指導された探究，オープンな探究）（Banchi & Bell, 2008 に基づく）／日本特有にみられる「教科横断」「実生活・実社会上の課題」「オープンエンド」との関連づけ（第 5 章），⑦環境・社会・文化・経済の統合的思考／協働と対話のプロセス／知識伝達型を超えた体験型，態度・行動型，省察・内発型学習アプローチ／協同的探究プロセスと越境コミュニケーション（第 6 章）などの指摘がみられる。

### (4)「探究の主体・対象」に関する指摘

「探究の主体・対象」については，①校種，分野・領域，主体や世代を超えた探究の拡充（序章），②「主語を子どもにした学び」―子どもが学びに合わせるのではなく，学びを子どもに合わせる／探究の質的転換に求められる大人自身の変容（第 2 章），③政策立案者に求められる探究（課題認識，解決策のオプションの構築，組み合わせによる試行錯誤のプロセス）（第 3 章），④多世代の地域住民，関係人口（第 4 章）などの指摘がみられる。

### (5)「探究の場所」に関する指摘

「探究の場所」については，①多様な主体が力をもち寄り，力を発揮する場づくり／生涯プロセスにおける探究の場の連動性（校種連環，高大連携，リカレント教育，生涯探究社会の構築）／学習と協働を深める場のデザイン（序章），②個の学びの多様化（子ども主体の学び，学年に関係なく，教室以外の選択肢，教科横断・探究 STEAM，コーチング，多様な人材・協働体制）／教育福祉の場（教科教育を受ける場という価値以上に，人と安心・安全につながることができる居場所）（第 2

章），③プロジェクト型学習（PBL）を通した，文脈を伴った教科の存在，縦割りの教科知識が横につながる感覚，知識を自力でたぐり寄せていく感覚（経験に基づく生きた知恵，行動の工夫へ）（第3章）などの指摘がみられる。

### (6)「探究の時期」に関する指摘

「探究の時期」については，校種を超え，世代を超え，生涯における学習と協働の連動性（第6章）などの指摘がみられる。

## 4 「探究」に求められる資質・能力・知性

「探究」に求められる資質・能力・知性についても，各章においてさまざまな指摘がなされている。

田村（第1章）は，実社会に活用できる能力であるとし，① OECD DeSeCO プロジェクト（道具活用力，協調力，自律的行動力），②複雑で，変化の激しい社会に求められる21世紀型スキルとして，ⅰ思考の方法（創造性とイノベーション・批判的思考，問題解決，意思決定・学習能力，メタ認知），ⅱ仕事の方法（コミュニケーション・コラボレーション），ⅲ仕事の道具（情報リテラシー・情報コミュニケーション技術リテラシー），ⅳ生活の方法（地域や国際社会の市民性・人生とキャリア設計・個人と社会における責任），③内閣府：教育界と産業界に重なる人間力（社会を構成し運営するとともに，自立した一人の人間として強く生きていく力）—ⅰ知的能力的要素，ⅱ社会・対人関係的要素，ⅲ自己制御的要素，④経産省：社会人基礎力（組織や地域社会のなかで多様な人々とともに仕事を行っていくうえで必要な基礎的能力）—ⅰ前に踏み出す力，ⅱ考え抜く力，ⅲチームで働く力，⑤文科省：習得（知識・技能）と活用（課題解決）—ⅰ知識及び技能，ⅱ思考力，判断力，表現力ⅲ学びに向かう力，人間性を提示している。

合田（第2章）は，①「一人一人の児童生徒が，自分のよさや可能性を認識するとともに，あらゆる他者を価値ある存在として尊重し，多様な人々と協働しながら様々な社会変化を乗り越え，豊かな人生を切り拓き，持続可能な社会の

創り手となることができるようにすることが求められている」(2017年改訂前文)，②3つの資質・能力：①知識及び技能，ⅱ思考力，判断力，表現力，ⅲ学びに向かう力，人間性(2017年改訂)，③主体的・対話的で深い学び(2017年改訂)，④OECD2030との整合性：価値創造，責任行動，対立・ジレンマ対処を提示している。

　浅野(第3章)は，①共通の課題，課題の本質を見極める抽象化思考，②仮説を検証しつづける論理的思考，③発散と収束の繰り返しで，アイデアを生み出すアジャイル(機敏で)で創発的なコミュニケーション，④「混乱」のなかですぐにとりあえずの「暫定解」を出して，間違っていれば躊躇なくそれを捨てて，「次の暫定解」に飛び移る力(激甚災害対応に基づく)を提示している。

　白井(第5章)は，①「自然な探究心を育てる人。探究やリサーチを行うのに必要なスキルを身に付け，自律した学習を行うことができる人。積極的に学習を楽しみ，生涯にわたってそれが持続する人」(国際バカロレア機構ウェブサイトに基づく)，②「探究」は「イノベーションと好奇心と並んで，批判的，創造的，省察的に考えることで育成される」(ニュージーランド教育省ウェブサイトに基づく)を提示している。

　佐藤(第6章)は，UNESCOの提示する持続可能性キー・コンピテンシー(システム思考，予測，規範，戦略，協働，批判的思考，自己認識，統合的問題解決)と社会・情動的知性(マインドフルネス，共感，寄り添い，批判的探究)を提示している。

## 5 「探究」を機能させる条件

　「探究」を機能させる条件についても，各章においてさまざまな指摘がなされている。

　佐藤(序章)は，実践共同体と学習共同体(協働・実践し，ともに学び，ともに愉しむ)，コミュニケーション的行為(対話，問いかけ)，協同的探究(継続的で集合的な探究プロセス)のほか，心理的安全性を指摘している。

田村（第1章）は，多様な情報の獲得，多角的理解，地域社会への関与，学習活動の可能性の拡大などを促す点において，協働的な学習が重要である点を指摘している。

　合田（第2章）は，次世代を切り拓くイノベーションの源泉である創造性を重視し，それが発揮されやすい環境づくりを行うとともに，公正で個人の尊厳が尊重される社会を構築することが重要である点を指摘し，教育は，学校の専売特許であるという発想からの脱却の必要性，社会におけるさまざまな主体との協働体制の構築の重要性を指摘している。

　浅野（第3章）は，DX社会の常識を活かすことが前提であるとし，①本来ラクに済ませられる作業を徹底的にラクに，手間のかかるむずかしいシゴトにこそ労力をかけること，②自前にこだわらず，依存できる相手や道具にうまく頼ることの重要性を指摘している。また，イエナプラン・スクールの例をあげ，ワールドオリエンテーション（教科横断型協働学習）とブロックアワー（自己調整型個別学習）の連動性を高めることの重要性を指摘している。さらには，高信頼性組織の構築（開放的な組織環境，同調圧力で孤立感を与えられたりしない心理的安全性，知見の共有文化，学び合う謙虚なリーダーシップ）や，「シゴト」「学び」の往還させる場づくり，「オープン型・水平分業型」の学習環境の整備も探究を機能させる条件であるとしている。

　田渕（第4章）は，今日的な地域協働を捉えるためには，①動的で包括的，民主的な合意形成や秩序形成などの意味合いを有する「地域ガバナンスの視点」が重要であること，②協働と学習は連動していること，③地域の人々の「内発性」で重要であること，④世代性とコミュニケーションはケアを支える基盤であること，⑤相互に学び合う互酬関係が重要であることなどを指摘している。

　白井（第5章）は，OECDの議論において，とくに重視されている「エコシステム」の概念を提示し，入試システム，子どもたちや保護者，学校関係者の理解，大学などの組織的協力体制，評価との連動性，社会一般による理解など，相互連関を機能させるエコシステムを構築することなしに，本当の意味での探究活動の充実にはならない点を強調している。

佐藤（第6章）は，「探究の多義性」への配慮が重要であるとし，実施目的と文脈に合わせて，多様な探究を機能させる仕組みが重要である点を指摘している。

<br>

**6** 本書でみられる「探究の多義性」

前述のとおり，探究の意味合いに関する指摘をふまえると，探究には，以下の異なる意味合いがあることが読み取れる。白井（第5章）は，「探究」という言葉を用いる際に，その意味合いについて自覚的になることの必要性を指摘しているように，「探究の多義性」についてふまえる必要があるだろう。本節では，探究の意味合いを，手段，目的，権利の側面から考察を深めることとしたい。

### (1) 手段としての探究

「手段としての探究」については，田村（第1章）は，「関連づける学習（精緻化戦略）」の紹介を通して，新しい知識を既存の知識や情報，他分野の知識や情報，体験と結びつけ，深く理解し，定着を図ろうとすることの重要性を指摘している。白井（第5章）は，「方法としての探究」という言葉を用いて，科学的探究アプローチとして位置づけている取り組みを紹介している。このように「手段としての探究」の意味合いには，課題設定，情報収集，整理・分析，まとめ・表現のプロセスを通して，思考と経験を反復させ，観察と発想，仮説と検証といった科学的な「探究の方法」（整合性，効果性，鋭角性，広角性）を活用するという側面があるといえよう。

### (2) 目的としての探究

「目的としての探究」については，田村（第1章）は，「計画的学習（自己制御戦略）」の紹介を通して，自分で目標を定め，計画を立てて，振り返りながら，自らの学びをコントロールする状態を維持しつづけることの重要性を指摘している。合田（第2章）は，社会課題を自分事化として考えて自分の意見をもち，

見解の異なる他者と対話をして「納得解」を形成のうえ，その実現を図り，その結果に責任を負う意思をもつことがきわめて重要であるとし，探究をしつづける姿勢と意思の重要性を指摘している。白井（第5章）は，「能力としての探究」という言葉を用いて，身につけるべき能力・態度の1つとして位置づけている取り組みを紹介している。このように「目的としての探究」の意味合いには，VUCA社会のなかで，問いをかかえながら状況を見つづけ，自身の考えを検証しつづけ，ほかの人とコミュニケーションしつづけ，時々の最適解を更新しつづけるという「探究の能力」（運用）を獲得するという側面があるといえよう。

### （3）権利としての探究

「権利としての探究」については，合田（第2章）は今日的状況をふまえ，子どもたちの生活を支える福祉との融合による「教育福祉」の重要性を指摘し，学校には，学びの場としてだけではなく，福祉的な価値がある点を強調している。十分な学びの機会を享受するうえでも，福祉的な配慮が必要である今日において，「権利としての探究」は，異なる探究の意味合いを提示しているといえよう。田渕（第4章）は，ケアの変化に伴う「地域福祉の主流化」について言及している。地域協働における内発性，ケアを支える世代性とコミュニケーションは，多様な主体が社会に参加し，学習と協働をしつづけることを意味する。このように「権利としての探究」の意味合いには，学習と協働を反復し，地球市民や地域住民として，自身が内発的に学び，自分事化し，社会に参加し，多様な主体と協働しつづけることを可能にするという「探究の開発性と参加・協働」（自己課題，社会参画）の側面があるといえよう。

文部科学省（2018）で指摘されている「探究の高度化」（整合性，効果性，鋭角性，広角性），「探究の自律化」（自己課題，運用，社会参画）においても，上述のとおり，「探究の多義性」を読み取ることができ，今後，私たち自身が「探究の多義性」を自覚することが強く求められるといえよう。

## 7 学習と協働を連動させた「探究モードへの挑戦」

　本章における考察からも，今日的な「探究」を捉える際には，SDGs 時代を迎えた現在の認識・状況認識がとても色濃く反映されていることを読み取ることが求められる。さらには，各章の論考に基づくと，①多様な「探究」の意味合いと，②「探究」に求められる資質・能力・知性，③「探究」を機能させるための諸条件，④「探究」の多義性を読み取ることができる。私たちは，これらをふまえ，どのような意図をもって，どのように「探究」を捉え，取り組むかということに対しての自覚的認識が求められている。

　そして，これらの取り組みを別個のものとして捉えず，生涯にわたる学習と協働のプロセス（生涯探究社会）のなかで位置づけ，さらには，社会のエコシステムのなかで機能させることが求められている。さまざまな領域，分野，主体による探究モードへの挑戦は，平和で，公正で，持続可能な社会の構築に資するだけではなく，学習と協働を連動させた生涯探究社会の構築にも資するものになるといえよう。

[佐藤　真久]

**[参考文献]**
文部科学省（2018）『高等学校学習指導要領解説―総合的な学習の時間編』
UNESCO (2012). *Shaping the Education of Tomorrow: 2012 Full-length Report on the UN Decade of Education for Sustainable Development*. Paris: UNESCO.

**[編著者]**

**田村　学**（たむら　まなぶ）［第1章］
　國學院大學人間開発学部教授
　文部科学省初等中等教育局視学官などを経て2017年より現職。日本生活科・総合的学習教育学会副会長，中央教育審議会架け橋特別部会臨時委員，産業構造審議会臨時委員など。主著に『深い学び』東洋館出版社，『学習評価』東洋館出版社などがある。

**佐藤　真久**（さとう　まさひさ）［序章・第1・6章・終章］
　東京都市大学大学院環境情報学研究科教授
　英国サルフォード大学にてPh.D.取得。地球環境戦略研究機関（IGES），ユネスコ・アジア文化センター（ACCU）を経て現職。UNESCO ESD-Net 2030 フォーカルポイント，SEAMEO-JAPAN ESD アワード 国際審査委員など。主著に『探究×SDGs』朝日新聞社，『協働ガバナンスと中間支援機能』『SDGs時代の評価』筑波書房などがある。

**[著　者]**

**合田　哲雄**（ごうだ　てつお）［第2章］
　内閣府科学技術イノベーション推進事務局審議官
　文部科学省初等中等教育局教育課程課長，同財務課長等を経て現職。兵庫教育大学客員教授。主著に『学習指導要領の読み方・活かし方』『学校の未来はここから始まる』教育開発研究所，『メディアリテラシー』時事通信などがある。

**浅野　大介**（あさの　だいすけ）［第3章］
　経済産業省商務・サービスグループ サービス政策課長（兼）教育産業室長・スポーツ産業室長
　経済産業省に教育産業室とスポーツ産業室を発足させ，「未来の教室」「未来のブカツ」などの改革実証プロジェクトや，文部科学省等との協働によるGIGAスクール構想を推進。主著に『教育DXで「未来の教室」をつくろう』学陽書房がある。

**田渕　六郎**（たぶち　ろくろう）［第4章］
　上智大学総合人間科学部教授
　名古屋大学助教授，上智大学准教授を経て現職。主な研究分野は家族，ライフコース，世代の社会学。近年は，日本の離島や山村における家族や人口の変化の多様なあらわれ方を研究。主著に『Changing families in Northeast Asia』Sophia University Press などがある。

**白井　俊**（しらい　しゅん）［第5章］
　文部科学省国際統括官付国際戦略企画官
　現在，文部科学省において国連，ユネスコやG7などに関する業務に携わるほか，国立教育政策研究所フェロー，東京学芸大学客員教授も務める。主著に『OECD Education2030 プロジェクトが描く教育の未来』ミネルヴァ書房がある。

※所属先は執筆時（2022年6月時点）

〈生涯探究社会の創出シリーズ〉佐藤 真久・田村 学 監修

**探究モードへの挑戦**―高度化・自律化をめざす SDGs 時代の人づくり

2022 年 9 月 15 日　第 1 版第 1 刷発行

編　著　田村　学

　　　　佐藤　真久

© Manabu TAMURA / Masahisa SATO 2022

発行者　二村 和樹

発行所　人言洞 合同会社　〈NingenDo LLC〉

　　　　〒 234-0052　神奈川県横浜市港南区笹下 6-5-3

　　　　電話　045（352）8675㈹

　　　　FAX　045（352）8685

　　　　https://www.ningendo.net

印刷所　亜細亜印刷株式会社

ISBN 978-4-910917-00-9